LECTURE NOTES OF ARCHAEOLOGICAL SCIENCE IN CHINA

中国科技考古讲义

袁靖 ◎主编

复旦大学出版社

目 录

001 前言 …………………………………… 袁　靖

001 第一讲　科技考古的发展与思考 …………………… 袁　靖
028 第二讲　^{14}C测年与年代学 …………………………… 吴小红
049 第三讲　环境考古研究的基本问题和新认识 ……… 王　辉
074 第四讲　人骨考古研究 ……………………………… 朱　泓
088 第五讲　植物考古学概论 …………………………… 赵志军
104 第六讲　动物考古与生业考古 ……………………… 袁　靖
120 第七讲　DNA研究在考古中的应用 ……… 文少卿　袁　靖
138 第八讲　碳氮稳定同位素分析在考古中的应用
　　　　　 …………………… 吴小红　郭　怡　陈相龙
154 第九讲　中国冶金的起源与发展 …………………… 陈建立
181 第十讲　早期文明形成与手工业技术交流 ………… 陈建立
208 第十一讲　科技考古在二里头遗址的应用及展望 …… 袁　靖

226 授课教师简介
228 后记

前　言

袁　靖

复旦大学为了加强研究生课程建设和实施研究生名牌课程推广示范计划,扩大研究生教学优质资源共享,助力海内外智力资源引进,为研究生搭建高端学习平台,决定面向社会设立研究生 FIST(Fudan Intensive Summer Teaching,简称 FIST)项目。FIST 项目采用复旦大学集中式授课形式,重点支持一批研究生课程建设项目,作为现行课程体系的一个重要补充。项目采取"集中授课、夏季为主、聘请名师、对外开放、计算学分"的方式,通过努力建设,逐步构建具有本校特色的研究生课程和教学体系,推进本校研究生课程教学内容的更新、教学方法及手段的改进,不断提高教学水平,同时逐步将这些具有较高水平的 FIST 项目建设成果,推广、辐射到上海乃至全国,以满足学生个性化发展对研究生课程的多样性需求。

在学校 FIST 项目支持下,我们科技考古研究院于 2018 年 8 月 29 日至 9 月 2 日开设了"中国科技考古的发展与前沿研究"课程,主讲教师除科技考古研究院的袁靖教授、文少卿青年副研究员之外,还邀请了中国社会科学院考古研究所的赵志军研究员,王辉博士和陈相龙博士,北京大学长江学者、北京大学考古文博学院的吴小红教授,青年长江学者、北京大学考古文博学院的陈建立教授,吉林大学考古学院的朱泓教授及浙江大学人文学院文物与博物馆学系的郭怡副教授参与授课。

科技考古是当今全球考古学发展的主要趋势,在拓展考古学的研究领域、深化考古学的研究内容方面做出了巨大贡献。自 21 世纪以来,中国科技考古的快速前进步伐有目共睹。考古测年方面,研究人员逐步建构起全国范围内的、精确度更高的年代框架;环境考古的研究对单个遗址的古地貌重建及对人地关系的探讨给我们带来了全新的认识;人骨考古勾画出了全国范围内多个地区的人骨特征;动、植物考古的研究结果按照地域不同、时间不同归纳出不同时空范围内各具特色的生业方式;古DNA研究在人群谱系及亲缘关系、动物谱系的研究中提出令人耳目一新的观点;食性分析为我们探讨古人及家养动物的饮食摄入开辟了新的视角;冶金考古、陶器、玉石器等人工制品的制作工艺研究通过一系列实证方法,获得新的结果,把我们对古代生产力发展状况的认识建立在科学分析的基础之上。以上这些,除了年代测定是搭建一个时间框架之外,其他的研究成果都与考古学致力撰写的内容丰富、有声有色的古代历史发展进程密切相关。由此可见,科技考古在参与推动中国考古学研究全面发展的进程中,有其独特的学术历程、鲜明的发展轨迹与突出的学术贡献。

本次FIST项目"中国科技考古的发展与前沿研究"的特色主要包括以下三点:(1)全面阐述科技考古的定义、特征、可行性和必要性,从理论上构建科技考古在考古学中的重要地位,强化考古学在历史科学中的学术价值。(2)覆盖^{14}C测年、环境考古、人骨考古、动植物考古、冶金考古等研究领域,邀请国内科技考古方面的一流专家授课,有助于学生系统掌握科技考古的基础知识,全面了解中国科技考古的历史与现状。(3)聚焦环境变化与人地关系、生计方式与社会变迁、技术革新与文化传承等前沿课题,把握学术热点,与国际科技考古发展前沿接轨。

我们希望此次集中授课,有助于大家认识科技考古各个主要领域的研究目的、研究方法和研究成果,了解解决不同考古学问题所需的科技考古方法,把握科技考古在中国考古学研究进程中的发展脉络,为日后进一步促进科技考古有机地融入考古学研究之中,不断探索新的考古学课题,推动中国考古学逐步迈入世界考古学研究的前列奠定坚实的基础。

为了更好地推广老师们关于科技考古各个主要领域的讲课内容,我们专门编辑了这本《中国科技考古讲义》,希望本书能够起到继往开来的作用,为进一步推动中国科技考古的发展贡献一份力量。需要说明的是,本书由讲课录音整理而成,为尽量反映讲课实况,故保留了一些开场白等内容,恳请读者谅解。

第一讲

科技考古的发展与思考

袁 靖

这一讲是概论性质的,目的是给大家做一个科技考古的全面介绍,便于大家在这几天听课时,思路更加清晰,领会更加全面。

英国考古学家伦福儒先生写的《考古学:理论、方法与实践》自20世纪90年代出版以后,成为欧美高校学生学习考古学的教科书。这本书写得非常精彩,受到了老师和学生们的欢迎,数次再版。2015年,复旦大学文物与博物馆学系的陈淳老师翻译了这本书的第六版。这本书共分十六章,依次为考古学史、证据的多样性、遗址与遗迹的调查与发掘、断代方法与年代学、社会考古学、环境考古学、生计与食谱、工艺技术、贸易与交换、认知考古学:艺术与宗教、人群的生物考古学、考古学的阐释、五项个案研究、考古学与公众、如何管理遗产、建立考古学的职业生涯。

第十章"认知考古学:艺术与宗教"主要介绍精神领域的研究,第十四章"考古学与公众"介绍考古学与公众的关系,第十五章"如何管理遗产"则介绍如何对文化遗产进行管理。这三章与科技考古没有直接的关系。

除了这三章以外,第一章"考古学史"讲到了在考古学的发展过程中,科技考古的方法引入之后,考古学怎么样发展得更好、发展得更快。第二章"证据的多样性"阐述了不单单依靠考古发掘出土的,我们肉眼看到的人工遗迹和遗物的形状来认识古代历史,强调了科技考古的介入,为考古研究提供了更多的证据。第三章"遗址与遗迹的调查与发掘"讲到了在遗址发掘之前的遥感考古、物理勘探等科技考古方法的应用。第五章"社会考古学"强调了人,讲到了古 DNA 的研究。第九章"贸易与交换"讲到除通过器物的形状、纹饰等判断贸易的交换之外,还需从化学成分上进行分析和验证,这样得到的认识更加科学。第十二章"考古学的阐释"介绍了应用包括科技考古在内的方法,研究考古发掘出土的各种遗迹和遗物。第十三章"五项个案研究"介绍了五个考古发掘和研究的经典案例,每个案例都离不开科技考古的介入。第十六章"建立考古学的职业生涯"提到了五位考古学家,其中有一位就是专门做冶金考古的考古学家。

除了这些以外,第四章"断代方法与年代学"直接阐述测定年代的研究。第六章是"环境考古学",第七章是"生计与食谱",第八章是"工艺技术",第十一章是"人群的生物考古学",这五章讲述的基本上全是科技考古研究。

通过这本书我们可以看到,进入 21 世纪以来,科技考古的内容越来越多地介入到考古学发展当中来,有些直接融入考古学之中,有些单独成为一个研究领域。这些都体现出科技考古的重要性,可谓是在整个世界范围内形成科技考古迅猛发展的潮流,浩浩荡荡。

我今天给大家讲两个方面的内容:第一是科技考古名称的由来、定义、特征及价值;第二是科技考古的主要内容。

一、科技考古名称的由来、定义、特征及价值

1924 年,在北京大学研究所国学门制定的《考古学会简章》中提到,用科学的方法调查、保存、研究中国过去人类之物质遗迹及遗物,一切人类之意识的制作物与无意识的遗迹、遗物,以及人类间接所遗留之家畜或食用之动物之骸骨、排泄物等均在调查、保存、研究范围之内。除考古学家外,应网罗地质学、人类学、金石学、文字学、美术史、宗教史、文明史、土俗学、动物学、化学等各项专门学者,与热心赞助本会会务者,协力合作。将近 100 年前,我们的前辈学者在认识考古学、阐明考古学内容的时候,就强调了要借用自然科学的方法。

手铲是考古学家下田野的必备工具。有一句话叫"手铲释天书"。在田野考古中,发掘各种各样的遗迹和遗物都需要使用手铲。手铲可谓考古学家与古代沟通的一个十分重要的工具。它在 20 世纪发挥了重要的作用,现在还

发挥着重要的作用,今后也必定会继续发挥重要的作用。我们运用手铲进行发掘,发现了古代的遗迹和遗物,比如墓葬、城门和宫殿的基址、各种器物等,通过对这些人工遗迹和遗物的形状及特征的研究,释读古代社会和历史。但是,随着学科的发展,在现代考古学中除了拿手铲进行发掘以外,开始使用更多的科技考古的方法,比如环境考古、人骨考古、动物考古、植物考古等,除了认识人工遗迹遗物的形状特征以外,我们需要研究的对象越来越丰富了。科技考古的一个主要特征是需要借助各类实验室,把多种仪器设备应用于考古学研究之中,让它们在考古学研究中发挥积极的作用,在很大程度上体现了理科的色彩。

通过这些新兴的研究,除了原有的对人工遗迹遗物的形状和特征的把握以外,我们还需要把握新的研究对象的形状和特征,比如,古代地貌的形状、农作物的形状、动物骨骼的形状、人的骨骼的形状、人和多种动物的碳氮稳定同位素数据、人和动物的DNA谱系、金属器的金相组织构成、陶器的掺合料种类等,这些都是我们需要全面认识、详细了解的形状和特征,是我们开展研究的基础材料。

(一)科技考古名称的由来

正因为有这些新兴研究领域的介入,所以在20世纪80年代,就出现了"实验室考古"这个词。因为科技考古的很多研究是需要在实验室里开展工作的,所以有些学者称之为"实验室考古"。

但是"实验室考古"这个名称具有很大的局限性,科技考古还有很多工作是需要在野外和考古研究人员一起完成的。比如环境考古的地貌调查,人骨、动植物遗存、冶金遗物的提取,等等,都需要与考古发掘同步进行,这些内容仅用一个"实验室考古"是包含不了的。所以,20世纪80年代末,前辈学者就提出了"科技考古"这个词。2005年,为了庆祝中国社会科学院考古研究所科技考古中心成立十周年,我主持出版了一本以书代刊的《科技考古(第一辑)》,书中邀请了11位中国科学院院士和11位考古学家进行笔谈,他们站在很高的层次上,对科技考古的发展高瞻远瞩,提出了精辟的指导性意见,强调了科技考古在考古学研究中的重要作用。2012年我主持出版了《科技考古的方法与应用》,2009年我出版了专著《科技考古文集》,2018年又出版了《中国科技考古导论》一书。这些书籍的名称中都含有"科技考古"这四个字。

随着科技考古的发展,有些从事科技考古的学者觉得自己的价值应该被充分认识,"科技考古"这个名称还不够大,应该叫"科技考古学"。为此已有学者出版了两本专著,一本叫《科技考古学概论》,一本叫《科技考古学》。我认为"科技考古学"这个名称不够恰当。因为,学科是指一定科学领域或一门科学的分支,是与知识相联系的一个学术概念,是相对独立的知识体系,以此来衡量科技考古学的涵义,显然是不合适的。

再往后,又有学者提出了"多学科研究"一词,用多学科研究来表示科技考古,现在使用得还比较广泛。但仔细分析的话也不妥,因为"多学科"意味着学科广泛。从考古学来说,考古学是研究历史的,首先要跟历史学相结合;考古学研究涉及社会学,应该跟社会学相结合;考古学研究往往要借鉴民族学的思路和资料,所以应该跟民族学相结合——考古学首先应该跟自己所属的人文社会科学领域内的各个学科相结合。把多学科等同于科技考古,对科技考古也好,对多学科也好,都是一个曲解。即科技考古不能等同于多学科,多学科比科技考古的含义要广泛得多。我曾经看到过一个报道,叫"多学科合作治理城市拥堵"。考古学是一门一级学科。一级学科的一个主要研究方法,竟然存在于各个学科、各个领域里面,就连治理城市拥堵都可以使用,这显然有悖于考古学这门一级学科的地位和内涵,至少是不够严谨的。

通过以上的介绍和分析,我认为用"科技考古"这个词来概括我们的研究是最合适的。

(二) 科技考古的定义

我对科技考古的定义是:依据考古学的研究思路,借用自然科学相关学科的方法与技术,对考古遗址所在的区域进行调查和取样,对多种遗迹和遗物进行鉴定、测试和分析,对各类与考古研究相关的资料进行定量统计,从而在一定程度上认识遗址或遗迹的空间信息、遗址的绝对年代、遗址的自然环境、人类自身与体质相关的特征、人类的多种生存活动以及生产和社会行为特征。由此可以进一步获取更多、更丰富的古代信息,拓宽考古学研究的视角和领域,提升考古学研究的效率、深度与精度。如果要用一句话概括,那就是把自然科学相关学科的方法应用于考古学之中。

考古学研究总是要强调特征，对各个时期的人工遗迹和遗物的研究，首先就是把握它们的形状特征。就科技考古而言，我们首先也要去把握它的特征，认识科技考古研究与考古学其他研究的不同之处。我认为科技考古有以下五个特征。

第一个特征，是从多个特定的角度对具体遗址、遗迹和遗物进行探讨，研究以往的考古学无法涉猎的领域。原来考古学做不到的，现在能做到了。比如年代学、环境考古、人骨考古、动物考古、冶金考古等，都是仅仅凭借拿手铲挖掘、仅研究人工遗迹和遗物的形状特征的知识结构无法开展的项目，需要其他学科的介入，才能够进行探讨。

第二个特征，是秉承"将今论古"的原则。各个研究领域的方法和理论基础都是在自然科学相关学科的技术、方法和理论的基础上建立的。这些方法和理论基础经过现代科学技术的研究，证明是行之有效、完全科学的。我们依据这些方法和理论基础来做科技考古研究。

第三个特征，研究对象均出自考古发掘，或与考古发掘相关，同时又分别具有地球科学、生物学、物理学和化学等学科的属性，即具有两重属性。首先，它是从古代遗址中挖掘出来的；另外一方面，它包含了以上其他学科研究对象的物质属性。

第四个特征，各个研究领域的鉴定测试结果，都可以重复试验，即我们的证据是经得起科学检验的。这里举一个例子，关于河南省偃师市二里头遗址的属性。中国社会科学院考古研究所的许宏研究员写了一本《最早的中国》，讲的就是二里头遗址。二里头遗址的年代起自距今 3700 年前后，在那里发现了宫殿、居住址、冶金作坊、绿松石器作坊，还有最早的三足青铜器、精美的玉石器等，文化内涵十分丰富。考古学家按照文化堆积把这个遗址分成四期，当进一步探讨这个遗址到底是属于夏还是属于商时，就出现了争议。学者们争论来争论去，无法达成共识，这就是考古学研究的局限，现在解决不了。但是我们通过科技考古得到的研究结果，是可以重复检验的。比如，对同样一个遗址出土的动物遗存，复旦大学科技考古研究院动物考古实验室的研究结果，和北京大学考古文博学院动物考古实验室的研究结果应该是基本一致的。如果有不一致，不是这边错了，就是那边错了，或者两边都错了。科技考古的研究结果基本上具有唯一性。只有重复研究取得基本一致的结果，这样的研究才是科学的。科技考古的介入,在相当大程度上增强了考古学的科学性。

第五个特征,科技考古各个研究领域的标准和结果,皆适用于对全国各个地区的考古遗址出土的同类遗迹遗物进行研究。因为理论基础、方法和标准是一致的,所以,我们的研究结果可以放到全国的范围内去讨论。只要设定科学的边界条件,一个上海的考古遗址出土的动物遗存研究结果,可以跟黑龙江的考古遗址出土的动物遗存研究结果进行比较。对8000年前的小米的研究结果,可以和4000年前的小米的研究结果进行对比。归纳不同时空范围内的特征,在此基础上追究形成这些特征的原因,揭示规律,进入历史研究的层次。

科技考古为什么能够在考古学中广泛地应用开来,得到迅速的发展,是因为考古学的研究对象是古代的物质遗存,它是从研究物质的角度切入的。研究对象的这种物质性特征,是我们能够在考古学中运用自然科学相关学科的关键,是我们能够应用科技考古进行研究的一个最主要的依据。因为自然科学就是研究自然界的物质形态、结构性质和运动规律的科学。应用自然科学的相关方法去研究古代的物质遗存,其中物理学和化学可以应用于遗物的年代、结构和成分的研究;生物学可以探讨古代的人、动物和植物;地球科学可以研究当时的自然环境;统计学可以统计分析各种考古资料。

那么,单纯的自然科学研究与科技考古研究有什么共性?

第一,使用同样的仪器设备。这些设备基本上不是为科技考古研究专门研发的,可能会有些小的改进,以更加适合应用于考古学。所有的设备都同样应用在自然科学的其他相关领域。

第二,依据同样的分析原理,运用同样的技术手段,分析由同样的物质结构和化学元素组成的对象。

除了共性以外,还要讲个性。单纯的自然科学研究跟科技考古研究的差异是什么?

第一,分析的材料在时间上的差异性。单纯的自然科学研究可以包括现代的,而且从某种程度上来说主要是现代的,但也包括古代的。科技考古研究肯定是探讨古代的材料,很少去做现代的。现在我们也强调实验考古,用现代的手段复原过去的生产过程,制作相同的实物。这样的研究主要是为了启发思路,完善方法,充实证据,而不是科技考古研究的主要目的,科技考古主要是研究古代的历史。

第二,对研究结果解释的方法不一样。自然科学研究基本上是就事论事,做出来是什么就是什么,这是物质的自然发展过程,跟人没有关系。但是科技考古要考虑研究对象的考古背景,它在哪里出现?是人有意识地处理的,还是无意识地废弃的?废弃以后是否受到各种各样的干扰?现在的发现是否真实地反映了当时的历史?要考虑到很多不确定的、没有想到的因素起到的作用,最根本的就是要考虑到人的影响。

第三,研究目的不一样。自然科学研究的目的就是揭示自然界的物质形态、结构性质和运动规律,完成了对物质的研究就是达到了目的。但是,科技考古研究要考虑的是解释古代人类的行为,探讨人的历史是怎么形成的,为什么形成的,所以科技考古研究跟考古学一样,完全是人文科学研究的一个领域,要探讨人的活动特征、人的行为规律。

英国地质学家莱伊尔在《地质学原理》中提出"均变说",其含义就是地球的变化从古至今是一致的,地球过去的变化只能通过现今的侵蚀、沉积和火山的物理和化学作用来认识,现在是认识过去的钥匙。这就是将今论古,以现在去认识过去,这是我们开展研究的一个基本原理。

这里做一些简单的解释。比如,我们认识古代家猪的年龄,依据的是现在观察到的家猪半岁左右长出第一臼齿,1岁半左右长出第二臼齿,2岁半左右长出第三臼齿的规律。我们根据现代家猪的牙齿萌生与年龄的对应关系去认识古代家猪的年龄,即依据遗址出土的猪颌骨上的牙齿萌生状况推断其年龄。还有,现代对不同类型的天然和人造材料的多种元素进行定性与定量分析时,依据的是每种化学元素的原子或离子在热激发或电激发下,发射具有特征的电磁辐射,辐射的波长与元素的种类,辐射的强度与元素的含量密切相关这个原理,其使用的仪器为电感耦合等离子体发射光谱仪。借助这台仪器,就可以对古代陶瓷制品的制作工艺及原料种类、金属器的合金配比技术等开展研究。这就是将今论古,即我们的判断依据是为现代科学所证明的,仪器是自然科学相关领域在开展研究时使用的。

自然科学相关学科的科学原理、仪器设备、研究过程及研究结果,经得起科学的重复和检验,由此证明了这些学科的科学性和实用性。这样就可以保证应用自然科学相关学科的方法和技术对古代遗迹遗物进行研究时,在理论指导上的合理性,在实际操作方法上的科学性,因此就能保证最后结论的可靠性。

贯彻将今论古的原则,为我们实事求是地认识过去,令人信服地解释过去奠定了基础。

新石器时代分为不同的地区,不同的地区有不同的文化,一个地区的文化是怎么形成的?考古学家首先根据一个遗址出土的房址、墓葬、灰坑、石器、陶器、金属器等人工遗迹遗物的形状特征进行概括。如果说一个地区的多个遗址出土的遗迹和遗物的形状特征基本上是相似的,就可以概括为一个考古学类型。范围再大一点,多个类型具有大致相似的遗迹和遗物,就形成了一个考古学文化。

通过多年对遗迹和遗物的形状特征的研究,我们认识了公元前 1800 年到 1500 年前后的二里头文化的面貌。至于二里头文化是属于夏,还是属于商,却一直没有定论,这个争论还将持续下去。依据现有的材料,继续争论是没有意义的,不会形成共识。那么,需要补充更多的新材料,进行新的探讨。从这个角度说,科技考古应该发挥重要的作用。这是一个大问题,需要我们去回答。

而科技考古介入进来,我们可以做哪些事情呢?

首先是确定遗址的绝对年代。通过 ^{14}C 年代测定,认定二里头遗址及属于二里头文化的各个遗址自开始到废弃的绝对年代,构建由多个遗址组成的二里头文化一、二、三、四期的年代框架。

其次是了解自然环境状况和变迁。通过环境考古研究,认识古人建造二里头都邑及各个聚落时的自然环境状况,当时的地貌和水文以及当时的自然资源状况。

其三是探究古人的体质、基因和食谱特征。当时人的体质特征有哪些特点,他们的基因谱系、他们的食谱是怎样的。通过一个一个个体的全面研究,可以获取宏观的认识,也可以掌握具体到个人的信息。

其四是考察古人获取食物资源的活动。他们获取什么样的食物资源?用什么方式获取?探讨当时的生业水平,研究生产力和生产关系的关联性。

其五是研究生产工艺。日用陶器的生产方式、陶礼器的生产方式、三足青铜器首次出现的过程、玉石器的制作工艺等,都在研究范围之内,最终也落实在研究生产力和生产关系的关联性。

通过这些研究,把握二里头文化的时间跨度及一至四期的具体年代,认识二里头文化存在时期的地貌特征,归纳当时人的具体状况、当时的生产力水平,在此基础上再去做考古学的比较研究,即将其与早于二里头时期和晚于二里头时期的考古学文化对比,我们在讨论二里头文化属性时的思考和认识都可能有明显的提高。

考古发掘和研究实际上就是探讨历史。"前四史"《史记》《汉书》《后汉书》《三国志》都是对古代历史的描述。这些历史书籍里很重要的一部分内容是对人物的描述,本纪、列传都是讲帝王将相的具体故事。考古做不到这么细致,很难讲到具体的人物;考古很难看到"树木",但是可以看到"森林"。

每次考古发掘都是为了揭示具体的一群古代居民,在特定的时间范围内,于特定的地区所从事的一部分活动,由此撰写一段历史。历史需要我们考古学家去参与撰写,或者担当独自撰写的重任,尤其是史前史。关于历史时期的内容我们有古代文献记载,而关于数千年的史前史,即原始社会的历史,鲜有文字记载,即便有古史传说,但那毕竟不是信史。史前的历史必须由考古学家依靠发掘出土的遗迹和遗物来书写。在撰写过程中,必须借助科技考古的方法,在对人工遗迹和遗物进行形状研究的基础上,开展全方位的观察、测试、分析和探讨,进行考古学的思考,提升研究的层次,真正进入历史研究这个层面,一点一点地填补中国原始社会历史中的诸多空白。

概括起来说,自21世纪以来,在坚持考古学传统的地层学和类型学等研究方法的基础上,更加科学、系统、广泛和有效地运用科技考古的研究方法,开展资料的收集和研究工作,已经成为衡量一个国家考古学研究水平的极为重要的标尺。在此基础上开展研究,考古学的研究成果得到了全方位的充实和深化,不但考古学的学术地位得到整体的提升,历史学、民族学、人类学和社会学等人文社会科学学科,地球科学、物理学、化学、生命科学、医学、动物学、植物学和自然科学史等自然科学学科的研究人员,都可以从考古学的研究成果中获取珍贵的资料和有益的启示。

二、科技考古的内容

科技考古的介入,促使考古学的学术价值得到了全方位的提升。科技考古在考古学大思路的指引下,以考古学的目标为自身的目标,在考古学研究中发挥了不可或缺的重要作用。在进行这方面的整体介绍时,先要重点推出两本书,一本是《科技考古的方法与应用》,另一本是《中国科技考古导论》。

第一本书《科技考古的方法与应用》主要是面向田野考古学家的,这是一本工具书,分为十章。第一章是总体阐述,后面九章基本涉及自然科学相关学科的方法在考古学中的全面应用。各章是互相关联的,可以帮助考古研究人员和科技考古研究人员在发掘工作开始前,就做到全局在胸,做好整体工作规划,以便有效地开展工作。各章又是独立的,绝大部分章节的内容都涉及对每个研究领域的概述,如在田野考古中采集标本应该注意的事项以及实验室内的工作步骤,也有些章节依据研究方向或研究方法分别阐述。尽管体例上稍有不同,但是所有章节都是紧扣各个研究领域在考古学中的具体应用这个主题,都包括了在考古学中应用成功的实例,以期帮助相关研究人员更深刻地认识各种科技考古方法的内容、意义及自身如何在其中发挥作用,同时也可以帮助大家有针对性地做好对某类遗迹或遗物的采样和研究。这本书能够给广大田野考古研究人员、科技考古研究人员及相关专业的学生提供帮助。希望大家通过这本书,能够在考古实践中设计好发掘和研究的计划,做好因地制宜的野外调查和发掘,正确地采集各种相关的遗物,科学地完成室内的测试、鉴定和分析工作。从更广泛的视角着眼,获取更丰富的资料,围绕考古学研究的目标进行多层次、多角度的探讨,真正取得具有创新价值的成果。

第二本书《中国科技考古导论》也有自己的独到之处,主要有四点:一是阐述的研究领域齐全和充实,当今中国科技考古研究中涉及的主要方面在本书中均有论述,内容涉及每个研究领域的目标、思路、方法和实践,便于大家全面认识科技考古。二是以考古学研究的目的为指导,以具体的考古学问题为导向,对数十年来科技考古各个领域的众多研究成果,分门别类地做了系统的归纳,突出重点和亮点,帮助大家通过典型实例认识科技考古的重要地位。三是每章都有"思考"这部分内容,在肯定研究成果的基础上,提出科技考古各个领域今后需要努力开拓和完善的科学思路和具体措施,进一步展示科技考古的学术价值及未来发展的巨大空间。四是以我们完成的河南省偃师市二里头遗址的科技考古研究为实例,令人信服地建构起在中华文明早期发展的核心地区,包括时间框架、自然环境状况、人的体质状况、农业和手工业状况的历史,这是国内迄今为止聚焦单个遗址的最为前沿和齐全的科技考古研究成果,不但填补了诸多古代文献记载和考古研究的空白,而且全方位地显示了科技考古在具体遗址研究乃至于考古学整体研究中的重要作用。

我今天主要介绍《中国科技考古导论》这本书里十二个部分的内容。

(一)遥感考古和物探考古

遥感考古主要指借助常规摄影传感器,获取考古遗址的影像资料,再运用计算机图形和图像处理技术进行增强处理,并根据广谱成像规律和遗址范围内地表状况的相互关系,对其色调、纹理、图案及时空分布规律进行研究,认识遗址或现象的位置、分布和形状等特征,为科学地确认遗址和遗迹奠定基础。物探考古主要指借助仪器,探测遗址内由于人工遗迹或遗物形成的特殊属性,从而判定遗迹或遗物的位置、分布和形状等特征。遥感考古与物探考古都是在不开展考古发掘的前提下,利用遥感和地球物理的探测方法在特定的区域中寻找地面和地下的考古遗存,确定考古遗存的几何形态及空间分布范围等,为考古发掘、研究和文化遗产保护等工作的顺利进行做好前期准备。

这里举两个实例。一是中国社会科学院考古研究所的刘建国研究员通过收集河南省安阳市殷墟范围内的考古资料、不同时期的航空影像与美国陆地卫星的 TM(Thematic Mapper)影像等,并运用计算机图像处理技术对遥感影像进行了多重处理和分析,结合实地考古钻探工作,发现地下的夯土基址等考古遗迹。在地表土壤干燥而裸露的季节,能够在 TM 影像上形成较为明显的遗迹标志,特别是中红外波段的 TM 影像对地下遗迹有很好的反映效果,能够反映出地下遗迹的总体布局情况。他发现除小屯东北的殷墟宫殿区范围之外,仍然存在较大面积的建筑基址。四盘磨东南应该有很多建筑基址,四盘磨西南很可能是墓葬区。这些判定对于考古学家开展田野考古工作是一个很好的启示。

第二个实例是中国社会科学院考古研究所的钟建副研究馆员应用垂直梯度磁力仪,探测青海省民和县喇家遗址,发现了一个地点磁场强度异常,经探铲确认是一个窖穴,发掘出土各种陶器、石器30余件。这是磁法勘探中的一个经典案例。

(二)测定年代

测定年代的方法有多种,这里介绍^{14}C测定年代和树木年轮定年两种。^{14}C测定年代的最基本原理是放射性元素^{14}C的衰变规律。自20世纪50年代^{14}C测定年代的方法建立以来,多年来一直使用常规^{14}C测定年代法。21世纪以来,加速器质谱(简称AMS)计数法逐渐成为测定年代最为主流的方法,一般称为加速器质谱^{14}C(AMS-^{14}C)测年,国内外现在都通用这种方法。树木年轮定年就是确定树木年轮的时间顺序,这种方法可以精确到年,甚至到某个季节。在特定地区的考古研究中,可以借助这个方法较为准确地判定木质遗物的年代。考古学首先要解决的问题是确定各个考古遗址的绝对年代。通过确定每个遗址的绝对年代,可以逐步构建分布在不同地区的考古学文化和类型的时间框架,为开展考古学中各个文化、类型、遗址及各种文化现象的比较研究确立统一的时间标尺。

复旦大学位于上海,上海位于长江三角洲地区。这里以长江三角洲地区新石器时代考古学文化的时间框架为例,依据^{14}C测定年代的结果,我们大致可以排列出以下顺序:长江三角洲地区的河姆渡文化为公元前5000~前4000年,马家浜文化为公元前5000~前3900年,崧泽文化为公元前3900~前3300年,良渚文化为公元前3300~前2100年,广富林文化为公元前2000年前后。

在树轮定年方面的一个实例是,中国社会科学院考古研究所的王树芝研究员对青海省都兰县热水古墓群的45个祁连圆柏木材样本进行树木年轮定年研究,确定10号墓葬的建造年代为公元611年,21号墓葬的建造年代为公元685年,14号墓葬的建造年代为公元691年,19号墓葬的建造年代为公元713年,3号墓葬的建造年代为公元732年,23号墓葬的建造年代为公元753年,8号墓葬的建造年代为公元784年。这个精确到具体年份的墓葬顺序排列仅仅依靠^{14}C测定年代是无法做到的,因为^{14}C测定年代往往有正负几十年的误差。

(三) 古DNA研究

古DNA研究是从古代生物遗存中获取DNA序列并进行分析,认识古代生物的种属、谱系、体质、生理和病理等,用分子生物学的证据探讨考古学的具体问题。古DNA的研究主要涉及古生物的线粒体DNA、Y染色体DNA和常染色体DNA等。线粒体DNA具有母系遗传、高突变率、拷贝数多和分子结构简单等特点,所以被广泛地应用于古DNA研究中。相比线粒体DNA,Y染色体DNA亦不发生重组,呈严格的父系遗传,但其非重组区有30 M的区域,可以包含更多的遗传标记,用于记录群体历史的信息。Y染色体的这些特点使其成为研究父系群体历史的最有效的工具。相比线粒体和Y染色体只能分别提供母系和父系群体历史信息,常染色体DNA蕴含着祖先群体的全部历史信息,因此,开展包括线粒体DNA、核DNA(性染色体和常染色体)在内的全基因组测序是目前古DNA研究中的前沿领域,而高通量测序技术为全方位地开展此类研究提供了技术支撑。

关于DNA研究我们举三个实例。比如,吉林大学生命科学学院的崔银秋教授等学者对新疆地区多个青铜时代至铁器时代的墓地出土的人骨进行线粒体DNA研究,其结果证实在先秦时期的新疆地区,欧洲人种的东进规模与数量要远远超出蒙古人种的西进规模与数量,但欧洲人种的东进势头却始终没有越过新疆东部地区。蒙古人种的大规模西进应是出现在汉代或是更晚的时期。与先秦时期相比,汉代以后蒙古人种西进的规模与数量要远远大于欧洲人种的东进,这可能与匈奴、突厥和蒙古等民族的不断西迁有关。

再有,吉林大学边疆考古研究中心的蔡大伟教授等人对内蒙古、河南、宁夏和山东等地区九处遗址的46匹古代马骨进行了线粒体DNA分析,提出四点认识:(1)中国古代马的母系遗传呈现高度多样性,包含现代全部家马的7个世系,对现代家马线粒体DNA基因池的形成具有重要的贡献,并且与中国现代家马存在母系遗传的连续性;(2)中国家马的起源既有本地驯化的因素,也受到外来家马线粒体DNA基因流的影响;(3)世系F是起源于东亚的古老世系,与蒙古马密切相关,但是目前尚未知其野生祖先;(4)中国古代马虽与普氏野马没有直接的母系遗传关系,但二者共属于世系A。

还有,复旦大学科技考古研究院的文少卿博士对属于仰韶文化中期庙底沟文化的陕西省西安市杨官寨遗址墓地出土的85例人骨,进行古DNA分析,发现其中母系来源的多样性极高,父系遗传结构稳定,由此初步认为当时社会是以父系亲缘关系为纽带,显示距今5000多年的杨官寨遗址已出现以男性为主导的社会组织关系;再从墓葬分布情况来看,墓圹之间距离近的,基因的亲缘关系也较近,当时可能是按照亲缘关系的远近来划定墓葬位置的。这个发现对于我们认识5000多年前西安地区的社会结构具有重要价值。另外,文少卿博士还通过对陕西省凤翔县雍山血池秦汉祭祀遗址的7号长坑中26匹幼马马骨的古DNA分析,发现其母系来源的多样性极高,马匹中雄性略多,枣色马占绝对主体,马匹的爆发力和灵活度一般。这些似乎显示出当时马匹的来源地不止一处,对祭祀用马的性别要求并不严格,但对同一坑中马的毛色有较为明确的规定。这些发现丰富了我们关于秦汉时期皇家祭祀用马方式的认识。

(四) 稳定同位素研究

稳定同位素研究分为碳氮稳定同位素研究和锶同位素研究两大类。测定考古遗址出土的人骨和动物骨骼的$\delta^{13}C$值和$\delta^{15}N$值并进行研究,可以帮助我们科学地确定古代人类和动物的食谱,探讨其形成的原因,最终认识人的行为特征。而锶同位素分析即通过测定样品中的锶同位素比值,确定其所包含的地域特征。应用锶同位素分析的方法,对考古遗址出土的人和动物遗存进行分析,可以帮助我们科学地确定考古遗址中出土的人和动物是本地的还是外来的,再进一步探讨其形成的原因。

考古学界经过30多年的碳氮稳定同位素研究,收获的成果相当可观。这里谈两点大的收获。一是多位中外研究人员分别对新石器时代晚期(距今7000~5000年)至青铜时代多个遗址出土的人骨和动物骨骼,进行碳氮稳定同位素分析,取得不少认识,可以归纳为以下七点:(1)发现辽宁省北票县喇嘛洞遗址,内蒙古自治区赤峰市兴隆洼遗址,甘肃省秦安县大地湾遗址二期、金塔县火石梁和缸缸洼遗址,青海省民和县喇家遗址,陕西省铜川市瓦窑堡、西安市半坡、姜寨、渭南市康家遗址,河南省灵宝县西坡、偃师市二里头、郑州市商城、安阳市殷墟遗址，山西省襄汾市陶寺遗址，山东省烟台市长岛和茌平县教场铺遗址等位于北方地区的遗址中出土的人骨均是以 C_4 类植物为主，可能是粟类。(2)江苏省金坛县三星村遗址、上海市崧泽遗址和浙江省余姚市河姆渡遗址等位于南方地区的遗址则以 C_3 类为主，可能是稻类。(3)青海省大通县上孙家寨遗址、甘肃省玉门市火烧沟遗址和新疆维吾尔族自治区哈密市焉不拉克遗址等位于西北地区的遗址则明显地表现为 C_3 类和 C_4 类两种植物兼有，其中 C_4 类可能是粟类，但是 C_3 类可能是麦类。(4)从 $\delta^{15}N$ 的分析结果看，三星村、长岛、火烧沟、焉不拉克等遗址的人骨的 $\delta^{15}N$ 值较高，显示出当时这些地区的先民摄取的营养级较高，即食肉较多，但三星村、长岛和火烧沟与焉不拉克的肉食来源可能不同，三星村、长岛为鱼类的可能性较大，后两者为陆相动物的可能性较大。而其他遗址出土人骨的营养级均较低。从食谱的分析结果看，没有发现男性和女性之间存在明显的差异。(5)通过对湖北省郧县青龙泉遗址和河南省南阳市沟湾遗址从仰韶文化期到石家河文化期的先民的食物结构进行分析，发现 C_4 类植物(粟)和 C_3 类植物(水稻)的比例发生明显变化，这种变化与新石器时代南方地区和北方地区考古学文化的交流和古环境变迁密切相关。(6)通过对山东省日照市两城镇遗址龙山时代的人骨进行研究，发现两城镇先民主要以 C_3 类食物(水稻)为食。(7)在河南省偃师市二里头遗址出土的人骨个体中，除大多数均为以 C_4 类为主之外，还有数例是以 C_3 类为主，这种不同的结果反映出当时可能存在人的流动，生活在南方地区的人到了二里头遗址，虽然二里头遗址的人工遗物中也发现了与南方地区的考古学文化交流的现象，但无法证实这仅仅是物的流动还是包括人的流动，食谱分析的结果提供了当时人流动的证据。古人的这些食物是通过劳动获得的，上述食性研究结果对于我们认识不同时期、不同地区古人的生业方式和特征提供了重要的证据。

第二个大的收获是多位学者通过对陕西省靖边县五庄果墚，河南省郑州市新砦、安阳市郭邓、偃师市二里头，山西省襄汾市陶寺和安徽省蚌埠市双墩等遗址出土的动物骨骼进行碳氮稳定同位素分析，认为北方地区的先民给狗和家猪的饲料主要为与小米相关的 C_4 类植物，$\delta^{15}N$ 值较高；而位于淮河流域的先民在饲养家猪时可能也喂一些水稻的副产品。对内蒙古自治区赤峰市兴隆沟遗址的狗和猪骨进行碳氮稳定同位素分析，发现当地自兴隆洼文化到红山文化,即自新石器时代中期至晚期前段,狗和猪的食谱以自然植被的 C_3 类为主,直到新石器时代晚期的小河沿文化之后,才开始用 C_4 类的粟类食物饲养家猪。通过对山西省襄汾市陶寺遗址出土的几种家养动物进行碳氮稳定同位素分析,发现除了狗和猪的食谱与上述研究结果相同之外,黄牛的食物接近 C_4 类植物,而绵羊的食物接近属于自然植被的 C_3 类植物,黄牛和绵羊的 $\delta^{15}N$ 值均符合食草动物的特征;这些家养动物的食性差异与当地居民的饲养方式相关。还有一点值得注意的是,对陕西省靖边县五庄果墚遗址鼠类的碳氮稳定同位素分析,发现鼠类也以 C_4 类植物为主,$\delta^{15}N$ 值较高,其食谱明显与人类活动相关。对于家养动物的食性研究的结果不但可以印证古人获取食物资源的生业方式,而且可以认识古人饲养不同家养动物的技术特征及其演进。

(五) 有机残留物分析

有机残留物分析是指从保存在古代遗迹和遗物中没有特定的形态特征,肉眼无法识别的固体或液体残留物上采集样品,提取有机物,利用科学的检测方法进行定性定量分析,判断残留物的生物来源,从而了解古代先民对生物的加工、利用和相关载体的功能等。该研究有助于探讨古代社会的经济形态、丧葬习俗乃至于意识形态。

有机残留物分析是一个新兴的研究领域,在中国科学院大学已经开展起来了。中国科学院大学的杨益民教授等人使用蛋白质组学方法,对新疆维吾尔自治区小河墓地中距今3600年前的固体牛奶制品进行分析,发现块状物和颗粒状物质具有不同的蛋白质组成:颗粒状物质的蛋白质组成接近全奶,而块状物的乳清蛋白含量较低,主要成分是酪蛋白,这说明块状物是奶酪。随后,他们又在奶酪中鉴定出开菲尔乳酸菌和酵母菌,并据此推断先民先酿制一种特殊的发酵乳开菲尔,再经过脱脂处理和乳清分离,最后得到开菲尔奶酪。此项研究将开菲尔奶酪的制作历史上溯到距今约3600年,为研究开菲尔奶酪的起源和传播提供了重要依据。这个研究成为探讨东西方文化交流的一个很有意思的内容。

(六) 环境考古

环境考古主要是运用地貌学、第四纪地质学、地球化学、古地磁学、古生物学、沉积学和年代学等诸多学科的理论和方法,对人类文化遗址及其周边地区的古代自然环境进行综合研究,系统地了解古代人类的生存环境(包括地貌、气候、水文、土壤和动植物资源等)及其时空变化的规律,并结合考古学文化的研究,揭示自然环境与人类文化的关系,探讨自然环境如何影响古代人类文化的形成与发展,以及人类在适应自然环境的过程中,如何在求得自身生存和发展的同时,给自然环境带来负面影响。环境考古研究的目的就是为了全面、具体地阐述和解释古代的自然环境和人类行为的相互作用。其研究主要包括两个部分:重建古代的自然环境,探讨古代的人地关系。

这里举三个实例。一是中国社会科学院考古研究所的王辉博士通过对河南省禹州市瓦店遗址及周围地区的研究,揭示了瓦店遗址周围不同地貌单元的地层框架及河流地貌的演化过程,进而结合环嵩山地区的区域资料,将瓦店遗址晚更新世以来的地貌演化划分为 6 个阶段。其中在距今 4000 年前后的王湾三期文化时期,瓦店附近的颍河处于中全新世堆积阶段,台地面与河床之间的高差较小,呈现出"水乡"的特点。正是在这样的自然景观基础上,瓦店先民建了环壕聚落,并在台地上发展了旱稻混作的生业类型。王辉博士提出的瓦店所在区域 4000 年前的地貌具备水乡特征的观点,给我们带来了全新的认识,这对我们认识当时的生业特征也是重要的启示。

第二个实例是关于河南省偃师市二里头遗址。二里头遗址现在位于洛河和伊河之间,地势狭促,并不具备建造都城的地势特征。但在公元前 1800 年前后,实际状况却并非如此。根据北京大学城市与环境学院的夏正楷教授等人的研究,二里头遗址附近的伊洛河曾经发生过多次改道。距今 4000 年前后的特大洪水导致古洛河的决口和改道,使得二里头遗址北侧的洛河断流,成为废弃河道,从而在二里头遗址以北形成一个范围广大的冲积平原。二里头遗址的所在地成为位于伊洛河北岸冲积平原最南端的一个高地,高地四周为地势平坦、土地肥沃的泛滥平原,向北一直延伸到连绵起伏的邙山,滔滔伊洛河水从高地南侧流过,这样一个从宏观上看依山傍水的地势大有王者之气。在遗址废弃之后,历史时期发生的洛河改道最终形成了现在的水系格局。由此可见,重建古地貌、古水系对我们认识古代历史至关重要。

第三个实例是中国科学院的陈发虎院士等人对青藏高原东北部 53 处遗址的炭化谷物、动物骨骼和牙齿进行年代测定,发现在距今 5200 年以前,只有狩猎采集者季节性地生活在高原上,并能到达海拔 4 300 米的高原腹地。后来,随着种植小米的人群迁入,最早的村落开始出现,但人类主要居住在海拔 2 500 米以下的河湟谷地中。到距今 4000～3600 年间,农作物中出现了来自于西亚地区的大麦和小麦,在一些遗址中,甚至转变为以耐高寒的麦类作物为主。而从距今 3600 年前开始,随着麦类作物在农业中所占比例的显著增加以及饲养羊和牦牛,古人在全新世晚期气温下降的背景下,开始大规模地常年定居于海拔 3 000 米以上乃至 4 000 米的高海拔地区。这个研究重建了古代先民向青藏高原扩展的过程。

(七) 人骨考古

人骨考古的研究对象来源于考古发掘出土的人类化石或骨骼。通过测量学及非测量性状的研究、牙齿人类学研究、古病理、古 DNA、碳氮稳定同位素和锶同位素等各种研究,全面探讨古代人群的各种状况。其内容包括人群的种族形态、饮食、营养和健康、社会身份、风俗习惯和古人口统计学以及遗传学等方面。人骨考古与人类的生活方式、文化、技术、行为和经济模式的变化具有密切的联系,对研究不同时期人群的形成、分化、发展过程、体质特征、营养健康、社会风俗以及遗传特征等具有非常重要的作用,是全面复原古代人类社会的历史面貌不可或缺的重要组成部分。

人骨研究聚焦于创造古代历史的人的体质特征,几十年来成果颇丰。这里举三个实例。比如,吉林大学边疆考古研究中心的朱泓教授等人将众多考古遗址出土的人骨分别命名为古东北类型、古蒙古高原类型、古华北类型、古中原类型、古西北类型和古华南类型等六种。其中属于古东北类型的居民在先秦时期的东北地区分布相当广泛,至少是东北地区远古时期最主要的土著类型之一。属于古蒙古高原类型的居民的体质特征还保留在年代较晚的蒙古高原地区的匈奴人及年代更晚的鲜卑人、契丹人和蒙古人中,成为这些民族的主导性群体遗传因素。这一古代类型的居民主要分布在先秦时期的内蒙古长城地带及其周围的辽阔草原地区,即现今的蒙古国及我国内蒙古地区。属于古华北类型的居民在先秦时期的内蒙古长城地带广泛分布,应该是该地区最主要的原始土著,其中心分布区可能是在内蒙古中南部到晋北、冀北一带的长城沿线。此外,就目前的资料而言,该类型的居民也扩散到西辽河流域。属于古中原类型的人群主要包括仰韶文化、大汶口文化、庙底沟二期文化、山东龙山文化、河南龙山文化的居民及殷商先民中的平民和西村组、瓦窑沟组所代表的周人。这一古代类型的居民在先秦时期曾广泛分布在黄河中下游地区。此外,在其中心分布区以外的一些地方也可以发现他们的踪迹。属于古西北类型的居民主要分布在黄河流域上游的甘青地区,向北可扩展到内蒙古自治区的居延地区,向东在稍晚时期可渗透进陕西省的关中平原及其邻近地区。属于古华南类型的人群以浙江省余姚县河姆渡、福建省闽侯县昙石山、广东省佛山县河宕、广东省南海县鱿鱼岗、广西壮族自治区桂林市甑皮岩等遗址的颅骨组为代表。这种类型的居民在先秦时期可能主要分布在中国南方沿海地区。他们一般和现代东南亚一带的居民,如印度尼西亚人及美拉尼西亚人等大洋洲的现代土著比较接近。这是对生活在古代中国各个地区的人群特征的全景式勾画。

第二个实例是吉林大学边疆考古研究中心的魏东博士等人对新疆维吾尔自治区哈密市黑沟梁墓地出土人骨的创伤研究表明,当时使用不同形制的武器已经是很普遍的现象。哈密地区与黑沟梁墓地古代居民共存的人群之间或在黑沟梁墓地古代人群的内部,曾发生过激烈的争斗,创口集中在人体的颅顶部与下肢下端。这个研究揭示了一段残酷的历史。

第三个实例是中国社会科学院考古研究所的王明辉博士对山东省滕州市前掌大墓地出土的人骨进行了跪踞面的研究,发现左右第一跖骨上部前端跖骨头后侧形成了一圆形勺状凹坑,河南省安阳市殷墟妇好墓出土的玉人跪坐姿势显示出当时人的跪坐方式,即当时人在跪坐时双膝并拢着地,双脚并拢,臀部坐于脚跟上,双脚的脚尖朝向前面的姿势,长期用这样的姿势跪坐,就会形成上述的骨骼变形。类似现象还出现在山西省垣曲县商城出土的人骨中。这个研究从骨骼形态上给予当时人的坐姿以实证,丰富了我们对古人的坐姿由跪坐在地上到后来坐到椅子上的认识。

(八) 动物考古

动物考古学属于考古学的研究范畴,其研究对象包括考古遗址出土的无脊椎动物和脊椎动物这两种动物遗存。考古遗址中出土的无脊椎动物主要是腹足纲的螺类和属于瓣鳃纲的贝壳这两大类。而脊椎动物则主要包括鱼类、爬行类、鸟类和哺乳类等四种。动物考古根据均变论的"将今论古"的原则研究古代动物遗存；根据动物分类学的原理认定动物种属、组成及演化关系；根据动物解剖学的原理判断动物的形态特征；根据动物地理学的原理确定各种动物的分布范围；根据动物生态学的原理判断各种动物的多种行为特征。而埋藏学和文化生态学则为我们探讨古代动物遗存的出土背景，研究古代人类与动物相关的各种行为提供科学依据和社会学的启示。在此基础上，结合考古学的文化背景进行探讨，认识古代人类利用动物资源的行为，研究动物在古代人类的物质文化和精神文化中的作用和地位，构建人与动物同行的历史。

我通过多年的研究，可以确认中国古代的狗、猪、黄牛、绵羊、马和鸡等家养动物分别起源或出现于不同的时间和不同的地点，但绝大多数家养动物都首先出现于中国的北方地区。中国古代家畜的起源和出现的过程可以分为两种模式：一种是中国古代居民在与一些野生动物长期相处的过程中，根据自己的需要逐步控制它们，把它们变为家畜。另一种是古代居民通过文化交流的过程，从其他地区直接引进已经成为家畜的动物。古代居民将野生动物驯化为家养动物，体现了当时的人类利用自然和改造自然的能力。中国古代各种家养动物的出现及发展，不但保证了人类稳定地获取多种肉食资源及奶制品等，而且在促进农业生产和手工业生产，增强军事作战能力，推动交通运输等方面也发挥了重要的作用。另外，在礼制建设和古人的精神领域中也有独到的用途。

我发现各个地区的古代先民获取肉食资源的方式各有特征。中国新石器时代的居民由完全依赖于自然环境提供动物资源的依赖型，到开始开发某些野生的动物资源，把它们作为家养动物的初级开发型，再到主要依靠这类开发的动物资源获取肉食的开发型，这一系列生存活动行为的变化，是在肉食量需求的增长及居住地周围自然环境所能提供动物资源的多少这种制约下，被动地形成和发展的，这个过程可以称为"被动发展论"。先秦时期各个地区居民获取肉食资源的方式在延续各自新石器时代的传统方式的基础上继续发展。随着人口的增加，社会的进步，家畜饲养业在各个地区分别得到进一步的巩固、发展或推广、普及，这是与中国自然环境的状况、文化和历史的具体发展过程密切相关的。

我还发现,在商代早期的河南省偃师商城遗址的祭祀区里存在大量用猪祭祀的证据,在河南省郑州商城也发现一定数量的猪,在商代各期的遗址里均发现用狗祭祀的实例,这些都可以看作一种自中国新石器时代以来的祭祀行为的延续。值得注意的是商代早期有一定数量的祭祀坑中存在把牛、羊和猪肢解后埋在一起的现象。郑州商城遗址还发现了使用完整的牛祭祀的现象。真正使用大量的牛祭祀的实例发现于河南省郑州市小双桥遗址,而大量使用羊祭祀的实例发现于河南省安阳市殷墟。到商代晚期出现了在祭祀和随葬中用马的实例。家马在商代晚期被引入殷墟所在的地区,很快被商代贵族所接受。马作为一种奔跑迅速,可以驾车的动物,在当时可能具有相当特殊的地位。故商王死后要随葬车和马,在王陵里有大量的马坑,进行祭祀。随着从商代早期到晚期时间的发展,商人祭祀品中的动物种类逐渐增多,数量也在增加。这些变化有助于区分献祭者的身份。以大量牛或牛与其他动物的组合作牺牲,比用猪作牺牲,能够更加具体地反映出等级高低的差异。车马葬与大规模的人牲是商代晚期王权和祖先崇拜的最高表现形式。通过对祭祀所用动物的种类和数量的研究,我们可以看到商代统治特征的明显变化。

(九)植物考古

植物考古涉及大植物遗存、木材、植硅体和淀粉粒等四种遗存的研究。通过在田野考古中建立科学的取样方法及浮选法,确立考古遗址出土的各种农作物及其他植物、树种、植硅体和淀粉粒的科学鉴定标准,通过对考古遗址中出土的植物遗存进行定性定量的分析和研究,可以认识包括采集、栽培、祭祀、文化交流及利用木材等方面在内的古代人类与植物的各种关系,探讨其形成的原因、规律性特征及在中国历史发展进程中的作用和影响。

通过多年来多位学者的研究,我们对中国古代各个地区的农业状况有了全面的认识,以下按照不同的地区分别阐述。在东北地区的北部,先民在新石器时代一直以采集的方式获取植物性食物,从青铜时代开始,发现农作物;而东北地区的南部至少从新石器时代中期的兴隆洼文化开始出现少量农作物,其中以黍为主、粟为辅,当时获取植物性食物的方式以采集为主,在新石器时代晚期的红山文化中种植粟和黍的行为发展缓慢,而在辽东半岛的小珠山文化中却开始逐渐成为主要的获取植物性食物的方式。到青铜时代,主要分布在辽河下游地区的高台山文化以种植粟等农作物为主,主要分布在西辽河地区的夏家店下层文化以种植粟和黍为主。从夏家店上层文化至燕文化时期,农业呈稳定发展的趋势。

在黄河上游地区没有发现新石器时代早期的遗址。属于新石器时代中期的大地湾一期文化中发现了少量的黍,获取植物性食物的方式以采集为主。在属于新石器时代晚期的仰韶文化中发现了大量的黍和粟,在新石器时代晚期的前段到后段经历了从以黍为主到以粟为主的转变过程。在新石器时代晚期(距今约5000年前后)发现除存在粟类遗存外,还包括水稻遗存。到新石器时代末期的马家窑文化和之后的齐家文化以粟作农业为主。到卡约文化时期(其上限相当于商代早期),发现大麦可能是当时最重要的农作物,小麦和粟的数量都明显少于大麦。黄河中游地区(包括华北地区)在新石器时代早期获取植物性食物的方式以采集为主,出现初期的种植黍的行为。在新石器时代中期似乎仍然以采集为主获取植物性食物,但是磁山文化中出现了数量较多的黍,粟的数量不多。到新石器时代晚期的仰韶文化除以粟为主之外,还发现了一定数量的水稻。到新石器时代末期的龙山文化除粟、黍和水稻之外,还发现大豆。到二里头文化时期,出现小麦。到商周时期,种植以粟类为主的五种农作物的方式稳定发展。黄河下游地区没有发现新石器时代早期的遗址。在新石器时代中期的北辛文化已经开始种植粟、黍和稻等农作物,但采集所得仍然是主要的食物来源。到新石器时代晚期的大汶口文化以种植粟、黍和稻等农作物为主。到新石器时代末期的龙山文化的农作物中,除粟、黍和稻之外,还发现了小麦。

淮河上游地区在新石器时代早期以采集的方式获取植物性食物。到新石器时代中期,地理位置偏北的裴李岗文化出现粟、黍和水稻;而地理位置偏南的贾湖文化出现水稻,但数量均不多,当时主要以采集的方式获取植物性食物资源。到新石器时代晚期,仰韶文化以种植粟为主,种植黍和水稻为辅,农业在这一阶段开始成为先民获取植物性食物资源的最主要方式。到新石器时代末期,龙山文化延续这类种植方式,在农作物中新增加了大豆。中游地区在新石器时代中期的顺山集文化和双墩文化中出现水稻,但数量不多,当时主要以采集的方式获取植物性食物。这个地区缺乏新石器时代晚期的资料。新石器时代末期的大汶口文化晚期和龙山文化以种植粟、黍和水稻为主,粟和水稻的比例基本相当或略有差异。

在长江上游地区缺乏新石器时代早期至中期的资料。在新石器时代晚期,成都平原于距今 5100~4600 年,黍的数量占绝对优势,有少量的粟。在距今 4600~4300 年,水稻由出现、再发展到占据绝对优势,并出现零星的黍和粟。在新石器时代末期的宝墩文化以种植水稻为主,也发现少量的粟。成都平原的农业种植结构从新石器时代晚期到末期似乎经历了从以黍和粟为主到以稻米为主的转变过程。三峡地区新石器时代末期发现的植物遗存显示,农作物以黍和粟为主,仅有少量稻米。长江中游地区在新石器时代早期以采集的方式获取植物性食物,当时已经出现少量的栽培稻。新石器时代中期的彭头山文化主要以采集的方式获取植物性食物,栽培稻的数量开始增多。新石器时代晚期的大溪文化在距今 6000~5000 年逐渐变为以种植水稻为主,还包括种植少量的粟,采集方式还占有一定的比例。到新石器时代末期的屈家岭文化和石家河文化以种植水稻为主,还包括种植少量的粟。长江下游地区在新石器时代早期以采集的方式获取植物性食物,当时已经出现少量的栽培稻。新石器时代中期的跨湖桥文化主要以采集的方式获取植物性食物,栽培稻的数量开始增多。新石器时代晚期的河姆渡文化、马家浜文化和崧泽文化在距今 6000~5000 年逐渐形成以种植水稻为主,采集行为还占有一定的比例的方式。到新石器时代末期的良渚文化和广富林文化以种植水稻为主。

华南地区在新石器时代早期至晚期的前段以采集的方式获取植物性食物。大约距今 6000 年至 4500 年,水稻种植已经出现在这一地区。相比黄河流域、淮河流域和长江流域的农业发展状况,华南地区的农业发展状况明显滞后。

(十)冶金考古

冶金考古利用金相分析、同位素分析、微量元素分析和电镜观察等多种观察、检测和分析方法,对古代遗址出土的与获取矿料、冶炼、铸造和锻造相关的遗迹和遗物进行研究,全面认识古代冶金技术的形成和发展过程。青铜是铜和锡的合金,有时还含有铅。作为中国古代文明的象征之一,中国的青铜器以其精美的造型和高超的制作技术闻名于世,青铜冶铸技术也促进了中华早期文明的发展进程。铁器虽其貌不扬,但因其比青铜器有着更好的使用性能及更高的技术要求而开创了一个新的时代,特别是中国古代发明的生铁冶炼及利用生铁制钢的技术,不仅是世界冶金史上的一大创造,也为秦汉帝国的建立提供了物质基础。对青铜器、铁器、金银器和其他古代使用的金属及其制作技术进行研究,不仅可以了解中国古代金属技术的发展历程,而且可以探讨有关不同地区的文化交流、技术传播以及社会发展的问题。冶金考古是中国古代历史研究中不可或缺的一个组成部分。

这里举两个实例。一是北京大学考古文博学院的陈建立教授认为,西亚和东欧地区早在7000年前就开始冶铸青铜,用两块石质或泥质单面范合在一起浇注金属制品,发展了失蜡法铸造和锻造技术。就青铜冶铸技术出现的时间而言,中国并不算最早,而且在中国早期铜矿开采、冶炼和铸造中也能找到来自西方的技术因素。但当青铜冶炼技术通过区域交流进入以河南省、山西省和陕西省为中心的中原地区时,中原地区立足于新石器时代晚期就已经具备的控制高温和制模翻范技术的制陶知识积累基础,迅速地吸收、消化并改进提高传入的青铜冶炼技术,创造了辉煌的青铜器陶范铸造技术,显示了中原文化兼容并蓄、博采众长的优点。夏商周三代物质文明的集大成者青铜器,特别是种类繁多、造型优美和纹饰独特的礼乐器,堪称中国青铜文化的一大特色,三代青铜器的模块化或标准化的生产及其管理也是复杂社会管理中的重要一环。冶铸技术对于中华文明的起源具有重要的推动作用。

第二个实例是,陈建立教授认为,生铁技术体系的建立与青铜器技术体系建立的轨迹相同。来自西方的块炼铁技术传播到中原地区后,在西周晚期和春秋早期集中出现了陨铁、块炼铁和生铁制品,这并不是偶然现象,必有其内在的原因。生铁冶炼技术的产生及其体系的建立,是块炼铁技术与青铜器陶范铸造技术相结合的必然结果,也是中原文化吸收外来技术进行再创造的结果,再次体现了兼容并蓄、博采众长的中华文明特质。而生铁冶炼技术的发明及利用生铁制钢技术体系的建立,以及由此导致的先秦两汉时期的农业革命,改善了人类的生存条件,增加了人口,发展了教育,提高了人的素质,为秦汉帝国的建立奠定了物质基础。

(十一) 陶瓷器科技考古

陶瓷器科技考古是在探讨陶瓷器的起源、原料、制作工艺及技术发展过程的基础上,认识古代陶器的发明和使用对人类生活产生的影响,瓷器的发明与不断创新对社会进步的作用,研究陶瓷器的起源、原料和制作工艺反映的人类行为特征,更好地揭示古代陶瓷器的科技与文化内涵。

这里分别以陶器和瓷器研究为例阐述。经过多位学者的研究,可以确认新石器时代早期的陶器在制作技术上至少有三个特点,即捏塑法成型、平地堆烧和低温烧成。中国科学院上海硅酸盐研究所的周仁院士等人在对黄河流域新石器时代和殷周时期陶器的烧成温度进行分析后指出,灰陶和红陶的烧成温度为950~1 050℃,黑陶的烧成温度在1 000℃左右,殷墟时期硬陶的烧成温度高达1 180℃,而山西省侯马市战国侯马遗址釉陶的烧成温度甚至高达1 230℃,显示了中国古代陶器烧制技术的不断进步,其应当与窑炉的改进有着密切的关系。中国科学院上海硅酸盐研究所的李家治研究员则进一步指出,新石器时代陶器的烧成温度均在1 000℃以下,一般约为950℃;到了商周时期,印纹硬陶烧成温度已提升到1 200℃左右。陶器的烧成温度也是窑炉和高温技术发展的重要体现。中国社会科学院考古研究所的彭小军博士等人研究了长江中游地区史前时期的三十余处陶窑,认为长江中游地区先后经历了同穴窑、横穴窑和竖穴窑之间的替代演变,且伴随着陶窑形制的变化,其细部结构尤其是建造方式等方面也表现出明显的区域性特征。

对于瓷器的研究证实,由于不同产地、不同时代的古陶瓷在原料来源、原料配方和处理技术上的变化和不同,其最终的化学组成模式也存在相应的特点和差异。因此,可以利用古陶瓷化学组成的差异来进行古陶瓷的断源和断代。中国科学院上海硅酸盐研究所利用X射线荧光分析(EDXRF)方法开展了瓷器断源和断代研究,以中国数十个窑系和类别的瓷器的化学成分数据库(近万组数据)为比对标准,研制了针对古陶瓷化学元素测定的标准样品,建立了一整套分析方法,利用多元统计分析处理数据,取得了一定进展。

(十二) 玉石器科技考古

玉石器科技考古就是探讨玉石器的材质、来源和制作过程。在探讨原料的获取和玉石器制作工艺的基础上,可以认识当时的技术水平、工艺流程,进而讨论当时的生产关系特征,最终参与社会状况的研究。

这里分别以石器和玉器研究为例阐述。首都师范大学的钱益汇教授通过对河南省偃师市二里头遗址出土石器的研究,确认当时的石料种类有32种,以砂岩最多,安山岩、灰岩、片岩、辉绿岩和白云岩等各占一定的比例。二里头附近分布较多的是砂岩、灰岩、白云岩、石英岩和辉绿岩等,就近取材的方式应当是二里头人开采石料最方便快捷的资源获取模式。不同时期的石料种类和利用率差异很大,尤其是二里头四期,总量明显增加,石料利用率达到最大化。在长期的生产实践中,人们对石料这一重要资源特性的认知度越来越高,在开发石料的过程中,总能根据工具的功能特性选择合适的石材,以提高生产效率和使用效率。当时被二里头聚落控制的不同等级聚落都有可能承担石材输送和石器初步加工生产的任务。

香港中文大学邓聪教授等人通过对山东省临朐县西朱封、河南省偃师市二里头遗址出土的玉器开展微痕分析,认为龙山时代晚期玉器的开料和二次加工虽存在砂绳切割技术,但以锯片切割技术为主,后者呈现出尺寸渐大的发展趋势,为二里头文化大型片状玉兵器的出现打下了基础。中国社会科学院考古研究所的叶晓红等人通过对河南省桐柏县月河一号春秋墓出土玉器的阴刻纹饰进行微痕分析,认为当时的阴刻工艺普遍使用了添加解玉砂的旋转砣具技术,并推测商代晚期阴刻纹饰的盛行,可能与阴刻工具已经发生变革有关。这个认识为确定中国古代砣具出现的时间提供了实证性证据,意义重大。

到这里,科技考古十二个部分的研究目的,最为典型的研究成果都简明扼要地介绍完了。对于科技考古各个主要领域的更为详细的阐述,在接下来几天的授课过程中,将由各位老师给大家做详尽的讲解。这里再回到莱伊尔的《地质学原理》,这本书里面有一段很精彩的话语,形象地展现了我们现在做考古、做科技考古的价值和我们的感悟。莱伊尔说:"我们虽然仅仅是地球表面上的过客,并被束缚在有限的空间,经过的时间也很短促,然而人类的思想,非但可以推测到人类目光所不能看到的世界,而且还可以追溯到人类出现以前无限时期内所发生的事情,对深海的秘密或地球的内部也都可以洞察无遗;我们和诗人所描写的创造宇宙的神灵同样自由,在所有的陆地上,所有的海洋里和高空中遨游。"

多年的考古发掘为我们的科技考古研究积累了非常丰富的资料,今后的考古发掘还将为我们的科技考古研究提供更多的新的资料,我们要用科学的理论作为指导,用科学的方法作为工具,从考古资料中全方位地获取珍贵的信息,认真地开展研究,与考古研究人员共同凝练我们的研究成果,逐步把我们中华民族那段灿烂的历史中众多有趣的故事都重现出来、复原出来,展望前程,任重而道远。

第二讲

^{14}C 测年与年代学

吴小红

首先,非常感谢袁靖老师的邀请,让我有机会在这里和同学们做一次交流和分享。先从我自身的学术经历谈起。对我而言,做 ^{14}C 测年以及相关的考古研究,是自己的一份本职工作。怎样踏踏实实地把这份工作做好,把实验室发展得更好,不仅是我个人的志向,也有赖于北京大学科技考古长期以来的学术传承。

北京大学的科技考古实验室在20世纪70年代开始筹建。当时的主要成员包括陈铁梅、原思训、王良训先生,还有几位实验技术人员,他们拥有不同学科背景,陈先生是搞物理的,原先生是做化学的,王良训先生是研究无线电的,他们一起合作把这个实验室建了起来。前段时间,陈先生、原先生来实验室和同学们座谈,分享他们的学术经历。两位先生合作创建了北大科技考古实验室,也开拓了一种学科高水平稳定发展的模式。陈先生特别强调创新——做前人未做之事;原先生一再强调严谨——认真追究每次研究、每个实验中的不确定因素,并以此为线索确定研究方案,拓展研究方向。当实验室以这样的方式认真地去审视、检验、分析的时候,往往就会找到新的学科增长点。这种模式保证了北大科技考古学科的不断发展。正是在这样一种学术氛围中,我得以不断成长。这也要感谢很多师长、同仁的支持和帮助。我在这里要特别感谢袁靖老师,他执着敬业的精神、坚持认真的态度,推动激励我前行。

考古学是人文与自然科学相结合的产物,其学科的建立基于来自生物学和地质学的类型学和地层学作为学科方法的支撑。但是不管考古学所采用的自然科学方法多么科学、精准，考古学本质上还是属于人文学科，最终要解决的问题还是和人类社会相关；不论采用什么研究方法和研究手段，总归是围绕人类活动遗留下来的实物遗存，从中提取人类活动的信息，以实现复原古代社会的目的。由于我们学科分类的关系，人文与科技分属两大不同的学科体系，而考古学是文理交叉学科，科技考古是自然科学方法应用于考古学，科技考古的本质就是考古学，之所以存在"科技考古和考古学呈现两层皮"的说法，其原因大体是由于学者的学科背景所导致的。从事科技考古的学者的学科背景往往是自然科学，比较擅长开发新方法，在技术和方法层面上不断更新，而不善于发现和提出考古学问题，抑或所得到的数据或对数据的解释脱离考古实际。要想实现自然科学和考古学的密切结合，人文背景的学者和自然科学背景的学者紧密合作至关重要。当然，在科技考古领域也有自身两者就结合得非常好的学者，比如袁靖老师就是其中的一位，他既精通考古学，同时在动物考古领域造诣也很深。

就我自己的经历而言，从本科到博士所受到的学术训练是化学、物理方面的，博士毕业后进入考古学领域，尽管是从事科技考古、考古年代学等与自然科学密切相关的教学科研工作，但依然能强烈地感觉到学科背景不同所带来的困惑，以自然科学背景进入到考古学领域，存在着不同学科体系下不同思维方式的转换，获取信息、思考问题等方式将会发生变化。要把理科思维模式跟人文研究相结合，确实需要一定时间的训练和操练，其关键点在于牢记方法本身可以是自然科学的，但所要解决的问题，一定是人文的、考古的问题。随着考古学的不断发展，以及国外考古学理念的介入，我们开始重视社会层面的研究，使得考古学能够被纳入人类社会的大框架下来考量，将更多的学科吸纳进来。正如我们研究现代社会一样，它涉及内容极为复杂，几乎所有学科都可以用来研究现代社会。古代社会亦是如此，把当代的几乎所有的学科都运用在研究古代社会上都不为过，甚至还不够。假如我们把现代社会看作一个点，毫不夸张地说，古代社会便是整个时间长轴上分布的所有的点，在任何一个时间点上展开对当时社会的研究，都会涉及很多不同的学科内容。由此可见，考古学的研究内容，不论是从它的年代跨度还是研究范围广度来看，都是十分丰富的，相比而言，我们现在的从业人员还远远不够，所做的相关研究工作也远远不够。这堂课,我将从考古学的相对年代与绝对年代、^{14}C测年背景、^{14}C测年的基本原理、树轮年代校正、^{14}C样品采集原则、案例介绍等六个方面分别讲授。

一、考古学的相对年代与绝对年代

在开始讲具体的测年方法之前,我们先从方法论的大框架来看现有的测年方法。年代学方法在考古中具有怎样的作用和地位,这要从考古学是什么说起。按照《中国大百科全书·考古卷》的定义,"考古学是根据古代人类通过各种活动遗留下来实物,研究人类古代社会历史的一门学科"。考古学的研究对象有两个重要特征:一是人类活动所遗留下来的,与人类活动相关联;二是实物遗存。这两个特质决定了考古学既是人文的,又是自然科学的。中国考古学的研究目的是复原古代社会历史。因此,在中国,考古学长期以来放在历史学的学科体系之下,具有强烈的史学传统,发挥着证经补史的作用。在这一背景下,中国考古学长久以来一直在做谱系梳理的工作,梳理不同区域的文化谱系,整理每个谱系的发展脉络。时序对考古学而言很重要。

那么,在绝对年代学方法出现之前,考古学如何确定时间呢?考古学有两个基础的方法:类型学方法和地层学方法。地层学和类型学是确定相对年代的方法,而在中国考古史学传统之下,考古年代学成为了中国科技考古优先发展的学科方向。

考古年代方法分为相对年代方法即地层学和类型学,以及绝对年代方法。相对年代和绝对年代其实也是相对的。地层学和类型学奠定了考古学的基础,由此提供的早晚关系是一种相对关系,而这种相对关系本身所代表的考古学背景却是其他相关研究的基础,是采集测定绝对年代年标本的基础。因此,从这个意义上来说,这样的早晚关系或者说相对年代确实具有一定的绝对性。所谓绝对年代,是说测定方法得到的年代可以和日历年代相匹配,它在整个时间轴上可以找到一个定点,不同区域甚至全球范围内绝对年代是可比较的。任何一个测年样品拿到实验室,只要选择的测年方法得当,都可以得到一个绝对年代数据。然而,这个年代数据是否能够代表要解决的考古问题,这个是相对的,它的相对性来自样品本身的考古学背景是否可靠。

我先简单介绍一下树轮年代、热释光和光释光以及古地磁测年，最后再着重介绍^{14}C测年。

首先介绍树轮年代学。由于树一年长一轮，树轮的宽窄变化受当时的气候环境影响，同一种树在同一个气候环境下，其树轮宽窄变化的规律是一致的。可以根据这种变化规律确定已知年代的树的树轮与未知年代的树的树轮之间的衔接关系，从而可以在一个区域内部建立某种树的树轮年代序列。如果在当地考古遗址当中发现有这种树，就可以根据这棵树的树轮宽窄变化规律与已有的树轮年代序列相匹配，从而得到这棵树的年代。如果这棵树的保存状况很好，就可以精确推定这棵树最外轮的年代，也就是人类砍伐它的年代，并进而与它在考古遗址中的堆积情况相关联，从而判断古代房屋或桥梁的建造年代等。

热释光和光释光测年这两种方法与环境的放射性辐射有关。在一定范围内，某些晶体（比如石英和长石等）接受环境辐照并储存在体内的能量与时间成正比，加热或者光照可以使这些能量以光的形式释放出来，仪器测量得到释光信号。释光信号的强度与环境辐照剂量正相关，若再测量得到每年所获得的辐照剂量，就可以计算出时间。释光测年方法主要适合于被充分光照和充分加热的样品，比如黄土沉积、陶器、陶土和红烧土等。刘东生院士是研究中国黄土的大科学家，他通过对黄土的研究建立了中国第四纪地质体系，基于黄土重建了全球环境演化，气候变化的历史。因为黄土是风沉积的，沙尘在空气中飘浮，光照四秒就能把其中的释光信号晒退，待沙尘再降落之后重新累积能量。如此，根据释光方法可以把黄土沉积的年代测定出来。如果在这个黄土沉积当中，又发现了考古遗物，可以通过研究其堆积过程，结合黄土的释光年代确定考古遗物的年代。

古地磁测年利用的是地球磁场变化的特质。由于地球内核与外壳磁场并不同步，地球磁场在旋转过程中，其磁场强度和磁场方向会随时间变化，这种变化表现为两种过程，一种是剧变过程，地球的磁极发生翻转，也就是南北磁极互置，用地磁极性来描述；另一种是渐变过程，用磁场强度和磁倾角、磁偏角来描述。由于地球岩石矿物中含有磁性物质，在岩浆岩和沉积岩形成过程中，磁性物质受当时地球磁场影响产生热剩磁和沉积剩磁。在漫长的地质过程中，地壳各处磁性稳定的岩石矿物就把地球磁场的变化情况完整地记录了下来。目前地球磁场数次磁极倒转事件的年代已经被测定出来,比如用钾氩法测定火山岩的年代等,而这些磁性事件是全球一致的,由此地球各处记录在岩石磁性物质中的磁极倒转事件就具有了年代含义,可以用来开展古地磁测年。同样,人类活动所产生的一些遗物比如陶器、砖、炉灶等,其中的磁性物质在加热后冷却的过程中也会受当时的地球磁场影响而产生磁性。采集这些标本,测量其磁场方向和强度,就可以记录当时的地球磁场情况。如果这些考古事件的时间可以测定出来,又如果一个区域能够建立地球磁场强度和方向随时间变化的曲线,那么这个区域就建立了考古地磁测年方法。

不平衡铀系测年法是利用地球存在的天然放射系铀系而建立起来的测年方法。地球表面尘土里的所有重核元素都是从四大放射系元素衰变而成,它们分别是钍系($4n$)、铀系($4n+2$)、锕系($4n+3$)和镎系($4n+1$)。由于镎系母体半衰期较短,所以这个放射系在自然界已经不存在了。目前地球存在三大天然放射系,其母体的半衰期都很长,这些元素的母体衰变形成子体,子体再往下衰变,依次进行,最后生成稳定核素。在一个相对封闭的系统里,放射系中的核素经过长期衰变,母体的放射性和所有子体的放射性都相同了,这个状态称为放射性衰变平衡状态。

顾名思义,不平衡铀系法用的是放射性衰变平衡被打破到衰变平衡被再次建立之前,铀系母子体衰变关系进行年代测定的。比如,溶解在水里的碳酸盐在某个物质表面形成了碳酸盐固体物质,同样溶解在水里的铀随着碳酸盐析出也进入到碳酸盐固体当中。由于铀的氧化物铀氧酰离子可以溶解在水里,而铀的子体钍等不溶于水,由此进入水里的铀实现了与子体的分离而打破了原来的放射性平衡状态。铀进入碳酸盐固体中,相当于铀在一个封闭系统中重新开始了一段放射性衰变旅程,这个体系中的所有铀的子体都是铀进入这个体系后新生成的。在铀的放射性衰变平衡再次建立之前的任何一个时间,采集这个碳酸盐进行铀和其子体的放射性测定,根据铀的放射性衰变规律就可以得到这个碳酸盐固体形成的时间。如果我们能够在地层关系上确定这个碳酸盐固体形成的时间,与某一个人类活动的时间相关联,就可以将不平衡铀系法应用于考古年代研究中。铀从原来的衰变平衡体系中析出进入一个新的体系,这个时间点可以算作不平衡铀系测年的计时零点。依次类推,可用于不平衡铀系测年的样品种类还有不少,动物和人的骨头化石也是一类。人或动物活着的时候,体内的铀含量是很低的,几乎可以忽略不计。人或者动物死亡后,骨头埋到地下,地下水就会把铀带入骨头并固定在其中,利用铀和它建立的子体的放射性关系就可以测得骨化石的年代。对于铀系测年来说,新的体系建立的时候是否有其他来源的子体存在(外来污染物)以及系统是否封闭是年代结果是否可靠的关键。

其他测年方法我就不一一展开了。比如,钾氩、氩氩法利用的是火山喷发形成的熔岩测定年代。因为非洲火山喷发频繁,火山熔岩淹没并保护了人类遗存,在非洲,钾氩、氩氩测年方法为人类进化过程研究建立了很好的时间标尺。

必须指出,每个测年方法都有其可适用性和局限性。因此,在应用时需要对方法本身有深入的了解,这样选择样品、采集样品时才能准确,才能找到合适的方法。

二、^{14}C 测年背景

提到^{14}C测年就不得不提威拉德·利比(Willard F. Libby)的贡献。利比因^{14}C测年方法获得了诺贝尔化学奖。这一方法的产生脱离不了时代的大背景。第一次世界大战和第二次世界大战对整个世界的政治、社会格局产生了巨大影响,其中也包括引发技术的革命。自然科学技术的增长和发展在当时是战争中军备竞争的产物,其中包括探地雷达技术、潜水艇技术以及核技术等。

可以说,威拉德·利比是在第二次世界大战结束后和平利用核技术的历史背景之下开展了^{14}C的相关研究。^{14}C是一种放射性核素,发出软β射线,几乎不会造成人体外辐照损伤。利比先生把环境中含有现代碳的物质,比如稻草等进行一系列化学反应,在化合物中^{14}C富集,同时降低测量仪器的本底以提高测量效率,使得样品中^{14}C的放射性可以测量得到。利比先生的另外一个贡献是用仪器测量的办法获得了^{14}C的半衰期为5 568年,这被称为利比半衰期。后来科学家们用物理计算的办法,通过计算^{14}C原子核中粒子之间的作用力,得出^{14}C的物理半衰期是5 730年。利比先生在建立了^{14}C测量方法之后,很快将这一方法应用在测定已知年代的考古样品上。他们分别拿到了两批来自埃及的已知年代的考古样品,使得^{14}C测年方法得到了成功验证。这中间还有一个插曲,他们曾经从芝加哥大学的一位考古学家那里得到过一个样品,反复测量之后都是现代碳,与宣称年代不符,后来证实这个样品来源并不可靠。由此也警示利比先生,在选择考古样品时了解其出土背景非常关键。利比的^{14}C测年方法在欧洲考古领域一经应用,就改变了欧洲的年代序列。在此之前,欧洲的年代序列基本利用地层学和类型学构建。而类型学又与当时的文化传播论结合,根据器物类型的传播原则,距离核心区域越近,受到传播的影响越大,那么器物和遗址的年代就越近。然而,^{14}C方法的出现颠覆了过去的观点。我国著名考古学家夏鼐先生曾经在英国伦敦大学学院(University College London)考古系留学,他在利比创建^{14}C测年方法后,立即把这一方法介绍到了中国,认为^{14}C测年是考古学的一场革命。

^{14}C测年在中国考古的应用,并没有引发颠覆性的革命。为什么^{14}C测年在中国和在欧洲的情况不一样呢?首先,中国考古学的起步和发展受到西方考古学的影响,类型学和地层学得到广泛应用。另外,中国的文化统一性较强,整个中国乃至东亚都处于一个大的文化圈,而在欧洲文化的多样性呈现出相对复杂的格局。第三,苏秉琦先生提出的考古文化区系理论,把中国的考古学文化分成几大区,每个区域内的考古学文化谱系都有各自的发展脉络,系统内部的相对年代关系是非常自洽的。有了这样的一个体系,最初零星的^{14}C年代数据对这个系统起到了绝对年代的标定的作用,并没有打乱这个系统,所以^{14}C技术在中国的引入并没有导致如在欧洲引发的革命。并且在中国考古学发展的很长一个时期内,^{14}C测年方法也并没有发挥重要作用,只是作为相对年代方法的补充。比如一个仰韶文化的遗址被发现,对该遗址进行^{14}C测年之后,可以大致确定仰韶文化的大体时间段,当有另外一个仰韶文化遗址被发现时,不必测年就可以推定这个遗址的大致年代范围。

考古学文化谱系相对完善,在中国考古学史学传统的体系之下,早期考古学的一个重要作用是证经补史。在这样的背景之下,绝对纪年只能成为相对纪年方法的一个补充和点缀。随着中国考古学的发展,考古学的研究内容不断丰富,涉及古代社会的方方面面,以及跨区域的比较研究等,如此一来,配合宏大史诗般叙事的年代体系已经无法满足精细研究的需要,更精细的年代数据,精确到可以研究一个遗址内部从早到晚的变化、不同的空间分布等,这需要和考古地层学、类型学密切结合，用大量的测年数据来充分解释我们所要研究的考古问题。

三、^{14}C 测年的基本原理

碳元素在自然界存在三个同位素，分别为^{12}C、^{13}C和^{14}C。同位素指的是质子数相同、中子数不同的元素。^{12}C指的是原子核中有6个质子、6个中子的碳元素；^{13}C有6个质子、7个中子；^{14}C有6个质子、8个中子。中子数的不同导致它们质量数的不同，而决定元素化学性质的是质子数，与中子数无关。C的同位素中，^{12}C和^{13}C都是稳定同位素，只有^{14}C是放射性同位素，会发生β衰变。在β衰变过程中，一个中子释放出一个电子，电子带负电荷，释放了电子的那个中子就变成了一个质子。通过β衰变，中子变成质子，原子核里的质子数就变成7，^{14}C就变成了^{14}N，成为一个稳定核素。

通常所用的^{14}C的半衰期有两个，一个是利比半衰期5 568年，另一个是物理半衰期5 730年。当我们使用早年的^{14}C测年数据时要格外注意。1959年初中国社会科学院考古研究所开始筹建^{14}C实验室，在"文化大革命"中停滞了，这个实验室于1965年采用气体正比计数法测定出中国的第一个^{14}C年代，并于1972年发表了中国第一批考古^{14}C数据。北京大学于20世纪70年代建立了^{14}C测年实验室，采用了液体闪烁计数器法。当时使用的是物理半衰期，为5 730年。国际上^{14}C实验室发表的考古年代数据基本上都用5 568利比半衰期，后来建立的树轮校正曲线也是用利比半衰期计算的^{14}C年代数据，因此要用树轮校正曲线进行校正获得日历年代时，需要使用利比半衰期计算的^{14}C数据。中国之所以用5 730，是因为在我们组建实验室的时候，已经有了比利比半衰期更为准确的物理半衰期5 730年。那么在选择半衰期的时候，基于科学的考量，自然是选择更为准确的物理半衰期了。其实，无论哪一个半衰期所测得的^{14}C数据都不影响最后的日历年代数据，只需要将以5 730年为半衰期的^{14}C数据乘一个常数，通过计算转化为以5 568年为半衰期的^{14}C数据，再进行树轮校正就可以了。重要的是，当我们现在需要使用以前的年代数据时，一定要分清^{14}C数据所用的半衰期。如果是直接采用日历年代就不必关注半衰期的问题。

^{14}C 测年的基本原理非常简单直观。^{14}C 在自然界存在生成和衰变过程。在我们生活的地球的大气层、生物圈、水圈中，^{14}C 一直处在交换平衡状态。^{14}C 生成和衰变也处于平衡状态，自然界每年会生成 6.8 吨左右的 ^{14}C，每年衰变的数量也差不多是这些。生成 ^{14}C 的核反应多发生在大气大约 12 千米的高空，空气中的氮气受到热中子的轰击，释放出一个质子，产生一个 ^{14}C。^{14}C 一经形成就和大气中的氧气结合，形成了二氧化碳。新形成的二氧化碳进入大气，整个大气的 ^{14}C 浓度在很短的时间内就可以达到平衡状态。

有研究证明了这一快速的平衡过程。在 20 世纪 80 年代，当时的苏联切尔诺贝利核电站发生了核泄漏事件。核电站周围放射性急剧升高，其中大量热中子与大气中的 ^{14}N 发生核反应，产生新的 ^{14}C。科学家在全球不同地区采集大气、土壤样品进行 ^{14}C 示踪测量，发现大概在半年的时间内，大气各处 ^{14}C 浓度基本达到了平衡状态。也就是说，即使某地突然发生 ^{14}C 浓度的剧增，在半年之内，全球的 ^{14}C 浓度又会重新达到平衡状态。通常情况下，^{14}C 生成在大气 12 千米左右高空。整个大气的外围平流层的存在，以及平流层和地面之间对流层的存在，使得大气内的二氧化碳浓度和 ^{14}C 的浓度达到均匀的分布。这就提供了基本的保证，保证我们取当年的大气，在北京测得的 ^{14}C 浓度和在美国测得的 ^{14}C 浓度是一致的，不会因为区域差别导致 ^{14}C 浓度的差别。当然，需要说明的是，在地球表面不同高度，比如喜马拉雅山上生长的植物中 ^{14}C 浓度和在平原地区生长的植物中的 ^{14}C 浓度，还是会存在明显差别，这由大气的存在状态所决定。

^{14}C 生成后很快在大气当中达到平衡状态。自然界中，光合作用把大气中的 ^{14}C 带入到植物体中。当年生长的植物和当年的大气 ^{14}C 浓度通过光合作用达到了平衡状态，所以，大气圈和生物圈里的 ^{14}C 浓度保持着平衡的状态。除了大气圈、生物圈，还有水圈。那么水圈里的 ^{14}C 浓度情况如何呢？

地球表面的 75% 被海洋覆盖，海洋表面波涛起伏，起到了气液相之间的搅拌作用，海洋与大气直接接触，把大气里的二氧化碳溶解在水里。海洋表面二氧化碳里的 ^{14}C 浓度和大气中的 ^{14}C 浓度也达到了交换平衡状态。但在海洋底部有来自岩石的碳酸盐，海洋生物死亡后降解，其含碳组分也会进入海水之中，所以整体来讲，海洋生物体的 ^{14}C 浓度和当年大气的 ^{14}C 浓度并不完全一致。如果我们从海洋里采集标本测定年代的话，结果可能会偏早，这就是我们通常说的海洋储存库效应。

理想的测年样品是和大气圈有过充分交换平衡的样品。这是我们在选择合适样品测年时必须考虑的。

以上简单介绍了^{14}C的生成以及它在自然界的分布情况。我们再来看^{14}C测年的原理。^{14}C生成之后,在生物体、水和大气中循环,一旦生物体死亡,它们被掩埋地下,停止了光合作用或呼吸作用,体内的^{14}C只有衰变没有生成了。^{14}C衰变过程是原子核内发生的物理过程,这是由核性质决定的,而与物质所处的状态无关。也就是说,无论^{14}C是以二氧化碳的形式存在还是以氨基酸的形式存在,以及气态、固态等,都不影响它的衰变性质。所以,二氧化碳里的^{14}C和生物体里的^{14}C,衰变过程是完全一样的,其衰变也与考古样品的地下埋藏环境情况无关。从动植物生命停止的这一刻起算作"计时零点",如果将这时它们体内的^{14}C浓度定义为百分之百的话,^{14}C浓度会随着时间不断下降,且这个过程只与时间有关,与^{14}C的衰变性质半衰期有关,与其他别的特质没有关系。这就是^{14}C衰变可以用来进行年代测定的基本原理。

具体而言,半衰期指的是^{14}C衰变掉一半所需要的时间,也就是说在一个半衰期5730年内,^{14}C的量失去一半。如果再过一个5730年,^{14}C的量将失去剩下的一半的一半,以此类推,最后无限趋近于零。

^{14}C的衰变规律可以通过数学公式表达:

公式一 $N = N_0 e^{-\lambda t}$,

公式二 $t = \tau \ln(N_0/N_t)$。

在公式一中,t是时间,λ是衰变常数,与半衰期有关。N_0是计时零点,指的是样品生命死亡的那一刻所含的^{14}C浓度,N_t值是在t时刻样品中所剩下的^{14}C浓度。λ是已知常数,我们只要知道样品起始点和t时刻所含的^{14}C浓度,就能计算出时间t。更常用的是公式二,τ指的是碳的平均寿命,只和半衰期有关,是常数。

^{14}C实验室日常测量的重点是解决N_t的问题。N_t在这里是一个考古样品中所含的^{14}C的量,是可以直接测量得到的。常见的测量^{14}C的方法有加速器质谱方法和液体闪烁计数器法,两者的测量原理不同。加速器质谱是测量样品里含^{14}C原子的个数。液体闪烁计数器法是测量单位时间里^{14}C原子

发生β衰变的次数,从而计算出样品中所含的^{14}C的量。样品中含有^{12}C、^{13}C和^{14}C,其中只有^{14}C会往外发射β射线。液体闪烁计数器收集β衰变信号,经过一段时间的收集,又已知样品实际含碳量,从而可求出样品单位质量单位时间内发射出β衰变数量。

从开始筹建^{14}C测年实验室,一直到20世纪80年代,整个中国的^{14}C测年一直延用β衰变计数器法。液体闪烁计数器法是衰变计数的一种,由北京大学实验室最先在中国使用。还有一种是气体法,由社科院考古所最先在中国使用。威拉德·利比先生最早也是采用气体盖格计数器法测量了^{14}C的β衰变。气体法直接把样品燃烧制成二氧化碳,再把二氧化碳封闭在系统中进行测量。气体法的好处是制样简单,坏处在于测量过程要求长时间密封,不能有漏气和大气污染,而且气体测量过程中浓度不容易集中。相比而言,液体法的样品容易纯化,而且所需的样品量比较容易控制,密封简单,测量过程容易操作。总之,常规^{14}C测年方法是测量^{14}Cβ衰变计数的一种。

加速器质谱测年发展较晚,对设备技术要求较高。它直接测量^{14}C的原子个数,而^{14}C和^{12}C、^{13}C混在一起,要检测出来难度较大。它们化学性质相同,唯一的区别是质量数不同,因此,得根据它的质量数来实现分离和单独测量。如果质量差异很大,要实现分离比较容易。好比有两个体重差了一倍的人同时跑步,在体能相差不大的情况下,跑一会就能拉开距离。然而,^{12}C、^{13}C、^{14}C就好比体能相同、体重又差不多的三人跑步,要拉开距离有一定困难。加速器就是通过各种方式让三种粒子在一定轨道中奔跑,拉开三者距离,从而实现分别测量。

加速器的具体操作是,首先把样品碳制成石墨靶。石墨是碳的一种形式,比较容易气体化。将石墨靶放在加速器靶轮上,石墨经过铯加热溅射后气化,进入加速器轨道中。这些粒子经过加速器中的第一个偏转磁铁后,改变方向,使得不符合轨道方向的杂质粒子被除去,只保留质量数为14的原子离子和分子离子。粒子进入高压包,那是加速器的核心,经过第一个电场,负电粒子被加速,高压包中心有一个剥离器,使得留下的所有粒子都是带正电荷的原子离子,再经过与第一个电场反向的第二电场,正电粒子被加速。经过高压包后质量数为14的氮被除去了。最后剩下的^{12}C、^{13}C、^{14}C加速经过偏转磁铁后,质量数不同的原子,偏转角度不同,实现了^{12}C、^{13}C和^{14}C的分离。接下来,在加速器轨道的不同位置用法拉第杯接收碳原子,实现了^{14}C的测量。

加速器也经历了技术的发展。如果你们有机会去北大参观加速器的话,可以看到两代不同的加速器。第一代加速器所占空间很大,需要大概这个楼一层的空间。随着技术的发展,加速器体积越来越小,可以在很小的距离范围内实现三个离子的分离,而且自动化程度也逐渐提升,测量变得越来越容易。

^{14}C原子个数的测量还有另一个难度,那就是它的量。^{12}C、^{13}C、^{14}C在自然界中的丰度不一样。^{12}C含量高达98%以上,^{13}C在1.0%以上,^{14}C含量非常少,而且样品年代越为久远,其中所含^{14}C的量也就越少,通常大气中所含^{14}C的量相当于每10^{12}个碳原子中有1~1.5个^{14}C原子。因此,^{14}C测年得以实现的背后包含了科技的发展和进步,是在技术发展支撑之下建立起来的测年方法。

需要说明的是,不论是加速器质谱方法还是β计数器法都不是直接测量^{14}C的物理量,而是通过与标准样品比较,测量物理量的比值,这样大大降低了测量难度,提高了测量精确度。

在技术发展的背景下,β计数器法逐渐被放弃,越来越多的研究开始应用加速器法。β计数器法最大的缺陷是测量时间长,所需的样品质量大。如果仪器效率高一些,可以用4克碳,依据样品含碳量的不同,可能需要十几克、几十克甚至几百克的样品。从一个考古遗址得到一个可供测年的样品,可能会把来自同一个地层、几个不同堆积单位里的碳样合并在一起,送到实验室测年。这样一来,得到的是这个地层的一个平均年代,掩盖了许多信息,甚至碳来源不清楚的碳组分也贡献了年代。这样,即使年代数据与考古背景不符,也没有办法检讨究竟是哪个环节出了问题。所需样品量大是常规^{14}C测年方法的缺陷,但对于测量来说,样品量越大,数据的稳定性越高。

加速器质谱的方法所需的样品量很少,它可以测试毫克级的样本。比如,一颗种子、一粒炭化稻米就可以得到一个^{14}C年代,体现了加速器质谱方法的优势。但同时它对样品来源的要求也就提高了,比如,这一颗炭化稻米若是因为老鼠打洞带入地层的,测年结果就是错误的;或者一个木炭样品的多孔结构中夹裹着含碳黏土,甚至木头的树轮等都会导致^{14}C数据出错。由此,用于考古年代测定的^{14}C样品要有清楚的考古背景,并且要求对考古测年样品含碳组分的来源有清晰的认识。一方面,一个好的年代数据依赖于可靠的考古背景和实验过程,有了可靠的考古背景和实验过程,产生出来的^{14}C数据也可以反过来检验地层堆积过程。

由此,将考古地层堆积过程与^{14}C年代测定相结合可以为考古研究提供更多的可能性。

在^{14}C测年的计算公式里,还有N_0值需要计算。原则上,N_0值应该是生物体死亡时大气所含^{14}C的量。在这里N_0值用1950年大气所含^{14}C的量来代替,这是全球统一的,以保证大家测的^{14}C是可比的。所以,^{14}C测年数据所说的"距今",其实是距1950年,而不是距离今天的意思。

N_0值之所以可以用现代大气^{14}C的量来代替,是基于下面的三个基本假定:第一,假定大气中^{14}C的产生率几万年来恒定不变;第二,假定三个交换储存库的库容量不变,并且三个储存库均达到了交换平衡状态;第三,假定样品一旦脱离交换体系后就处于封闭状态。

这三个基本假定都针对了^{14}C测年样品来源的可靠性。假定了大气^{14}C的生成不变,在自然界的分布也达到平衡,也就假定了测年样品所产生的背景是一致的。三个交换储存库是指大气圈、生物圈和水圈,凡是与这三个交换储存库有过充分碳交换的物质都可以用来测年。封闭状态是指生物体死亡后,停止了和大气的交换,不再有新的^{14}C进入。这个封闭状态不是指绝对的封闭,而是保证测年组分的原生性。比如,骨头埋藏在地下之后,尽管它和环境也有交换,但测年提取的是其中的胶原蛋白,胶原蛋白是骨头原生的组分。生物体死亡后在地下埋藏过程中,环境不可能提供胶原蛋白混入骨骼。因此,只要能够从骨头样品提取到纯净的胶原蛋白,这一定是生物体的原始成分,可以用来测年。有了这三个基本假定,就可以用现代样品中的^{14}C值代替考古样品推算出交换储存库(死亡)时刻的N_0值,去计算^{14}C年代。

四、树轮年代校正

以上三个基本假定在理想状态下确保了^{14}C测年的可靠性。但现实情况并非如此。^{14}C的浓度每年都会变化,甚至还有一些有规律的周期性变化。太阳黑子的活动、太阳耀斑、行星爆炸，都会导致大气中热中子含量发生变化，从而导致 ^{14}C 浓度的变化。除了宇宙射线外，工业革命之后大量燃烧煤矿和汽油还会导致大气 ^{14}C 浓度的稀释。另外，还有一些偶发事件，比如核试验、核泄漏事件都会导致局部的大气 ^{14}C 浓度增加。

由此可知，用现代大气的 ^{14}C 浓度代替样品起始时刻大气 ^{14}C 浓度存在问题，但如何得到古代样品起始时刻大气 ^{14}C 浓度呢？树轮年代学方法为解决这个问题提供了思路。

树木一年长一轮，树轮中所含的 α 纤维素是相对稳定的物质，在树木中起到了骨架作用，一旦形成不再发生化学变化，也就是说，α 纤维素一经形成就进入了封闭状态，不再有新的 ^{14}C 进入。树木年轮一年一年生长，和当年大气有过充分的碳交换，因此每一个树轮中 α 纤维素所含的 ^{14}C 浓度，就能代表这个树轮当年生长时大气的 ^{14}C 浓度。每个树轮所含的 ^{14}C 浓度可以通过实验室测试得到。

建立树轮校正曲线还需要解决的一个问题，即树轮的日历年代。假设我们新砍伐一棵树，横切面最外圈的这一轮肯定是树被砍伐这一年生长的，以此一年年往前推，就可以把每轮所代表的年代标记出来。这样再找老一些的树轮，比如建造房子的木材保有年轮信息，根据树轮的宽窄与新伐的树进行比较匹配，就可以将树轮的年代往前延伸。如此，再找更老一些的树轮，用同样的方法去匹配，就能建立长序列的树轮年代。

这个工作原理很简单，但实际操作起来还是很有难度的。第一，树木有伪轮，有时，树木一年不止长一圈年轮；第二，树木也有缺轮的现象，某一年它停止了年轮生长。因此，要建立树轮曲线，光靠一棵树肯定是不行的，同一个时段需要综合好多棵树的情况，并且还必须使用同一环境区域内的同一种树。目前国际上建立了两条长的树轮序列，一是在欧洲，德国的橡树序列。橡树在欧洲一直用作建筑材料，所以在考古遗址中多有发现，由此可建立橡树树轮序列，其序列可以延伸到 8000 年。另一个是美国的刺果松序列，在美国加州海岸，由于自然环境干燥，树木死亡之后并不朽坏。利用这两条长的树轮序列建立了树轮校正曲线，国际通用。这是因为地球上不同区域，^{14}C 的浓度基本一致。所以，对中国考古学而言，我们没有必要再单独建立一条中国区域的树轮校正曲线，而是可以使用已经建立的树轮校正曲线来校正我们

的 ^{14}C 年代数据。

在建立树轮校正曲线时，^{14}C 测年的可控误差值一般是±20 年，树木的每一轮都对应一个日历年代。在刚开始建立校正曲线时，实验室是每 10 年取一个样品，测 ^{14}C 年代。后来测量精度提高了，改为每五年取一个样品测定 ^{14}C 年代。澳大利亚实验室为了研究精细的环境变化，用年轮比较宽的树木，一年取一个样品测量，有时甚至分季度测量。树轮校正曲线的纵坐标是 ^{14}C 年代，横坐标是日历年代，曲线上可以看到许多重要的信息。当我们把 ^{14}C 年代对应到树轮校正曲线上后，就能知道测试样品的日历年代了。一般而言，^{14}C 年代和日历年代的数值之间是有差异的，年代越早，两者间的差距就越大。如果是 1 万年左右的样品，日历年代和 ^{14}C 年代之间可能会达到 2000 年的差异。所以，对于考古研究来讲，只有经过了树轮校正之后，^{14}C 数据转化为日历年代，这样的数据才能被用来描述考古事件的年代。

然而，即使有了树轮校正，我们给出的年代也并非一个单一的数字，而是一个年代范围。因为 ^{14}C 年代是一个物理测量值，凡物理测量值都是有误差的。举例而言，^{14}C 测年得到的结果是(2200±20)年，这是一个正态分布的表述方式，表达的是这次 ^{14}C 测量的平均值或者说中值是 2200 年，误差是 20 年，其样品的 ^{14}C 年代为 2200 年的概率最高，越远离这个数值概率就越低，并且其分布概率是可以用数字描述的，其年代数值落在在(2200±20)年的范围内（也就是 2 180～2 220 之间）的概率是 68.2%。由于 ^{14}C 具有放射性，放射性测量值应符合泊松分布规律，但因为 ^{14}C 的半衰期是五千多年，在测量时间之内因为衰变而引起的 ^{14}C 原子个数的变化几乎可以忽略不计，所以这里的 ^{14}C 年代数据用正态分布来表示是合理的。当计算机用统计方法将 ^{14}C 年代校正为日历年代时，是将 ^{14}C 年代分布范围内的数值连同分布概率一起进行计算的，同时还必须注意，树轮校正曲线上的数据点也都是由一个个带有正态分布的数据组构成的，由此，经过树轮校正之后所得到的日历年代，首先一定是一个年代范围，其次这个年代范围由一系列连续数值组成，且每个数值所代表的概率呈不规则分布。用 OxCal 程序校正后得到的日历年代有时候会被分成不连续的几组数据，这并不代表这个样品的年代数值分布不连续，是由于 OxCal 程序最后选择概率高的数值保留下来而将概率低的数值舍去的缘故。

尽管一个历史事件或考古事件所发生的真实年代是简单而明确的，但科学研究和检测只能为这个真实年代提供一个可考的年代范围，多学科合作，多种信息结合，可以帮助缩小这个年代范围，实现对这个真实年代的无限趋近。

^{14}C数据经校正之后，得到的日历年代范围会有不同的概率分布，从数理统计的角度通常选取1σ误差范围68.2%置信度和2σ误差范围95.4%置信度两种情况。对于考古研究而言，使用95.4%概率范围比用68.2%概率范围要好一些，高概率范围包含了更多的可能性。讨论历史时期，以及历史时期和史前交界时段的年代问题时，对数据的精度要求更高，需要在做贝叶斯统计时加入一些先验条件，进行系列样品的校正以得到高精度年代范围。

这里补充一下测年数据的几种表示方式。测量得到的^{14}C年代用BP表示；如果经过了树轮校正得到日历年代，则采用BC、AD或者cal. BP表示。研究旧石器的学者一般喜欢用BP，所以^{14}C数据经过树轮校正之后前缀加上cal.，如果只用BP则表示的是未经过树轮校正的^{14}C年代。也有文章用cal. BC、cal. AD来表示年代的，这实属多此一举，因为只有日历年代可以用BC、AD表示，^{14}C年代只能表示为BP。

五、^{14}C样品采集原则

^{14}C样品采集有自身的基本原则。第一，只有在三大交换储存库中充分交换并达到平衡的样品才适合测年；第二，样品要具有原生封闭性，不能在埋藏过程中带入新的^{14}C；第三，样品要具有代表性。因为样品本身有其形成的年龄，而只有当这个样品的年龄与考古事件的年代相契合时，才可以被用来解决考古年代问题，所以密切关注样品所含的年代与考古年代之间的关系是考古测年的关键。

适合^{14}C年代测定的样品很多，普遍存在于考古遗址当中。陆生的动、植物体等都可以用来测年。一年生、短寿命的样品最好，自身寿命长的样品存在表观年龄问题。下面以人为例加以说明。

维也纳大学^{14}C实验室曾测试了一个法医鉴定样品，尝试利用核爆前后^{14}C树轮校正曲线急剧变化时段，对一位老太太的死亡年龄进行测算。这位妇人的寿命是85岁,结果,这位妇人的骨骼测年显示,其中的^{14}C量并不是死亡那一年的^{14}C量,而是她35岁时^{14}C的量。有研究证明,人体骨骼所有组分全部更新一次大约需要7年时间,随着年龄增长,新陈代谢降低,这种更新的速率也会降低。因此生物体寿命越长,骨头所代表的表观年龄就跟实际年龄的差别越大。因此,我们更倾向选择植物或动物进行^{14}C年代测定。一年生的植物表观年龄小,似乎更理想,但在植物种子稀少的情况下,需要考虑植物种子通过缝隙混入地层的可能性。

水生或海生的动、植物体测年时,还有海洋效应和岩石效应的问题。海洋内部不同时段死亡的生命体释放二氧化碳,以及海洋底部岩石溶解的二氧化碳等都会影响海洋生物的表观年龄。通常海洋生物的^{14}C年龄比陆地生物的早几百年,不同海域海洋效应值是不一样的,在许多海域都有海洋效应测定值,没有测定值的海域通常用400年来代替其海洋效应值。喀斯特地貌石灰岩地区的岩石效应也不可忽略。比如甑皮岩遗址位于中国南方石灰岩地区,其发掘出土的贝壳的^{14}C年代比陆生植物的年代早了1000年左右。因为石灰岩中的碳酸盐可溶解在水里,这部分碳酸盐中的碳都是"死碳",即不含放射性^{14}C的碳,这些死碳进入生物体中,降低了生物体中^{14}C的浓度,致使年代偏早。

人体组织测年也有相关的问题需要考虑。比如,生活在海洋或深水湖泊附近的人群可能因为摄入了大量的水生食物资源导致测年结果偏早。

前些年日本学界在关于日本的测年数据方面展开了一场大辩论。经过长期研究,日本弥生文化的年代往前提了400～500年。测年技术的提高,使得陶器表面的残留物可以成为测定的对象。因为陶器可以观察形态,直接对陶器表面的残留物进行测年,可以得出文化类型和绝对年代关系。在大量的^{14}C年代数据基础上,弥生文化年代提前了400～500年。但在随后的讨论中有部分学者提出质疑。一方面,因为日本靠海,海洋效应400～500年的数值恰恰与经研究后提前的年代一致。要排除食物当中海洋效应的影响,必须进一步讨论陶器里的残留物是何种食品,是纯粹的陆生植物还是海洋生物?另一方面,如果用人体骨骼进行年代测定,海洋食物资源依然会引入海域效应问题。日本弥生文化年代研究是非常经典的案例,促使我们对于海洋效应影响考古年代问题予以关注。

沉积物里面包含植物残体、泥炭以及腐殖酸、胡敏素等，可以用来测年，还有孢粉、植硅石、碳酸盐类都可以进行年代测定。比如，龙山文化房屋地面和墙面上的白灰面就是碳酸盐类物质，可以用来测年。这些白灰面经过了一定的加工过程。首先从山里采集石灰岩，用火焚烧。石灰岩被加热分解，其中碳酸钙变成氧化钙，释放出二氧化碳。氧化钙，也就是石灰石，溶进水里形成氢氧化钙。古人用这石灰水来刷墙或涂抹地面，刚刷上去的时候呈青白色，很快与大气二氧化碳结合，形成碳酸钙，于是墙体变白。也就是说，最后留在墙上白色物质是碳酸钙。碳酸钙里的碳是与当时大气中的二氧化碳发生化学反应后进入的，也就是说这个样品与当年大气有过充分的交换，因此可以用来测年。当然，古人还有多种的石灰制作方法，包括用贝壳烧成石灰等，只要是与当年大气中的二氧化碳充分反应形成的碳酸钙，符合 ^{14}C 测年原理，都可以用来测年。

木炭是最为常见的测年样品，早年比动、植物更为人所知。近年来，我们对木炭有了重新认识，它有时并不是理想的测年材料。因为木炭孔隙比较大，特别是已经失去木炭形状的那些样品，里边含有黏土矿的概率很高。如果用红外光谱观察，可以看到明显的黏土矿的红外吸收峰，需要经过氢氧化钠反复清洗，才能消除这些黏土矿。黏土矿本身含有炭、炭屑。这些元素碳通常是在黏土矿形成时进入的，属于老碳，会对测年有影响。

样品的包装和登记，其原则是避免在包装和运输过程当中对样品引入污染。比如，避免用纸张直接包裹样品，因为纸张的纤维会进入到样品中。样品被汽油煤油污染会导致测试出的年代偏早。发霉也是需要避免的污染，因为考古发掘出来的样品多处在一个潮湿的环境中，如果立刻将它们装入密封袋，很容易发霉，一般需要将样品晾干后再包装。

样品可以先用铝箔包好，再装入塑料盒或塑料袋内，避免木炭、炭屑等在塑料袋里形成粉末，因静电作用而散落。每个样品需要独立包装、单独标记，标记的时候尽量描述详细，包含出土地点、层位关系、文化性质、时代关系，还有样品物质等信息。纸质标签不要直接接触样品，一同放入包装袋或包装盒中。

过去，考古学家往往倾向于将样品交给实验室盲测，不告诉实验室人员样品的相关背景。其实，这样的盲测是不对的，知晓样品的背景有助于实验室人员的工作。把年代差不多的样品归为一批一起进行样品处理、制备和测试，要比年代差异大的样品放在一起处理更好一些，可以尽可能地减少样品之间污染的可能性。另外，不同年代的样品需要注意的实验环节会有所不同。一个几万年的样品含有一丝现代碳的纤维污染就可能使这个样品年轻几千年甚至上万年，而若是几百年或上千年的样品，空气飘尘中的纤维所造成的影响就可以忽略不计了。

六、案例介绍

下面，我们通过几个案例，来分析一下 ^{14}C 测年和树轮校正的应用。

山西省曲沃县晋侯墓地 M8 出土小米，^{14}C 测年结果是 2625 ± 30。测年结果是一组符合正态分布的数据，投影到树轮曲线上，正好落在一段走势陡直的树轮曲线上，于是，校正后的日历年代范围就相应变窄，得到一个完美的结果。需要注意的是，^{14}C 测年数据往往用正态分布的表示方式，中值±误差，这是物理测量值通常的表达方式。经过树轮校正之后，年代数据不再呈现正态分布，因此，中值±误差的表达方式不再适用，它背后的数学含义和物理含义都发生了变化。

也存在 ^{14}C 数据经过树轮校正之后年代范围变大的情况。以晚商时期的殷墟为例。假设有一个样品的 ^{14}C 测年数据是 2970 BP，即使一年误差也没有，将 2970 经过树轮校正后得到是一个年代范围很宽的数据，因为在这个时间段树轮校正曲线处于平台期，再高精度的 ^{14}C 年代数据也无法得到范围很窄的日历年代。这时，就必须结合先验条件，利用贝叶斯统计方法进行系列样品的测年。

系列样品的采集应按照地层的堆积单位或者考古学文化的分期来取。样品数量在 4~6 个，有严格的早晚关系。之后，我们再把这一早晚关系的先验条件加入，将系列样品得出的一组数据投影到树轮校正曲线上进行贝叶斯统计方法计算。先验条件中的早晚关系会在树轮校正曲线上同样呈现出一种前后的逻辑关系。这样一组有早晚关系的数据与树轮校正曲线相匹配，原来由一个数据占据的空间被几个数据所占据，由此每个数据的范围就得到了相应的压缩，就相当于提升了每一个样品绝对年代的精度。在考古年代学研究当中,有效利用考古信息十分必要。

对贝叶斯统计方法感兴趣的同学,可以进一步研究 OxCal 程序及贝叶斯统计法的应用,在这不再赘述。

我们再来看河南省登封县王城岗遗址的案例。从考古地层来看,王城岗遗址堆积分明,地层早晚关系清晰。因此,测年过程中,可以从可识别早晚关系的堆积单位里采集测年标本,如此,当 ^{14}C 数据做树轮曲线校正时,就可以加入地层早晚关系的信息。把从在地层堆积上具有早晚关系的单位中系列取样得到的样品进行测年和树轮校正,单一样品经树轮校正后得到的数据范围与地层早晚关系结合到一起,使得日历年代数据被压缩,提升了每个数据的精密度。

我们再来看看早期陶器测年的例子。早期陶片珍贵稀少,不能直接用来进行 ^{14}C 年代测定,如果我们想知道这块陶片的年代,需要寻找和这块陶片同出的可测年样品。要解决这个问题,必须回到考古地层里找线索,确定测年样本与陶片的共存关系。对于洞穴内堆积而言,虽然空间狭小,但地层的堆积过程却是相对复杂的,甚至不能简单地认为陶片和木炭共出一个地层就足以证明两者是同时的,需要对地层堆积过程进行研究,以确定堆积单位内容物的同时性。

湖南省道县玉蟾岩遗址的考古工作是中美合作项目中的一部分,项目中方负责人是北京大学的严文明先生,美方负责人是哈佛大学的巴尔·约瑟夫(Ofer Bar-Yosef)教授,由湖南省文物考古研究所袁家荣所长担任考古领队。我有幸参与该项目的年代研究工作,考古发掘现场的多学科合作使我受益良多。要确定和陶片同时间的样品,第一需要了解洞穴内地层沉积过程,是人类活动形成的堆积,还是自然营力或人类活动从洞外搬运形成的二次堆积;如果是人的活动,是否存在平整地面、地层改造等行为,所有这些都对 ^{14}C 的样品采集有影响。我们在洞穴中发现了灰烬、骨骼碎片、陶片等遗存,如果古人在洞穴里用火,留下的灰烬及其包含物最有可能是同时的。当这些灰烬被压成透镜体,一个透镜体就代表一次用火遗迹,而其中包含的骨骼碎片、木炭炭屑、陶片等就应该是同时的。为了确保陶片测年准确可靠,需要在陶片出土的同一个堆积单位中,在陶片的上下、左右采集测年样品进行年代测定,依据这样一个采样原则制定采样方案。为了避免在发掘过程错过采集合适的样品,需要在发掘过程中随时采集样品并测量样品出土位置坐标,为之后的样品选择打下良好的基础。

在这样工作的基础上,我们对玉蟾岩遗址采集到的大量^{14}C标本进行了系列测定,最终得出各堆积单位测年结果也是一致和稳定的。结果显示,洞穴堆积过程并不像原先想象的那样是一个连续的堆积,其中存在一些空白期。这提示我们,如果我们只是把洞穴地层简单地分期,依照分期采集样品进行年代测定,这样可能会丢失很多信息,更细致的测年结果有助于我们理解整个洞穴堆积的形成过程以及人类的行为。

继玉蟾岩遗址之后,我们对江西省万年县仙人洞遗址出土的陶器进行了^{14}C年代测定,测年结果显示,仙人洞遗址陶器的年代可以追溯到2万年前,这是现今发现的世界上最早的陶器。

长期以来考古学界普遍接受的观点是:陶器出现年代在距今1万年前后,与定居、农业、磨制石器的出现一起作为新石器化进程的标志。尽管中国南方的很多遗址都陆续发现了早于1万年的陶器,但由于这些地区多为喀斯特地貌,存在石灰岩地区^{14}C年代数据偏早的问题,早期陶器测年数据一直受到质疑。经过准确细致的年代研究,在玉蟾岩和仙人洞遗址,早期陶器的年代向前推到了1万8千年和2万年,这样的测年数据颠覆了陶器是新石器时代标志的观点,为晚更新世现代人行为研究提供了新的材料。

基于自然科学方法的考古年代学不仅仅提供了年代测定的技术和方法,它也为考古研究提供了新的思路和角度。

第三讲

环境考古研究的基本问题和新认识

王 辉

各位老师、各位同学,上午好。我是王辉。我的主要研究领域是环境考古和古代人地关系。今天,我准备从六个方面向大家介绍一下我对环境考古的一些理解和认识。

一、基本概念

谈起环境考古这个概念,很多人马上会想到孢粉分析。我们从事环境考古研究的人员到了一个遗址,往往会被问到"准备在哪儿取样",或者是说"给我们找找环境方面的依据"。然而,事实并没有这么简单。环境考古与其他科技考古领域相比,一个非常突出的特点就是它的具体研究对象不是很明确。

科技考古的其他领域,研究材料是非常确定的,比如动物考古、植物考古或者冶金考古,都有特定的研究材料,而且这些材料可以由田野考古学家提供。说起来,环境考古的研究对象就是环境,可是环境方面的具体材料是什么,需要我们自己去寻找,或者需要和考古学家共同探讨,我们到底要研究什么环境。这和"环境"这一概念的特点有关。从词义上来说,"环境"不可能是单独存在的,它是事物周围的状况,因而没有能够脱离主体的环境概念。当然,也不可能有一种环境的研究方法和模式放之四海而皆准。那么,想要研究环境,就要明确以下问题。

第一,是谁的环境。可以是不同时期不同地域的一些人群;也可以是很具体的,比如说植物考古研究中水稻的或者小米的、小麦的生长环境;可能也会遇到洪水的研究,要了解它形成的环境条件;当然还包括考古遗存的埋藏环境等等。

第二,环境的范围有多大?关于环境有一个重要的概念就是时空尺度。能够影响到对象的环境条件可以是身边的,也可能来自非常遥远的距离。在考古学中我们也常遇到这样的问题,我们要研究多大范围里的环境问题?

第三,是怎样的状况?想要了解环境的状况,应当研究哪些因素?生活中人们常用到一些关于环境的词,例如自然环境、社会环境或者其他各种各样的环境。似乎我们周围的所有状况都可以归结到环境里。但是环境考古主要研究的还是人和自然的关系,所涉及的也主要是自然环境。当然,这里有一句潜台词,是以人为中心的自然环境。

那么这个"以人为中心"的自然环境有哪些特点呢?自然环境是由地质地貌、气候、水文、土壤和动植物等多种要素组成的综合系统。在自然环境的诸多要素中,地貌和气候是最主要的控制因素;生物则是自然景观的一种标志,当我们提到某个区域时常说,它是草原、森林、阔叶林或者针叶林,这些都是以植物和植被来作为自然景观主要标志的说法。土壤是气候、地貌、水文和生物等因素共同作用的产物。自然环境有什么特点,也是环境考古要面对的一个问题。虽然很多文献涉及了较多的关于气候的内容,但实际上,我们周围的自然环境是一个整体,而不是一个个割裂的要素。自然环境的另一个特点即是显著的地域分异。以纬度地带性为例,北半球从南到北的年平均温度会越来越低,这就是一种地带性规律。还有随着海拔高度的变化产生的垂直地带性。自然环境也并非一成不变,它一直处在一种动态的变化过程中。这也是环境考古之所以能够作为一个学科存在的重要条件之一,即我们今天看到的环境和我们想要了解的过去人类活动的环境背景是不同的,因此研究者才需要开展环境考古的研究。

另外需要说明的是"尺度"的概念。从冰期和间冰期的尺度来看,1万多年以来地球都处在间冰期,但这1万年之中也曾发生过多次气候寒冷事件。因此,在不同的尺度上谈环境的特点,便有可能得出不同的答案。在空间上亦是如此。很大的平原地区内部有时也会出现小片丘陵，或者其他地形。那么和人类密切相关的，又是哪个尺度范围内的环境呢？这也是我们要讨论的问题之一。

那么，到底什么是环境考古？这个概念是十分复杂的，至少以下问题需要明确：环境考古要研究什么环境？环境考古怎样研究环境？环境考古只研究环境吗？我想在介绍完相关的问题之后，再来谈我的认识。

二、为什么要研究环境考古？

为什么要研究环境考古？我们可以从三个维度来说明这个问题。首先，从学科发展的视角来看，环境考古是如何出现并在考古学领域里占据一席之地的；其次，从自然环境的作用来看，环境的研究有什么意义；最后，我们回到考古学研究本身，从考古学研究的角度来看，为什么需要环境考古研究。

（一）学科发展视角

就学科发展角度而言，我们可以从美国、英国和中国三个不同区域的环境考古发展过程来剖析。

在美国，环境考古的成熟与新考古学的出现密切相关。美国新考古学提出"作为人类学的考古学"，实际上是采纳了一种新的文化观以及系统论的研究框架，把环境和人类及文化看成一个互动的系统。在这样的理论支持下，环境才成为考古学研究里的一项重要内容。新考古学的出现有多方面的背景。

首先是"文化"概念的变化。这可以追溯到泰勒（Walter W. Taylor）的《考古学研究》（A Study of Archaeology）。早期的考古学文化概念强调器物的分类和描述，当时把对器物的这种研究视为考古学文化研究的内容。但泰勒意识到考古学文化不应只是这样，这样的器物分类和描述并不是文化本身，应该从功能和相关性方面来把握文化的内涵。其次，文化生态学理论的提出也催化了考古研究的变革。事实上在斯图尔特（Julian H. Steward）之前，已经有很多人类学家和考古学家意识到文化的"三明治"结构，即底层是技术和经济，中间是社会结构，最上层则是意识形态或者精神领域的内容。

但斯图尔特在最底层的经济之下又加入了"环境",他认为,一个区域的环境对经济起着重要的支撑作用,文化就是对环境长期适应的结果。第三,聚落考古研究方法的出现也影响了环境考古的发展。在威利(Gordon R. Willey)的研究中,研究对象从器物转变为聚落。可以想象,当研究的对象是一个器物时,我们很难谈论它和环境之间的关系。但当研究对象从器物转变为聚落时,环境的研究就变得理所当然。在许多方面和层次上,聚落和环境都有着密切的关系。另外,系统论的研究框架和 ^{14}C 测年技术的出现,也都为考古学从传统的编年到新领域的转变提供了契机。作为新考古学的集大成者,宾福德(Lewis Binford)采纳了泰勒的文化观和系统论的研究框架,将环境、人类及其文化看作一种互动的系统。自此,环境的研究成为考古学研究体系中不可或缺的内容。

在英国,环境考古的发展属于另外一条道路,它是史前经济史研究的延伸。著名考古学家格林厄姆·克拉克(Grahame Clark)认为,要弄清文化的经济基础就必须把文化和它周围的地理环境结合起来,把人和人的文化放在地理环境中考察。因此,考古学家应当把人类活动的演变历史和区域的自然环境状况结合起来研究,把古代的人类文化视为生态系统总体演化的一个因子,主要的研究方法是遗址域分析。所谓遗址域分析,是"对存在于技术和单个遗址经济范围内自然资源之间相互关系的研究"。这样,以资源作为纽带,就把遗址与其周围的自然环境联系了起来。

中国的环境考古大体上可分为三个阶段。在1949年以前,早期的中国考古学就与地质学有着密切的联系。例如,参与仰韶遗址发掘的安特生本身就是一位地质学家。受李济先生邀请,参与西阴遗址发掘的袁复礼先生也是一位地质学家。西阴村的发掘工作还获得了当时北平地质调查所的支持。另外,在殷墟从1928年到1937年的历次发掘中,德日进和杨钟健都是研究古生物的学者,对当时殷墟出土的动物遗存都开展了研究。

在1949年到1989年之间,考古学发展一个很重要的拓展领域就是关于动植物遗存的研究。现在考古学中的动植物研究已经成为专门的学科门类,即动物考古和植物考古。但是在2000年以前,动植物考古基本上还都是在环境考古的范畴里。夏鼐先生在考古发掘和研究中非常重视自然科学方法的应用,在夏先生的支持下,建立了国内第一个 ^{14}C 测年的实验室。此外,他还十分关注孢粉分析和动物鉴定方面的研究。环境方面大家都为熟知的文献可能就是竺可桢先生根据考古以及文献资料,写的一篇针对过去 5000 年气候变化的综合研究。这篇文章到现在还有很大的影响。

1989 年以来是环境考古概念正式提出的阶段。当时有一个契机:著名的历史地理学家侯仁之先生对北京城市的起源和发展做了非常多的研究,但是他想把北京的历史再往前追溯,便邀请了周昆叔先生参与上宅遗址的研究。周先生做的是孢粉分析,侯先生邀请他以环境考古的名义来开展研究工作。这才正式有了环境考古这个概念。环境考古出现之后,许多学者,包括考古学界的老先生们,都起到了非常大的推动作用。比如俞伟超先生的班村研究模式,班村实际上只是小浪底水库周边众多遗址中的一个,当时他委托周昆叔先生带队去寻找一个适合开展多学科研究的遗址。在 1991 年,他们经过区域调查后选定了班村遗址。俞伟超先生将遗址视为人类生活与环境发生关系的整体来看待。在班村发掘期间,有 14 个单位的 40 多名各行各业的专家曾经参与到发掘和研究工作中。另外一位就是研究新石器时代聚落考古的严文明先生,他指出无论是区域聚落的问题,还是一个聚落的或者一个聚落内部的问题,都与环境有着密切的关系。还有张光直先生,他在北京大学做的演讲涉及了许多环境问题。张先生为了寻找商代源头,在商丘开展了大规模的地质考古勘探,这也在很大程度上促进了中国考古学环境研究的发展。

从学科发展的过程中,我们能够看到在研究遗址或者研究一群人的时候,不可避免地就会涉及环境的问题。

(二)自然环境的作用

具体来看,自然环境有什么作用呢?首先它是一个舞台,是人类活动的空间,不管开展怎样的活动都需要有空间。其次就是资源。不论衣食住行还是其他诸多方面,我们所需要的资源都是从周围的自然环境中获取的。第三,还有作为营力的作用。自然环境处于不断的变化中,导致了一个区域景观的改变。在这样的变化过程中,还影响到了遗存的埋藏状态。因此,我们可以把舞台和资源视为环境对古代人类活动的一种影响,就是刚才说到的生业、聚落和文化演变等。而作为营力的自然环境,它是对考古遗存的影响,直接影响到考古学家在田野所遇到的材料,当然也包括环境方面的材料。

(三) 考古学研究角度

从考古学的工作流程看,不论是田野调查、勘探发掘还是室内整理和分析研究,在很多方面都会遇到环境的问题。

在野外调查中,某一个时期遗存在区域中的分布往往具有一定规律。比如新旧石器过渡阶段,即距今1万年前后的遗存,不可能分布在一两千年以来才形成的地层中。还有它的地貌位置,有的是最新的地貌单元,在这样的位置上也不可能找到早期的遗址。这实际上涉及文化地层和自然地层的关系问题,还涉及遗址分布在什么地貌部位,我们到哪些地点去寻找遗址的问题。搞清楚一些规律,对提高工作效率很有帮助。

另外一方面,还要评估区域系统调查的结果和聚落形态,仅仅根据野外的一些地表调查得到的结果可能是不准确的。因为有很多遗址被深埋在地下,或是被后期侵蚀过程所破坏。

还有,在田野工作中可能会遇到一些特殊的地层或者地貌现象,比如间歇层或地震遗迹等。间歇层指的是文化层之间的生土。本来在文化层之下已经出现所谓的生土了,结果在生土之下又发现了更早的文化层。山东长清月庄遗址就有这种现象。考古学家刚刚发现的时候,还是颇感困惑和新奇的。

最后就是多学科研究样品的问题,这里边牵涉到后生变化的影响。比如吴小红老师在江西研究最早的陶器时,因为只能对炭屑样品进行测年,就专门做了土壤微形态的分析来观察测年的炭屑有没有发生明显的位移,其结果能否代表地层的年代。

在另外一种考古学研究中,我们要了解某一个时期的人类活动,了解环境背景的时候,要进行场景的还原,因为环境是不断变化的。这也可以归于古代的人地关系研究,是考古学研究中很重要的方面。除了研究人与人之间的社会关系外,另外很重要的方面就是研究人和自然的关系。

袁靖老师常说我们考古学或者科技考古,方方面面都要讲出一个故事,讲好一个故事。那么当我们讲一件遗物或者讲一个遗址的时候,就要了解它的环境背景。比如,类似庞贝这样的毁于灾难的城市,又比如我们要研究早期国家的形态,例如良渚,不可避免地就要和它的大型水利工程联系起来。

研究人物时也是如此，比如大禹治水、李冰父子主持建造都江堰都需要对他们本身所处的自然环境有所认识。

三、环境考古的研究内容

环境考古的主要研究内容可以分成三个方面：第一，古环境的研究，这是所有环境考古研究的基础；第二，是地学考古方面的研究。在把古环境的状况搞清楚之后，就可以进一步开展对考古学材料本身环境的研究；第三，是人地关系的研究。这是环境考古一个传统的研究领域，就是探讨两者之间的相互关系。

古环境的研究按照自然环境系统的要素来看，包括了气候变化，地貌变化，植被、土壤和水文等变化，或者是一种综合的景观变化。

气候的变化存在一定的阶段性和周期性。看早些年的文献，我们会经常接触到像全新世大暖期，或者是气候适宜期、小冰期这样的表示阶段性的概念，还有以千年尺度或者其他时间尺度为周期的干湿冷暖的交替变化。其次就是水热的配置方式，比如中国东部的季风区夏天是暖湿气候，冬天是干冷气候；但在西部，西风区控制的范围内，却是另外的水热配置模式。然后是地貌的演变。去年我和袁靖老师一起写的一篇短文就提到，晚第四纪以来地貌最大的变化大多是和水有关的过程，即我们看到的山地丘陵的变化实际很小，但是江河湖海的变化很大。比如距今一万八千多年冰期最盛期的时候，像东海这样的地区海平面可能比现在要低150~180米；整个海岸带向东可能要延伸几百千米的范围。但是到了全新世，海平面很快就上升到接近于今天的高度。至于湖泊，有很多都消亡了，比如几千年来华北平原上曾存在过的许多湖泊沼泽。同时，河流也大规模地改道，像黄河，早期往东北方向，从渤海入海；到了宋元之后又夺淮入海。还有沙地的进退，像毛乌素沙地、科尔沁沙地等。在全新世的时候，沙地的范围都曾经有过非常明显的扩张和收缩。另外，植被也在随着气候的干湿冷暖变化发生着演替。

地学考古要研究的实际上是考古材料的环境，而人地关系要研究的是人的环境。这是有一定关联，但是差别非常大的两个问题。在我们的研究里，有时候会把本来是这种地学考古的问题作为人地关系的问题来研究，待会儿我会做进一步阐述。

地学考古要解决的是考古学研究的材料在"当时"是什么样子的问题。这些材料在之后各种人类活动和自然过程的叠加影响下,最终才呈现出今天的面貌。地学考古通过将地学对土壤、沉积物以及地貌的研究应用于考古遗址,调查影响遗址位置、形成过程,以及之后保存状况和整个生命史的环境条件,来揭示考古遗存被发现的地学背景。考古学研究的材料,不仅包括遗存本身,也应包括与人类活动关系密切的自然资源条件。它们都处在变化之中,其中很重要一个方面就是地貌和沉积过程对遗址的掩埋、破坏以及对景观的改变。比如早期的遗址被埋在十几米的深处,我们很难发现,然后还有一些遗址可能被彻底地侵蚀掉了,完全没有留下任何的痕迹,这些都有实际的例子。

人地关系所面对的是人的行动及其与自然环境关联的问题。自然环境的因素在聚落选址、生业方式等人的行动中的作用是难以判断的,我们倾向于认为,它们在之前的历史过程中已经与技术、社会组织、人对自然环境的认识等文化的因素融为一体。而且这个环境是当时行为主体的环境,与我们今天根据科学方法重建的环境虽然有很大联系,但却并不完全相同。当事人视野中的环境条件是什么,取决于当事人的选择。我们要进行这方面的研究,首先要关注的就是人类活动本身。因为,人一旦行动,就会与自然环境产生明确的关联。显然,不同的行动就会产生不同的与自然环境的关联。这其实就是我们研究人地关系环境问题最坚实的基点。

四、如何研究环境考古及存在的问题

这里主要谈如何来研究环境考古以及其中存在的问题,分五个方面来讲述。

(一)确定研究谁的环境

不管是要研究什么环境,都要先了解我们在研究什么。完全撇开遗址、撇开人类活动,开展独立的环境研究,那应该是第四纪古环境或者地理学环境研究的任务,这不是环境考古的环境研究。从大气层到地壳,也就是地球的表面空间，都是地理学研究的范围；而第四纪古环境的研究，比较多地关注气候变化，通常又以气候曲线的形式来展现。

环境考古的环境研究，一定要确定具体的研究对象。这大体可分为两类：一是考古材料的环境；二是人类各种活动的环境。

考古材料的环境，一是遗址中的特殊现象，二是考古遗存的埋藏和破坏情况，三是遗址的景观变化。要了解古人类的活动，我们只能依据考古材料。但是考古材料在不同的环境条件下又存在着变形的情况。我们看到的并不是完完整整的同当时的情况完全一致的考古材料，而是经过后期各种自然过程、各种人类活动改造过的东西。因此我们根据这样的考古材料得到的人类活动，显然也可能会是片面的、不准确的。

人类活动的环境也包括多个方面。即使是对于同一时期同一区域的人来说，他们在不同的活动方面对环境的诉求差别很大。聚落、生业、军事、交通，还有其他方方面面，它们跟环境之间的关联都是不一样的。即使同为生业，种小米还是种水稻所需要的环境条件也相差甚远。聚落同样如此，只是要获取周围资源的聚落，和作为军事要塞的城堡，它们对环境的条件关联有非常大的差别。作为军事要塞的城堡可能需要非常险要的地势，最好能遏制交通要道。但如果是要获取资源的聚落，那么可能就需要周围有非常丰富的资源。所以环境考古的研究没有统一的模式，而是必须根据研究的对象和内容才能决定采用的方法。

（二）古环境重建的方法与问题

现在环境重建最常见的模式都是基于第四纪古环境研究方法。因为自1989年以来，中国环境考古一个重要的特点就是有大量的从事第四纪古环境和地理研究的学者开始介入到考古学的研究中来，所以考古学的古环境研究具有很浓重的第四纪古环境研究的色彩。第四纪古环境研究的模式通常是要找一个环境信息非常好的剖面或者材料，然后对它的年代进行研究，对它的成因进行分析，最后把其中包含的环境信息提取出来。这其中要用到环境代用的指标，比如孢粉分析、同位素分析或者其他分析方法。通常认为，这些代用指标可以反映古环境变化，如当时的降雨量、温度等环境要素的特征。将实验室分析结果与野外信息结合，绘制成各种图表之后，就可以分析多种环境要素的变化过程。

　　环境考古的环境研究对象绝大多数都是"土",其中赋存了大量的环境信息。要通过"土"来研究环境,就必须有剖面。在野外工作中,首先要找各种各样的露头剖面。如果没有露头剖面,在平原地区就需要使用钻探工具,通过打钻来获取地层的信息,在水下有时也要通过钻探来了解地层堆积状况和获取样品。可以说沉积物是各种环境研究中最重要的研究对象。随后,我们要了解这些剖面形成于什么时代,这样才能说某一个时期的环境变化怎样。最主要的两种直接测年方法就是 ^{14}C 测年方法和光释光测年方法。当然,地层学、地貌学以及田野考古也都可以提供很多年代判断的方法。老一辈的地学家们说,野外调查基本上要解决70%左右的认识问题,所以这里边其实有很多经验性的东西可以依据。在年代推测的基础上,还要对沉积样品进行取样,一是结构性的样品,要保持它原有的性状;二是散样,可以直接取到袋子里,进行包括孢粉、植硅体、粒度、磁化率和化学元素等方面的分析。最后,根据沉积物的各种分析结果做出图表,了解环境的气候特征。

　　但是在这样的环境重建过程中,实际上是存在问题的,其中很重要的就是关于时空分辨率的问题。无论是传统的第四纪古环境研究,还是环境考古的研究,都非常强调时间的分辨率,都热衷于寻找高分辨率的研究材料,比如石笋、冰芯、纹泥和树轮等,因为这些材料被认为能够达到以年计的精度。由此,研究者希望从结果中获取年际的气候变化信息。而像黄土之类的材料,其误差或者说它所代表的时间分辨率可能达到100年甚至更长的时间。但另一方面,时间的分辨率越高,往往对应的空间分辨率就越低。例如,黄土高原几十万平方千米,很多地方的黄土地层都有非常明显的一致性,显示出它实际上的空间一致性很强。但是,石笋往往是在溶洞内形成的,它的变化到底能够代表多大范围的气候变化就是个问题。

　　在考古研究中,不管是研究生业,还是研究聚落,往往都要用到微地貌和小环境的概念。这些概念是基于景观的分异,就是一个区域中不同的小地方有不同的甚至是迥异的环境特点。那么很小的范围内和周围大的区域尺度乃至更大的空间尺度到底是怎样的关系,两者之间能否互相代表,我认为还需要进一步讨论。

　　还有一个更重要的问题,就是环境代用指标的有效性。从研究现状来看,对环境代用指标的利用有一种很明显的简单化趋势。每一个指标实际上都是合力作用的结果。这种合力不仅仅是空间尺度上的,还包括同时存在的多种要素的影响,它们共同造就了环境代用指标。但目前在研究时常常把它简单化,石笋的氧同位素就是一个很好的例子。实验室里仪器分析得出的 ^{18}O 值可能都差不多,但对于它的解释却五花八门。有的研究者认为石笋的氧同位素代表温度的变化,有人认为代表降雨量,也有人认为是季风强度。这实际上反映了其形成过程的复杂性和我们对其形成机制认识上的不足。还有关于石笋的纹层厚度,有人认为它能够代表区域温度和降水变化,但有人则认为这只是由一个溶洞里的岩溶地球化学的循环过程等非气候因素所决定的。

(三) 地学考古的研究方法——地貌和沉积过程分析

地学考古需要解决的是地貌和沉积过程的问题,也就是从古代的某个时候的地貌怎么变化到今天这个状态的问题。我们要研究这个问题,不仅是因为地貌本身就是古代自然环境中的一个因素,还由于地貌的侵蚀和堆积过程会对遗存的埋藏状况造成非常显著的影响。

地貌比较直观,用眼睛去看便可以知道这个地方地形起伏状况如何。但要研究它的演化,我们就必须注意它的地层堆积状况。更进一步地观察就会发现,不同地貌单元的沉积结构是不一样的。在沉积学上,我们把这种由于不同地貌单元上地貌过程的差异所导致的同时期地层堆积的不同,称为"同期异相"。反过来说,根据不同地貌单元沉积物的特点,就可以反演出当时的地貌及地貌的演化。总结起来,可以分为五个步骤:(1)划分地貌单元;(2)建立不同地貌单元的沉积序列;(3)确定沉积相及其反映的地貌过程;(4)确定地貌单元之间的切割充填等接触关系;(5)重建古地貌。

地貌单元就是一个区域地貌格局的不同组成部分。根据地形起伏状况可以很明了地划分出来。当然,对于平原地区,有可能存在地形相似但成因不同的情况,这需要根据沉积序列进行一下更正。但首先我们可以根据地形进行划分。比如陕北的一个河谷剖面,由于整体上处于下切状态,它的地貌结构非常清晰。两边是丘陵山地,丘陵山地间是河谷,河谷中有两级阶地和河道及河漫滩。首先,黄土丘陵的地层是一套相间分布的颜色偏红的古土壤和黄土。二级阶地平坦、辽阔,其中堆积的形成都与河流有关。这套地层的顶部比现在的河漫滩要高出 20 多米。我们看到在这样高度的地方有河流堆积物,就意味着当时河流曾在这个高度流动,后来随着河流不断下切侵蚀才把老的河流沉积物留在了这个高度。这套河流堆积最晚能够到什么时间?通过研究,我们发现其可以上溯到两三千年前。这意味着当时这些河沟并不存在,当时的河流在这样一个高度上,且处于泛滥的状态。随后河流开始不断发生下切侵蚀,因而形成了现在的深沟。

了解了地貌单元及其序列,我们就要确定沉积的性质及其所反映的地貌过程,当然,也要确定沉积物的时代。如何确定地层的沉积环境是河流、湖泊,还是风成或者其他成因?沉积相的确定可以根据沉积相模式法,从三维空间的相序关系中恢复沉积与环境。具体包括五个方面,分别是沉积物的特征(岩性、颜色、结构、构造和生物等)、堆积体的几何形态、沉积相的分布规律(地貌位置、接触关系和层序)、动力特征和后生变化。

在大尺度上看,山前发育冲积扇,更高的地方可能还有冰川的发育。当河流进入冲积平原,坡降突然平缓,便容易发育出曲流。到了滨海的地带又会发育出三角洲或者滨海的堆积,一些沙砾也可能是风成堆积。河流处在一个不动的摆动状态,两边有天然堤来进行约束。如果河流发生溃决,就会形成一些决口扇。河流演变历史的信息就蕴含在这些不同地貌体的地层里。

我们对古代环境的研究,事实上就是基于沉积物的特点。沉积结构指的是沉积物的颗粒特征。沉积物结构的分析对于研究沉积环境、恢复搬运动力特征和古流向具有非常重要的意义。沉积结构包括粒度组成、颗粒形态以及颗粒的排列方式。粒度大小受搬运营力作用强度的控制。沉积的结构自下往上往往从粗到细。水量大的时候细的东西无法堆积,都会被带走,只能沉积砾石和砂,但是水量小或者静水的时候,粉砂或者黏土都能够沉积下来。

在野外能够看到多种沉积物的颜色,其中以黄色或者红色、黑色为主。影响沉积物颜色的主要因素有两个方面:三价铁和二价铁比例的变化以及有机质的含量。当铁离子以三价铁赤铁矿的形态存在时,即使只有 1% 的含量,也足以使沉积物呈现出红色;当铁离子以水合形式的三氧化二铁或者针铁矿、褐铁矿的形式存在时,沉积物呈现出黄棕色或者浅黄色;在还原条件下,铁以二价铁的形式存在,使沉积物呈现出青色;青色和黄色可以随着氧化还原条件的改变互相转换,由此在地下水频繁升降的地方产生锈斑。而有机质能使沉积物呈现出灰色,并随着含量的增加,使沉积物呈现出黑色。在缺氧的环境中容易形成有机质丰富的沉积物。这就是为什么在中国南方能够看到大量红壤或者砖红壤,原因在于它含有大量的铁,其他成分则大都被淋滤走了。而淤泥里往往发生有机质的积累,所以多呈现出黑色。

对沉积剖面还要做进一步的实验室分析,包括沉积物的年代、成因及其所包含的环境信息。在沉积学的指标中,通过粒度、磁化率、黏土矿物和地球化学分析等方法,可以重建沉积物堆积的动力条件以及有关古气候、古水文甚至人类活动等方面的信息。土壤微形态研究可以揭示沉积过程和成土过程。在生物指标方面,通过孢粉分析、植硅石分析、植物残体和炭屑鉴定等分析手段,可以重建各地区的植被面貌,进而了解各地区的气候、水热条件、土壤发育等环境要素的特征及其演变历史;通过遗址或沉积地层中动物遗存(如黄土中的软体动物)的鉴定分析,可以了解采样区域的动物种类和丰度;应用硅藻、有孔虫、介形虫等微体化石鉴定,可以了解当时水体的深度、水温、盐度、水体的规模、流动或停滞状态等环境特征。

在这些野外和实验室分析工作的基础上,就可以了解地貌演化的过程。这种对地貌或者沉积过程的研究和考古学里壕沟中的打破关系、切割填充的过程大致相同,有打破或者叫侵蚀,也有继之而来的堆积,如此不断地交替。以一个下切河谷的演化为例。我们看它的河流横剖面,很明显就可以发现原来可能整体是一个黄土台地,后来就随着河流的发育被切割,然后发生堆积,堆积物又被切割,形成最老的阶地,之后是又一次河流堆积和切割的过程。如果从现在开始河流不断摆动,它完全可以把二级阶地、一级阶地里所有的东西全部侵蚀,甚至把黄土台地也完全侵蚀。如果二级阶地上存在一个遗址,后期河流不断地处于摆动状态,那么河流就可能把遗址全部破坏,今天去看就什么遗存也找不到了。

(四)古代人类活动研究中的问题概述

环境考古最终要研究的是关于人地关系的问题。人地关系的研究有两个前提，一是对古代环境的研究，二是对古代人类活动的研究。

对于古代的人类活动，尤其是聚落和生业，在早期研究中，我们常采用间接研究方法，也可称为代用指标式的研究方法。比如，20世纪90年代环境考古刚刚开始时，在农牧交错带研究史前生业是从环境的角度。该地的地层是古土壤层和砂层交替分布。当时的研究认为，古土壤层发育时对应的生业形态就是农业，砂层发育时对应的生业就是牧业。早期区域聚落形态的研究也是如此，研究者根据某种模型来推演，或者基于环境的状况，如果气候暖湿就想当然认为区域的聚落可能比较发达，而在一个干冷的环境条件下，聚落会比较稀少。但是随着生业考古和聚落考古的兴起，人类活动的信息可以直接被揭示，导致原来的很多观点被重新认识，也使我们意识到在环境和人类活动之间并没有特别清晰的对应关系。

虽然这个问题已经解决，但考古材料本身的变化导致我们对古代人类活动的认识还存在一些问题。因为考古材料毕竟是以遗存的形式存在的，那就意味着和当时的状况有可能不同。在一个区域聚落形态里，我们觉得某个时期的聚落很少，可能只是因为我们没有发现，当然也可能真的没有聚落存在。还有关于单个遗址的聚落结构，比如盘龙城遗址，它的城址现在是三面环水的，商代的时候是不是这样呢？如果我们基于今天的现状来了解、研究、推断遗址的性质，就可能会出问题。所以了解考古材料在以前是什么样，没有成为遗址的时候是什么样，我认为对于田野考古来说，是非常重要的基础性工作，这也恰恰是环境研究能够发挥作用的领域。同时，这也是地学考古的问题有时候会被误为人地关系问题的原因。比如陕西阎良的栎阳城遗址，这个遗址秦汉时期的文化层很厚，有大约一两米。但社科院考古所的刘瑞先生等人调查发现，在秦汉文化层的下面还有仰韶时期的地层。在这两个文化层之间有厚达数米的河流淤积层，主要是粉砂和黏土。这样一个规模相当大的仰韶时期聚落就被掩埋了。若不是由于河流的下切，是很难发现这样的遗址的。但我相信，类似于这样的遗址，在关中地区为数不少，因为类似的环境条件非常多，而关中恰恰缺少早期的聚落。如果我们用这些材料重建人类活动，就会认为在新石器时代的某个阶段，关中地区人类活动的规模较小，然后再与做出来的环境分析结果结合起来进行探讨，这就是通常的研究模式。显而易见这是有很大的问题的。不管解释多么合情合理，事实上当栎阳城遗址的仰韶文化层和秦汉文化层中间极厚的泥沙堆积被发现的时候,我们就知道以前那些解释是靠不住的。

正是因为有诸如此类的问题存在,我们才需要对人地关系在过去近30年时间里的研究方法、研究模式进行反思,我们是否有许多还能够改进的方面。下面,我们从人地关系的概念、主要理论、主要研究模式和它的问题上来进行分析。

(五)人地关系研究方法与反思

1. 人地关系的概念

人地关系是什么?人地关系是人与自然环境之间关联的方式以及相互产生的影响。举例来说,把二里头聚落建在北依邙山的伊洛河的河流阶地上,这就是一种人地关系;在聚落周围的河旁台地上种水稻,这也是一种人地关系;在某地开采玉矿或铜矿等,这也是一种人地关系。所以简单来说,人地关系就是人与自然环境之间关联的一种方式。只要有人类的活动,就一定有人地关系。但人地关系却不止于此,为什么会在这里建立聚落,为什么在这儿种水稻,事实上这是人群文化特征及其在特定环境中的映射。比如,一群人掌握了种水稻的技术,便可能会在这个空间里寻找能够种水稻的地点,然后种植水稻;而另外一群没有种水稻技术的人群,即使周边存在适宜水稻种植的环境条件,他们也没办法在这里进行水稻种植。这就是简单的技术和自然环境的结合所形成的一种人地关系。

我们还可以从静态和动态的过程角度来考察人地关系。比如,早期陕北地区可能是以原始旱作农业为基础,夹杂着狩猎或者采集的生存方式。这实际上就是一种生业模式,也是一种人地关系模式。但是到了龙山时代,随着牛、羊的引入,生业就开始动态调整,对资源利用的模式也就发生了调整,调整之后形成了一种新的人地关系模式。

人地关系在物质和精神上都有明确的关联。例如,土地、水稻、河流等都有明确的关联;还有精神上的,比如古人都有一种观念上的东西,像祀渎,这也是人地关系的关联,也会对人类的行为模式产生非常大的影响。在都城的选址上,除了安全、交通等方面的考虑之外,方位、可视性等因素有时候也很关键。

2. 人地关系研究的主要理论

在文化生态学以及相应的适应的概念被提出之前,主要存在着两种人地关系理论,分别是环境决定论和或然论。环境决定论认为自然环境在人类事务中发挥着"原动力"的作用。这种学说可以追溯到柏拉图和亚里士多德的时代,他们二人都把气候与政体相联系。德国地理学家拉采尔(Friedrich Ratzel)及其学生美国人森普尔(Ellen Churchill Semple)将这种学说进行了宣扬和发挥,在当时产生了很大的影响。拉采尔深受达尔文的影响,他认为,人和动物一样,人的活动、发展和分布受环境的严格限制,环境以盲目的残酷性统治着人类的命运。这种学说在20世纪30年代之后即已式微。其他学者认为,不同地域的人类社会不仅受到自然环境的影响,而且也受到社会、历史诸因素的影响,环境并不起决定性的作用。

或然论又称可能论,是指在人与环境的相互关系中,环境包含着许多可能性,至于哪种可能性能够转变成现实取决于人的选择能力。这种学说是由法国地理学家白兰士(Paul Vidal de La Blache)提出的,他认为人类生活方式不完全是环境统治的产物,而是各种因素的复合体。人是人类文化的第一建筑师,自然环境在人地关系中的作用在于提供多种可能性,至于具体的生活方式则完全依赖于人的选择。这种学说在20世纪30年代之后占据了上风。

这两种模式在生态学家看来,都属于人地关系的亚里士多德学派的观点,即把人和环境割裂开来并视为两个方面,而且两者绝不相容。决定论观点坚持环境能动地塑造人类文化,而或然论则认定环境起一种限制或选择的作用。

文化生态学我们前边已经提到过,是新考古学的重要理论基础。它把人和环境视为一个系统里的不同组成部分,强调了环境、技术(利用环境所产生的)和意识形态(适应环境所产生)的相互作用。文化生态学有两个重要的概念,分别是适应和文化核心。

适应的概念是分析原始文化中人类行为与生态环境关系的中心。文化被认为是适应环境的工具。文化适应的过程就是在一定的环境中,人类为了生存,必定要发展一套相应的技术,这套技术决定了群体的结构和活动方式,而群体结构与活动方式又决定了他们对事务的看法。这是一个生物、心理、社会因素和环境相互作用的过程。人类文化的变化同周围自然环境的变化相关联,文化是对其环境长期适应的结果。

另外一个重要的概念是"文化核心",它指的是任何一种文化中都有一部分文化特征受环境因素的直接影响要大于另外一些特征所受的影响。同样,有些环境因素对文化形式的影响大于另外一些环境因素。据此,斯图尔特(Steward)认为,生态学分析只能用于解释这种"文化核心"方面的跨文化的类似性。而构成文化核心的则是与生计活动和经济安排最密切相关的社会经济部分。

这就使文化生态学离开了"环境形成文化"这样一个粗糙的模式,而转向一个比较细致的模式,即"特定的环境因素形成特殊的文化特征"。比如江南就以稻作为主,华北地区以旱作农业为主,到了草原地带就很少有农业活动了。但这些关系因地而异,也就是说有些环境因素对某些文化具有决定性的影响,而对另外的文化可能影响较小或性质不同。

文化生态学在理论上最重要的贡献可能就在于认识到环境和文化不是分离的,而是包含着辩证的相互作用。一方面,环境和文化都不是既定的,而是互相界定的;另一方面,环境在人类事务中的作用是积极的,而不仅仅是限制或选择。这也正是生态学观点对于早先环境决定论或或然论的批判。

作为炊格尔(Trigger)考古学理论体系中的高级理论,文化生态学理论并不是环境考古或者新考古学所独有的,它同样适用于其他社会科学。这种理论的形成不是来自于对考古资料的总结和升华,而是在人类学的研究体系中发展起来的。新考古学就是借用了这种理论之后而形成的一种新的研究范式。从20世纪70年代后期开始,新考古学所受到的批判,在很大程度上是由于学者对文化生态学的反思而引发的。

3. 环境考古中人地关系研究的主要内容、模式与问题

人地关系研究的主要内容包括聚落与自然环境的关系、经济形态的转变与环境变化的关系、考古学文化的发展与环境变化的关系、气候突变和地质灾害对人类和社会发展的影响等。无论是国外还是国内,在人地关系的研究领域,最重要的研究模式就是各种各样的对应。我们把人类活动的不同方面,同环境的不同方面进行对比,然后做出各种各样的曲线来进行二者的对

应,认为它们之间存在着某种关系。例如,根据中国湛江湖光岩玛珥湖沉积物中钛含量的变化所揭示的干旱现象来解释唐朝的衰亡。

这种研究模式中有两个关键性的问题:能否用单一的环境因素来解释复杂的文化和社会现象,人类活动所需的自然条件是否与环境代用指标所揭示的环境要素的特征存在明确的相关性。答案自然是否定的。首先,文化是一个复杂的系统,自然环境同样是一个复杂的系统,那么人地关系显然就是一个更加复杂的系统。人类面对同样的自然环境或者是同样的自然环境变化时,他们完全可能选择不同的开发方式或者响应方式。其中并没有一个固定的标准去衡量不同方式的优劣,考虑到文化所展示出的复杂多样性,所谓"最优化选择"只能是理论上的空谈。其次,基于不同记录的古环境研究所揭示的都是特定时间、空间尺度上的某些要素的一个侧面,而不同特点的人类活动所占据和利用的只是自然环境的一部分。这两者之间经常性的不重合是显而易见的。

我们也可以再从对文化生态学反思的角度来审视这一研究模式。这一问题可以从两个角度来看。

人类学发展到20世纪70年代以后,对人的概念世界的重视取代了对环境问题的兴趣。这主要有两个方面的原因:其一,发现的许多实例并不支持文化特征总是要适应环境条件的观点;其二,社会科学的许多领域发生了反对因果关系解释的革命,而把兴趣转移到了人类的决策过程和文化选择上。社会科学分析的一个特点是把事物放到一定的背景中来理解,而背景则是基于分析者的假设。在文化生态学认为人类活动是由环境因素引发的假设下,环境显然就是理解人类活动的背景。但是,当不把人视为环境中的"木偶",而是认为他们了解自身行为的目的时,为了理解人类活动,就必须理解人的概念世界,也就是他们感受和解释周围世界的方式。人类的认知已经成为分析人类活动的重要背景。环境怎么样是一回事,人对环境的认识和理解则是另一回事。后者对于人类的行为有着更为直接的影响。

后过程主义考古学尽管只是一系列思想松散的集合,但作为后现代主义的组成部分之一,其思想都以多样性、主观性和相对性为特点。后过程主义者认为:(1)理论和资料是不可分割的;(2)人类行为在很大程度是由他们的思想和价值观念决定的;(3)个人在规则下生活,但同时也在创造着规则;

(4)对现象的解释应该以情境为基础。在与生态环境有关的问题上,他们有着完全不同于早期过程主义考古学(伦福儒将之称为功能-过程主义考古学)的论调。早期的观点倾向于用最理想的觅食模式或其他经济模式去理解人类是如何"理性地"开发景观。而后过程主义者则主张观察古人对于那种景观的真实含义的看法。他们同时还认为,古人对观念的理解并非一系列碰巧形成的看法,而是与农业、驯养行为等日常活动联系在一起的。

4. 对人地关系的新认识

从理论上讲,一个地区的人地关系可能是多种多样的。但对于我们的研究对象而言,它又是依托于特定时空的唯一存在。在古人从种种的可能性中根据他们自己的认识选择了一种适应的方式之后,自然环境中对他们能够产生直接影响的就是他们选择的那部分。这样,他们与自然环境的密切关系就可以细化为他们只与他们选择的那部分自然条件有密切的关系。

从这一点来看,一个特定时空背景中的人类活动,其人地关系已经是明确的了,它已经成为历史的一部分。我们要做的实际上是去了解这种人地关系出现的情境。而这样的一个视角将促进考古学研究的进一步整合。同时,这也给环境考古研究一个很大的启示,那就是我们要从环境的角度去理解古代人类的行为,至少要抓住对于特定人群而言重要的自然条件。

自然资源的概念可以很好地概括上述人地关系的特征,可以作为环境考古研究的切入点。我们可以从三个方面对这个概念进行理解:

首先,自然资源是天然的,它赋存于自然环境之中,因此它具有自然的属性,它的分布、规模、丰度等特征受自然规律的支配。因此,我们可以考察自然环境条件以及环境变化对自然资源的影响。

其次,从历史发展的角度来看,随着人类社会的发展和技术水平的提高,自然资源的范围不断地扩大,自然物对于人类的意义也在变化。比如,冶炼青铜器的矿石就是一个很明显的例子,在早期,它就是普通的石头,人类对它的关注局限于用于制作石器的石料角度。

第三,资源是与需求相联系的,而人的需要又与文化背景有关,因此,自然物是否能被看作资源,取决于人的文化因素,如信仰、宗教、风俗习惯等。

可以把自然资源的上述特性概括为双重属性,即"自然属性"和"文化属性"。其中,自然属性与自然环境有着密切的关系,而文化属性则是文化选择的体现。利用自然资源的双重属性,我们就可以这样来表述人地关系:一个特定的自然环境中包括多种能够满足人类生存的自然资源,但对于不同的人类群体而言,自然资源的概念又不尽相同,对一些群体而言可能是自然资源的,对于另外一些群体而言可能只是普通的自然物,选择的决定权在于文化本身。

由此,我们可以引申出以下对人地关系的认识:自然环境与人类活动之间的密切关系是毋庸置疑的,但是这种关系因为人对环境的认知而呈现出鲜活的特征,环境对人类活动影响的方式和结果千差万别。不要忌讳"无法用环境来解释文化"这样一个事实,更不要去寻求建立一种普遍的模式。只有明白这一点,才能从根本上理解人地关系的复杂性和多样性,才可以真正认识到人类与自然环境的关系及其历史演变的过程。而人地关系研究的目的不在于一般意义上的解释,也并非要建构规律,而在于从人对环境的认知和响应的视角来叙述历史。

五、研究案例

(一) 陕北先秦时期的生业与环境

本案例是为了更恰如其分地认识自然环境在生业模式转变中的作用。

根据陕北地区动植物考古的研究结果以及诸如生产工具等资料,可将区域生业模式演化的历史划分为四个阶段:(1)仰韶时代至龙山早期,生业模式为农业(种植和家猪饲养)和渔猎结合在一起的混合经济;(2)龙山晚期,随着草食性动物羊、牛的传入,依托于定居农业的畜牧业逐渐发展起来,形成了农牧混合的生业模式;(3)夏代至春秋中期,农牧混合经济得到进一步发展,尤其可以确定的是在距今3000年之前已有较为发达的农业;(4)春秋晚期之后,以畜牧为主的游牧模式开始出现。

基于多个全新世地层剖面的年代、沉积序列及环境代用指标,研究区在距今11000~8500年,气温明显回升,古土壤开始发育,但波动较大;在距今8500~3800年,为相对稳定的高温期,古土壤发育较好;在距今3800~2200

年,区域气候整体转为干冷,但有次一级的冷暖波动。

通过对比发现,陕北长城沿线先秦时期环境和生业的关系呈现出复杂的状况:(1)区域气候条件最为温暖的时期(距今8000~5000年),农业并不发达;(2)距今4000年前后,气候条件尽管不是全新世最好的时期,但畜牧业的出现仍然大大扩展了人类活动的空间;(3)距今3800年前后,气候条件明显地转为干冷,但人类生业模式的变化并不显著,农业一直得到持续发展,随着生产技术的进步在距今3000年前后可能还达到一个新的高峰;(4)距今2500年前后,研究区游牧业的出现更多的是受外来文化的影响,本地气候变化的驱动不明显。

从人地互动的角度对先秦时期不同阶段生业模式的影响因素进行分析可以发现,生业模式是由多种因素共同作用的产物,环境条件以及人群变动、文化传播、适应等因素都会影响到生业模式。因此,在某些阶段,环境变化作为驱动力的影响可能并不明显。例如,研究区畜牧业的出现似乎与环境变化的关系不大,因为整个中国北方地区都发生了相同的变化。又如,从研究区的整个历史来看,农业生产的存在与否在很大程度上与人群的性质有关。

当然,自然环境的作用在任何情况下都是不可或缺的。研究区所有的人类活动都是在自然环境中进行的,农业、畜牧、游牧都要依赖于相应的自然条件。但同时,一个区域的自然环境能够提供的自然条件又往往是多种多样的,可能适合于多种生业类型。在此情况下,人类文化的因素就会起到主导作用,新的人群、新的技术以至于对环境认识的变化都可能改变原有的生业模式。另一方面,某种生业类型所依赖的水热条件也会因为环境变化的性质、幅度以及区域内部的环境差异而产生不同的响应方式。也就是说,生业所必需的自然条件如何受到环境变化的影响需要具体情况具体分析。由此可见,生业变化并非只受到环境变化的影响,也不是所有的环境变化都必然引起生业的变化。

所以,对自然环境作用的认识必须置于文化系统的大框架之下,在文化与环境的互动中来考虑自然环境的意义。自然环境的作用因为人类的选择而彰显。

（二）河南环嵩山地区的古环境与人类活动

环嵩山地区的河流主要包括伊洛河、溱须河（贾鲁河）、双洎河和颍河。我们对这些流域进行了详细的野外调查，并着重对地貌变化明显的河流地貌的动态过程进行了研究。研究方法就是对黄土丘陵、三级阶地、二级阶地和一级阶地等地貌单元的沉积序列进行研究，之后将该区域河流地貌演化的过程分为六个阶段：晚更新世堆积、早全新世下切、中全新世堆积、晚全新世下切、历史时期堆积和历史时期下切。颍河流域的瓦店遗址、伊洛河流域的灰嘴遗址、双洎河流域的新砦和柿园遗址都存在类似的地貌演化过程。中全新世的仰韶至夏商时期，河谷地貌的一个突出特点就是河床与台地之间的高差很小，台地上可能呈现出"水乡"的景观，与现在深切的黄土沟谷地貌差别甚大。

这种景观特征的重建有助于我们理解一些自然现象和当时的生业，例如，很多遗址都有壕沟。根据壕沟中堆积物的特征，当时有水的流动，而且水势甚大，因为一些壕沟的底部有砂砾石层。如果以现在的河谷景观来解释这样的现象，就只能从洪水的角度入手。但如果是漫上来的洪水，沉积物的粒度应该在粉砂甚至粘土的级别。而如果从古地貌的角度考虑，由于台地与河床之间的高差较小，河水引入台地中的壕沟就相对容易，而且通过水的流动情况能方便地判断出沟底的水平状况，有利于壕沟的开挖。当然，由于同样的原因，台地上水患发生的可能性也比较大。

另外一个是水稻种植的问题。从陇东到关中，再到郑洛地区，从距今5000多年前开始，许多遗址中都发现了水稻。在以往的解释体系中，通常将仰韶、龙山时期水稻的种植归因于全新世大暖期温暖湿润的气候。在我们看来，气候并非是本地水稻种植的限制性因素，河流地貌演化影响下的水文条件可能更为关键。水稻的生长需要一定的水分条件和热量条件。水分条件的满足并非只能靠大气降水，而是完全可以利用地表水进行水稻生产。水稻所需的热量条件与年平均温度关系不大，关键在于水稻生长期的积温情况。事实上，除了青藏高原等高寒地带之外，中国大部分地区夏半年的温度条件都是没有问题的。正因如此，水稻种植区的温度和降水条件差别极大，范围涵盖了从热带、亚热带到温带以及从湿润到干旱地区的沿海平原和河湖岸边。具体到史前时期,我们认为能否方便地利用和管理水资源才是最为关键的因素,而这一点与河流地貌演化密切相关。在今天这种深切沟谷的地貌条件下,如果不考虑电能的利用,进行水资源的管理几乎是不可能的。

(三)山东章丘西河遗址的古地貌及相关问题

西河遗址位于山东省章丘市龙山镇的龙山三村附近,巨野河的支流西河呈深切曲流状态从遗址的西侧流过。由于考虑到地貌是影响聚落和生业所需自然资源条件的重要环境因素,而且西河遗址附近的河流地貌发生过显著变化,我们就根据观察到的剖面和考古发掘资料,对这个遗址及其周边区域的地貌和沉积过程进行了划分,并通过对不同地貌单元沉积序列及其空间组合的分析,重建了区域地貌格局及其演化的过程。

从地貌格局上看,在区域尺度上,由南向北依次为山地丘陵、黄土台塬、冲洪积平原和黄河冲积平原;在流域尺度上,从河流分水岭到西河,地貌单元依次为薄覆黄土的台地、黄土台地、二级阶地和一级阶地。西河遗址所在的地貌单元为山前黄土台塬中河谷地带的二级阶地。晚更新世至全新世早期,现在的二级阶地一直处于加积状态,河流不断改道,地面及河床均处于不断淤高的过程。在全新世早期阶段,西河遗址附近的河道从加积状态转为下切,现代河道的雏形开始形成,西河早期的先民在河漫滩进行渔猎和采集以获取食物资源。不晚于距今8000年前,河流进一步下切,阶地形成,不再受到常年洪水的影响,半地穴式房屋开始集中出现。

对西河遗址的动植物考古研究表明,后李文化的生业模式以捕捞、狩猎、采集为主,植物栽培和家畜饲养可能已经出现,但重要性还非常低,正处于向农业经济转变的过程中。地貌重建的结果显示,当时的环境条件能够满足西河文化先民的这种生业模式。对地貌及相关资源条件的重建,只是为了阐明人地关系的合理性,并不代表环境条件构成了生业模式及其演化的原因。不是因为有了相关资源条件,才有了生业模式;而是反过来,人类的选择与自然环境条件的结合,才有了生业模式,也使那些自然物成为特定人群的自然资源。

在自然资源的框架下,我们对聚落选址与地貌的关系也进行了分析。我们认为,聚落本身需要土地资源;但人群对不同资源条件的选择才是更本质的因素。具体到后李文化时期,对食物资源的获取可能是最重要的事情。因此,与其生产技术相对应的自然资源的分布状况就是先民在聚落选址时首要考虑的因素。其次,聚落本身的安全性也不容忽视。很难想象,在区域人口数量还非常稀少的情况下,古人会在每逢雨季就会被洪水淹没的地点建造固定的居址。在位置的选择上,从大汶口文化中期开始,聚落快速向远离山地的平原扩展。这种空间上的明显转移,并非是地貌或气候发生了重大改变,而是随着农业的不断发展,人群对自然资源的定义以及由此而来的对区域自然环境的认知已迥异于早期的捕捞、狩猎、采集者。地貌对聚落的影响就体现为它对由当事人定义的相关资源条件的属性以及空间分布状况的制约。

六、结语

现在我们要回到开始的问题,对环境考古和人地关系做一个总结。

环境考古在长期发展的过程中,首先是作为一种技术出现的,通过对与考古遗存相关的生物、沉积和地貌证据的研究,一方面重建古代的环境,另一方面处理考古研究中的古代自然环境问题以及在人类活动的环境背景中了解特定人类行为。但环境考古并不仅仅是一种技术,它还体现了一种思想,即人与其环境是密不可分的,我们需要在环境的背景框架下,研究古代人类的活动、资源和生存状况;并通过考察人类技术的变化,研究人群如何适应特定的自然环境;最终总结古代人群与其他生物群体以及自然环境的相互作用。作为这种思想的延伸,环境考古还可以作为一种叙事方法,它并不强调因果的关联,而是在系统论的框架中,从人地关系的角度来对人类的历史进行叙述。

人地关系就是人行动的时候,人与自然环境产生的明确关联。这是一个必然的现象,它反映了人的价值判断在自然环境中的投射。人地关系视角下的古环境研究应该以人类活动的特点为基础,考察环境条件及其变化对人地关系关联点的影响。不了解人类活动的特点,就无从开展古环境研究。相应地,随着人类活动性质和特点的变化,对古环境关注的角度也应该发生相应的变化。

除了以人为中心的古环境研究之外,我们还要关注遗址或遗存的古环境研究,我们称之为地学考古的研究模式,它关注的是遗址的形成过程和埋藏方式,研究的重点在于沉积过程及相关的地貌变化。

第四讲

人骨考古研究

朱 泓

大家好,我今天给大家介绍人骨考古研究的成果,分为"蒙古族源问题的生物考古学研究""法医人类学在考古学中应用""古人生前容貌复原"等三个方面给大家讲授。

一、蒙古族源问题的生物考古学研究

蒙古族源问题是近 20 年来我们人骨考古研究的一个重点课题。长期以来我们参与了很多工作。本次介绍的就是由中国社会科学院考古研究所前所长、中国考古学会的理事长王巍先生担任首席专家的"蒙古族源与元代帝陵研究"国家社科基金重大委托项目的部分结果。

蒙古族源问题在中外学术界十分引人注目。蒙古族在历史上建立了声名显赫的蒙古大帝国,领土横跨欧亚大陆,在世界史上留下了浓重的一笔。因此,中外学者对蒙古族源都非常感兴趣。有很多学者对蒙古族源分别从历史文献记载、比较语言学等视角提出了不同的学说,包括匈奴说、突厥说、东胡说等。研究视角的差异往往导致形成不同的结论。我们也尝试从考古学的角度对这一问题提出自己的见解。考古的视角不仅包括考古发掘出土的文物研究,同时生物考古学也能为蒙古族源的问题提供新资料。

要从生物考古学的角度研究蒙古族源问题,首先就要了解蒙古族的遗传学构成。

能够在欧亚大陆建立蒙元帝国，蒙古族作为这样一个草原游牧民族，其历史形成过程非常复杂。成吉思汗的大军到处征讨，在征伐过程中把其他的异族也都纳入到了蒙古帝国的统治范围内。不管是通过战争的方式还是和平的交流，人与人的交往过程往往包括基因的交流。最近中国北方地区出土的大批古代的墓葬被认为可能和蒙古族同属一个共同的族系，即东胡族系。这个族系包括历史文献记载中的东胡、鲜卑和契丹等。通过对这些墓葬出土的人骨进行体质人类学研究和古 DNA 研究，我们希望可以从体质人类学和分子考古学两个方面，来揭示蒙古族历史形成过程中的遗传学变化。

了解现代蒙古族的体质特征和遗传学构成有助于我们研究古代蒙古族的族源问题。目前蒙古族在世界人种分类中属于黄种人，在黄种人中又有一个分支——北亚人种。在现代蒙古族中，不同地区的蒙古人在体质特征上有一定差别，比如内蒙古赤峰一带的蒙古族和阿拉善地区的蒙古族就不同。赤峰地区的蒙古人和汉人的区别不大，而阿拉善蒙古族脸型宽扁，脸盘很大。这样的不同可能是两个不同地区的蒙古族在历史形成的过程中与其他人群融合后的结果。笼统地说，蒙古人最基本的体质特征是有一个低而宽阔的颅型，颧骨明显突出，面部较扁平。这些特征和现在以汉人为代表的东亚人种，以及东南亚一带的土著居民们所代表的南亚人种，均有较大的区别。另外，蒙古人肤色较浅，头发的颜色和眼睛虹膜颜色也较浅。当然，并不是所有的蒙古族都有这些特征。比如，赤峰一带和汉人混杂严重的蒙古族，这些特征就并不明显，而草原深处的锡林郭勒蒙古族牧民，则保留了较多原来的体质特征，头发发黄，眼睛呈黄褐色。其他特征还包括比较细小的眼睛、内眼角的蒙古褶等。然而，研究古代的人骨资料时，上述很多特征不一定都可以看见。因此，骨骼上的特征，譬如头骨的颅型和面型的典型特征成为我们判断是蒙古人还是汉人的主要依据。

蒙古人所属的北亚人种又可分为两个亚类型。中央亚细亚类型以蒙古人为代表，主要生活在草原地带，以游牧为主要的经济生活方式。另一类叫贝加尔类型，主要生活在山地、森林地区，人口很少，包括中国境内的鄂伦春人、鄂温克人，俄罗斯远东地区的渔猎民族涅吉达尔人等，在俄罗斯远东地区大概还有四五十个属于该类型的民族，人口极少。

从遗传学来看现代蒙古人的遗传基因特征，可以从 Y 染色体和线粒体

DNA 两方面考虑。Y 染色体只能够父子相传。因此，我们研究一个古代人群的 Y 染色体 DNA 单倍型类型，便可以了解该人群父系方面的关系。而线粒体 DNA 只通过母系遗传，因此，研究古代人群的线粒体 DNA 可以了解他们的母系来源情况。在我们研究的很多古代案例中，线粒体单倍型的数量更多，表明人群中母系基因的多样性更丰富，反映了母系方面的来源情况。而 Y 染色体的单倍型数量相对少一些，表明父系方面的指向性明显。

分子人类学的研究成果表明，现代蒙古人 Y 染色体的主要单倍型是 C 型，它在所有的 Y 染色体单倍型中占 54% 左右，这个数据是基于吉林大学考古 DNA 实验室周慧教授的样本库得出的。其他的类型，如 N 型、O 型各占 10% 左右。所以 C 型应该是具有蒙古族遗传基因指向性的重要单倍型。现代蒙古族的线粒体 DNA 的主要单倍型是 D 型，大概占 35%，其他类型有的占 12%，有的占 10%、8%、6%，相对比例较小。所以，以 D 型为主的线粒体 DNA 单倍型也应该是蒙古族的一个重要特点。我们一般认为，这种情况说明父系的遗传基因相对于母系的遗传基因更稳定，母系的遗传基因外来因素多样性更丰富。

在中国古代文献的记载中，先秦时期有一个民族是以畜牧业为主要的经济生活方式，称为"东胡"。许多著名的历史学家都发表过关于东胡人群的研究论著，他们大多认为，现代的蒙古族和古代的鲜卑、契丹、乌桓等民族都属于东胡族系。既然"东胡"有文献记载，现代蒙古人的遗传学结构我们也已了解，如果在中国北方地区的某一个遗址中找到了一批古代墓葬，尤其是年代比较早的，比如春秋战国时期的墓葬，如果它的地理位置与文献记载的东胡活动区域吻合，年代又和文献记载的东胡是同一时期的，且若是我们提取 DNA 检测出的结果也和蒙古族比较接近，那么这份考古学资料属于东胡遗存的可能性就增加了。这就是我们设计课题的一个思路。

文献表明，东胡活动的区域在辽西地区的西拉木伦河流域。该地区的哪一个考古学文化才是东胡遗存，一直是中国考古界争议的热点。20 世纪 60 年代，辽宁省博物馆的朱贵先生就提出，出土东北系青铜曲刃短剑的墓葬应属于东胡族。这种青铜短剑不仅分布于沈阳，从整个辽西地区到赤峰地区，从辽东地区到朝鲜半岛，都存在着这种文化因素，分布范围较大。如今的考古学界几乎已经没有学者坚持上述观点了。现在，我们一般认为东北系的曲刃青铜短剑的族属不应该是东胡。后来，靳枫毅先生又提出了"夏家店上层文化东胡说"。该观点的影响非常大，直到现在，夏家店上层文化属于东胡遗存这一观点，在中国考古学界仍得到了多数学者的认可。20世纪90年代初，吉林大学林沄教授又对靳枫毅的"夏家店上层文化东胡说"提出了不同的意见，他认为夏家店上层文化不应该属于东胡遗存，真正的东胡遗存到目前还未找到。他认为至少在20世纪90年代初已经发现的考古遗存中，没有可以称作东胡遗存的。

为了解决这一问题，2002—2003年期间，吉林大学边疆考古研究中心和内蒙古自治区文物考古研究所组织了一支联合发掘队，对内蒙古赤峰市井沟子遗址的一批墓葬进行了发掘。井沟子遗址的 ^{14}C 年代为从春秋晚期到战国早期前后，这和文献记载的东胡在西拉木伦河流域活动的年代非常吻合。而井沟子墓地的出土遗物中有少量大型素面陶器和大量牛、马、羊等与畜牧业关系密切的动物的殉牲，另外，还出土了不少青铜小件马具。遗址出土了青铜短剑，但并不属于东北系。林沄、杨建华等先生认为这类短剑应该属于北方系青铜短剑，跟东北系没有关系。无论从青铜短剑还是陶器类型来看，井沟子遗存所反映的文化内涵与夏家店上层文化相比，已经有了本质上的区别。因此，井沟子墓地发掘领队王立新教授认为，井沟子遗存满足了东胡遗存的相关条件。为了验证这一设想，吉林大学边疆考古研究中心人类学实验室和古DNA实验室进一步对井沟子墓地的人骨材料做了研究，希望从体质人类学和分子考古学的角度，将井沟子的人骨和属于东胡族系的其他民族，包括现代蒙古族和鲜卑人、契丹人等做一比较研究，更好地确认他们的族属。

井沟子墓地出土的头骨从后面观来看，水平距离大于垂直距离，也就是说它的头从后面看轮廓宽扁。我们把井沟子墓地人头骨和现代亚洲各地区不同类型的蒙古人种头骨进行比较后，便发现和它最接近的人群是蒙古人和布里亚特人。布里亚特是俄罗斯联邦的一个自治共和国，也属于蒙古人范畴。

而文献、史料所提供的线索和民族史研究的结论表明鲜卑、契丹等族均为东胡后裔。这就为我们利用相关人种学资料间接讨论东胡的人种问题提供了可能性。

目前经过研究且已发表的鲜卑族的古代人种学资料共计11批，分别出土于内蒙古呼伦贝尔盟的完工墓地、扎赉诺尔墓地，赤峰市巴林左旗的南杨家营子遗址,乌兰察布盟的三道湾、七郎山、东大井、叭沟墓地,辽宁省朝阳市的十二台营子、喇嘛洞等地的墓葬,还有吉林省大安县的渔场墓地和山西省大同市南郊的北魏墓地。这些资料的年代大致为从东汉至北魏时期。

陈靓和陈山分别在博士论文中对完工墓地和喇嘛洞墓地的人骨材料进行了研究,得出以下结论:完工组具有高而偏长的颅型,配合以较阔的面形,这种高颅阔面类型的人类在先秦时期的中国东北地区广有分布,我们称之为"古东北类型",与其他鲜卑族头骨所代表的低颅阔面的西伯利亚人种明显有别。所以,陈靓认为完工遗址并非鲜卑人的遗存。而喇嘛洞组人骨具有高颅、短颅和偏狭的中颅型,与颅型低阔的其他鲜卑组居民显然有别,故族属也不应该是过去学术界所指认的慕容鲜卑。张全超的博士论文研究比对了另外9份汉、晋、南北朝时期的材料,它们都属于低颅高面型,和现代蒙古人非常相似,也和井沟子人骨相似。因此,他得出结论:汉、晋、南北朝时期的鲜卑族的人种类型应属于低颅高面类型的西伯利亚蒙古人种,可将其命名为"古蒙古高原类型"。因此在研究蒙古族源问题时,我们把完工组和喇嘛洞组这两份材料剔除在外,把剩余的9份材料纳入到之后的比较研究中。

近年来,我们又在辽宁省西部和内蒙古的东部、中南部地区陆续采集到了8批契丹族的人类学资料,其中包括内蒙古乌兰察布盟察右前旗豪欠营辽墓人骨、商都县前海子辽墓人骨、锡林郭勒盟东山辽墓人骨、正蓝旗卧牛石辽墓人骨、赤峰市宁城县山嘴子辽墓人骨、阿鲁科尔沁旗耶律羽之家族墓地人骨,以及辽宁省法库县叶茂台一号辽墓和阜新县关山辽墓的辽代萧氏后族人骨。这些墓葬的年代贯穿了辽代早、中、晚期,既有辽代的平民墓葬,也有皇族墓葬。综合上述8批辽代契丹族的人类学资料,我们可以发现,在辽代契丹人的种族成分中主体因素应该是西伯利亚蒙古人种特征的元素。他们一般都具有圆颅、阔颅和颅型偏低的倾向,同时伴有扁平而宽阔的面部形态。这种典型的契丹族容貌特点在许多与契丹人题材有关的辽代绘画艺术作品中都有过生动的描绘。当然,在辽代契丹族的人骨标本中,尤其是那些辽代晚期的标本中也存在着一些颅型较高、较狭的标本,呈现与东亚或东北亚人种某种程度上的相似性。这些人种因素的存在可能是辽代契丹人与其他民族发生通婚、混血的结果。

我们再把这些材料和井沟子的材料进行比较,聚类分析的结果指出,和井沟子最接近的是东大井、朝阳组、叭沟组和南杨家营子组,这些都是鲜卑人,他们聚成一类;耶律羽之组和萧氏后族组是契丹的皇族和后族,他们自成一类,在之后和鲜卑人、井沟子组聚成一类;和他们关系最远的是龙头山组(夏家店上层)、大甸子Ⅰ组(夏家店下层)、关马山组(出土东北系曲刃青铜短剑)和水泉组。可见,和东胡关系不密切的都另外聚类,而和东胡有关的,都聚成了一个大类。

因此,我们认为井沟子居民与辽代契丹人和汉、晋、北魏时期的鲜卑人在体质人类学特征上是颇为一致的,均属低颅阔面的西伯利亚蒙古人种。有了这一人种学坐标,我们就可以进一步从种族遗传学的角度来讨论东胡的人种问题了。从郑家洼子青铜短剑墓等遗存的人类学资料来看,东北系曲刃青铜短剑墓葬的墓主人均为高颅阔面的古东北类型居民,与鲜卑人、契丹人属不同类型,很难与东胡相联系。内蒙古赤峰红山后、夏家店、宁城南山根、小黑石沟以及克什克腾旗龙头山等遗址出土的夏家店上层文化人骨的种系特征颇为一致,均可归入高颅狭面的古华北类型,与低颅阔面的鲜卑人、契丹人之间存在着非常显著的形态学距离。再加上井沟子遗址的地理位置、年代和文献记载比较吻合,因此,这批材料是认识东胡遗存的重要证据。

我们对井沟子墓地的人骨也做了 DNA 的研究。

现代人群线粒体 DNA 和井沟子关系最接近的是俄罗斯远东地区的雅库特人和埃温克人,蒙古人关系稍远,汉人、朝鲜人、日本人聚成了另一个体系,欧洲人群关系更远。井沟子东周时期居民线粒体 DNA 的系统发育分析和多维度分析结果显示,该组古代人群在母系遗传上与现代北亚人群及古代拓跋鲜卑人有着比较近的亲缘关系。从古代人群线粒体 DNA 的散点图上看,和井沟子关系最近的是崞县窑子(东周时期遗存,被认为和北方游牧民族有一定的联系)、东大井(鲜卑人),这些古代北亚人群聚类在一起。而水泉遗址(出土东北系曲刃青铜短剑)、龙头山(夏家店上层)、老山汉墓、庙子沟(内蒙古中南部的新石器时代文化)属于高颅类型的东亚人群。从单倍型频率分布上看,井沟子人群高频率的单倍型 C、D 和 G 具有典型的北亚人群单倍型分布特点,其频率分布在现代人群中与鄂伦春族、鄂温克族最为接近。在与古代人群的比较方面,井沟子居民与东大井鲜卑人群之间拥有最近的遗传距离(0.013),这一距离甚至较与现代鄂伦春族之间的遗传距离(0.014)更小,说明井沟子古代人群与现代北亚人群也有很近的遗传关系。

我们也获得了井沟子西区墓地（东周时期）居民的 Y 染色体 DNA 的研究成果。在已成功提取出 Y 染色体 DNA 的 12 例个体中,所有单倍型均显示为 C 型。研究者认为,单倍型类群 C 的高频率出现可能与南下的北亚游牧民族有关。也就是说,父系遗传关系研究的角度加强了井沟子人群与北亚地区存在密切血缘联系的可能性。为了验证这一假说,吉林大学考古 DNA 实验室对出土于内蒙古乌兰察布市魏晋时期的七郎山墓地（ZQ11）、陈武沟墓地（HDCM9、HDCM11）的拓跋鲜卑人骨以及蒙古国布尔干省境内詹和硕遗址（ZHS5）的鲜卑人骨进行了 Y 染色体 DNA 的提取和研究,在提取成功的这 4 例男性个体中,所有单倍型也均为 C 型。

综上所述,无论是从人种成分的分析还是遗传学的构成,井沟子东周时期居民和汉、晋、北朝时期的鲜卑族之间都存在着明显的共性:他们都具有低颅、阔面的古蒙古高原类型的体貌特征以及高频率的线粒体单倍型 C、D、G 遗传基因标记。此外,井沟子东周时期居民的线粒体 DNA 和 Y 染色体 DNA 的研究结果也显示出与现代蒙古族、鄂伦春族、鄂温克族等北亚蒙古人种族群的遗传关系十分密切。

我们又对井沟子西区墓地居民的食谱做了研究。研究结果和我们先前的判断相吻合。井沟子遗址西区墓地古代居民骨骼中 $\delta^{13}C$ 值在 $-12.98‰\sim-10.81‰$ 之间,平均值为 $-12.38‰$,显示了 C_4 类植物的同位素信号,说明该墓地古代居民的植物性蛋白中 C_4 类植物所占比重较大。井沟子古代居民骨骼中的 $\delta^{15}N$ 值为 $8.72‰\sim10.63‰$,平均值为 $9.75‰$,是饮食结构中包含大量的肉类食物的标志,表明当地居民在日常饮食习惯上保持着较高比例的动物性食物摄入,进一步指示饲养业和狩猎业在当时的经济生活中占有重要的位置。这与墓地发现的大量用牲的考古现象十分吻合。在发掘清理的 58 座墓葬中,多达 50 座墓葬中出土了数量不等的动物遗存,占墓葬总数的 86.21%,所用牲畜主要是适于放养的马、牛、羊、驴和骡,其中以马的数量为最多,墓内未见随葬农业生产工具,反映出畜牧业在当时的经济生活中占有主导地位。此外,墓内还出土有少量的鹿、獐和狐狸骨骼等,可能和辅助性的狩猎活动有关。同时还有水生的无齿蚌和淡水螺。

综合以上研究,我们得出结论:通过对内蒙古林西县井沟子遗址西区墓地出土的古代居民遗骸所进行的包括体质人类学、分子考古学和稳定同位素分析的生物考古学的综合性研究表明，这些东周时期居民的人种类型普遍具有低颅、阔面、面部扁平等西伯利亚蒙古人种的体质特征，与已知的鲜卑人、契丹人的种族特征十分接近。其线粒体 DNA 的系统发育分析和多维度分析以及 Y 染色体单倍型类群分析的结果显示，这些古代人群在遗传关系上与现代蒙古族、鄂伦春族、鄂温克族等北亚人群以及古代拓跋鲜卑人有着颇为接近的亲缘关系，而食谱分析的结果则表明井沟子古代居民在日常饮食结构中保持着较高比例的动物性食物摄入，暗示饲养业和狩猎业在当时的经济生活中占有重要的位置。此外，在考古学文化、生存年代、地理分布等方面也与文献记载中的东胡十分近似。因此，我们认为，他们或许就是学者们探寻已久的东胡。这也是我们通过生物考古学手段对古代人群进行多学科综合研究的一次成功尝试，为古代东胡族遗存的确认和进一步开展蒙古族源问题的研究提供了一条生物考古学的新线索。

二、史前灾难成因的法医学证据——以哈民忙哈遗址的古人口研究为例

吉林大学近十来年做法医人类学的工作比较多，研究缘起于吉林大学和加拿大西蒙菲莎大学的合作，特别是和杨东亚老师的合作，我们向他们学习如何开展法医人类学（或者说法医考古学）的研究。哈民忙哈遗址就是此类研究的一个案例，我和我的博士生周亚威在他攻读博士期间，已在《吉林大学社会科学学报》上发表过部分成果。

哈民忙哈遗址荣获"2011 年全国十大考古新发现"和中国社会科学院"中国考古六大发现"。它是一处史前聚落遗址，位于内蒙古自治区通辽市科左中旗舍伯吐镇东偏南约 30 千米，南距通辽市约 60 千米，介于西辽河及其支流新开河之间，地处西辽河平原东部、科尔沁沙地腹心地区，聚落平面呈不规则椭圆形，总面积近 10 万平方米。哈民忙哈遗址是迄今为止在内蒙古乃至东北地区发现的面积最大的一处大型史前聚落遗址。哈民忙哈遗址的独特文化面貌与周邻地区已发现命名的新石器时代文化均不相同，根据对其文化内涵的认识，可确立一种新的考古学文化——哈民忙哈文化，其年代相当于红山

文化晚期(距今约 5500—5000 年)。

2010—2013 年,内蒙古文物考古研究所与吉林大学边疆考古研究中心对哈民忙哈遗址进行了发掘,共清理房址 62 座,灰坑 56 个,墓葬 12 座,环壕 2 条,从聚落布局来看,所有房址沿东北-西南排列。遗址出土遗物近千件,主要是陶器、石器、玉器和骨、角、蚌制品。遗址内房址排列整齐,平面呈长方形或方形,多数面阔略大于进深,均为半地穴式建筑,门道设置在居室的东侧,呈凸字形,朝向统一,方位集中在 130°～145°之间。从发掘区域的航拍照片中可以看到,有几座房址居住面上明显有堆积。这些堆积应是失火坍塌而保留下来的房屋梁柱结构,没有着火的房子就没有留下炭化的木构件,在其他地方很少能见到类似的保存状况,它们对研究史前聚落房子形态和功能具有重要的意义。

失火坍塌的房址里还常常有不止一具的人骨,有的门道里还有石器、玉器。为什么几乎所有出土人骨的房址都有明显的火烧痕迹?为什么这些房子是被火烧的,而其他的房子是正常的?我们的研究尝试解答这一问题。

房址 F40 是其中比较有特色的一栋,出土了将近一百具人骨架。按照法医人类学的方法,我们首先进行了人骨鉴定,具体工作包括房址中的人骨最小个体数统计、个体的性别鉴定、个体的年龄鉴定、人骨堆积的体态及叠压关系、是否有病理或者创伤现象、人骨绘图与摄影、DNA 样品提取和同位素样品提取。

工作有三大难点:第一,人骨堆积交错叠压,叠压在下的个体骨骼特征无法辨识;第二,房内人骨需要原址保护,要求在不破坏原始堆积的基础上展开鉴定;第三,F40 人骨堆积布满房址,无立足之处。为了不破坏遗址,体质人类学研究人员用树干和木板在居住面上方搭建架子,方便在房址中心区域进行人骨研究。经过周亚威博士一个多月的努力,我们终于弄清了近一百个人骨架的埋藏情况。这些体态各异的人,骨骼都没有错位。

古人口学研究结果表明,哈民忙哈遗址房址内出土人骨共 181 例,其中 F40 有 97 例。全部人中,年龄明确的有 96 例,鉴定率为 53.0%。通过对哈民忙哈遗址人骨死亡年龄的统计与分析,得出该群体的年龄结构框架:房址内人骨的平均死亡年龄为 26.8 岁。群体的死亡高峰期集中在未成年期、壮年期和中年期,无老年期个体。F40 居民死亡平均年龄(26.2 岁)和其他房址居民比较接近,但 F40 相对于其他房址,个体死亡年龄表现出更为集中的分布特点。

我们的研究问题围绕房址 F40 内人骨堆积的形成过程展开:F40 中的人骨是怎样进入房内的?是活着的时候进入的,还是死亡后进入的?这显然不是一个正常的群体埋藏,F40 的面积不到 17 平方米,但里面一共有 97 个个体。我们由此做出了两个推测:第一,F40 的人骨堆积是人为将尸体搬运至房内所形成的。第二,房内的人是被他人以某种方式活活杀死的,比如说火烧、活埋,或者其他。如果第二个推测成立的话,假设进入房内时的古人是具备行为能力的,他们出于求生意识,绝大多数人头的朝向应该都是朝着门道的。但当我们标出人头的朝向后发现,97 例个体头的朝向随机分布在四个象限内,哪个方向都有。所以我们认为不太符合古人是活着进入房内的推测。

再看玉器出土的情况。在一般的房址中,如 F46 里,玉器一般出土在人骨架的旁边,不是在头侧,就是在躯干旁边。然而,F40 内 97 例人骨中却未发现玉器遗存。关于玉器的缺失,又有两种推测:一是 F40 内的人群本身并没有佩戴玉器,也可以说明 F40 与其他房址内的人群可能存在身份或者地位上的差别(需要古 DNA 等研究证实)。二是这些个体原本佩戴有玉器,尸体因经过人为移动,玉器被他人取走。

结合我们观察到的 F40 狭窄的房址空间中,大量的人骨上下叠压在一起,而且最厚处的人骨堆积能达到四层,位于距离门道最远的墙边,三层的堆积在房屋中间被发现,而距门道最近处的堆积为两层。据此,我们认为,F40 的人骨堆积是死后被人为拖入房内所致。也就是说,从法医学的角度来解释,F40 是第二现场。而其他出土人骨的房址,鉴于人骨狰狞的姿态和随身佩戴玉器的证据,我们推测房内人骨堆积很可能是个体死后的原始场景,也就是第一现场。

总而言之,我们对 F40 人为堆放人骨的意义有三个推测:第一,便利性,大灾难面前,古人没有足够的人力和时间挖掘墓葬,埋葬尸体,半地穴式房址结构为古人存放尸体提供了环境条件。第二,保护性,保护尸体不被食肉动物破坏。第三,防污染,封闭式的房子可以有效地控制尸体腐烂后细菌和微生物的传播。

除此之外,哈民忙哈遗址人骨堆积还可以排除古代战争导致的大规模人群死亡,主要有以下几个理由:第一,战争的参与者一般应以青年男性为主,对哈民忙哈人骨的人口学研究表明,该人群死亡高峰期在未成年期、中年期和壮年期,与战争死亡的人口结构设想不符。第二,暴力冲突导致的人群死亡会在骨骼上留下明显的痕迹,尤其表现在颅骨的额部、顶部,以及胸廓的肋骨和椎骨上。这些创伤痕迹在哈民忙哈的人骨上一例也没有发现。第三,敌对双方都不会把价值连城的玉器(形制较大的玉器)留下来给对方做随葬品。

综合以上分析,我们认为,哈民忙哈遗址房址内的大量非正常埋葬死者的死亡原因或许与烈性传染病的突然爆发有关。究竟是哪种烈性传染病,我们还不得而知。考虑到现在的科尔沁沙地有很多田鼠活动,我们起初推测可能是鼠疫。但吉林大学的汤卓炜教授做了古环境的研究后提出,当时的环境并不是沙地,而是周边有水、植物茂盛的湿地环境,与鼠疫发生的环境不相符合。

通过生物考古的研究方法来讨论史前时期的灾难遗址,比如喇家遗址、庙子沟遗址,将是今后研究可以开展的方向。

三、内蒙古吐尔基山辽墓契丹族的三维容貌复原

三维容貌复原也是我们研究的一个方向。从 2003 年以来,吉林大学边疆考古研究中心人类学研究室开展了运用计算机三维技术对地下出土的古代人骨和干尸,进行生前容貌复原的研究工作。我们先后为北京市老山汉墓出土的汉代诸侯王后的颅骨、新疆吐鲁番地区阿斯塔纳唐代墓葬干尸、江苏汉代泗水王墓出土的女性颅骨等进行了生前容貌复原。这里我将着重介绍受内蒙古文物考古研究所委托为吐尔基山辽墓出土的契丹贵族女尸做的三维容貌复原工作。

根据中国古代文献的记载,契丹原来是东部鲜卑的一支。公元 344 年,由鲜卑慕容部建立的前燕攻破宇文部,契丹遂从鲜卑族中分离出来,游牧于潢河与土河一带。唐朝初年,契丹人中形成了统一的大贺氏联盟。当时北方草原突厥称雄,契丹酋长就辗转臣服于唐朝和突厥之间。唐太宗贞观以后,酋长窟哥率部内属,唐置松漠都督府,其各部分置十州,授窟哥为松漠都督,赐姓李。唐末,契丹首领耶律阿保机统一各部,日渐强大,于 907 年即可汗位,公

元916年称皇帝,年号神册,国号契丹。太宗大同元年(947年)改国号为大辽。

契丹是一个非常有名的古代民族,但是后来就跟鲜卑一样,在历史文献记载中消失了。我认为,契丹人之所以后来在历史文献记载中消失,是因为入主中原以后,在先进的中原文化的吸引下,很多契丹人与汉人或者其他民族逐渐发生了融合。正如费孝通先生的"滚雪球"理论一样,以汉族为中心的中华民族的形成是像滚雪球那样越滚越大的。

要复原古代契丹人的形象,我们也需要了解吐尔基山辽墓的考古情况。吐尔基山辽墓位于内蒙古自治区通辽市科左后旗毛道苏木境内。2003年3月,吐尔基山采石场工人在炸石作业时偶然发现了这座大型墓葬。经国家文物局批准,内蒙古文物考古研究所与通辽市文博部门组成吐尔基山考古队,从3月21日开始对墓葬进行了抢救性发掘。这是一座未被盗掘、保存完好的辽代契丹贵族墓葬。墓葬有一个近40米长的墓道,一个约20平方米的天井,墓门被一块红褐色巨石封堵。10多平方米的墓室四壁绘有壁画,墓室两侧各有一耳室。墓内发现大量随葬品,包括铜钟、铜铃、牌饰等铜器,大部分为铜鎏金,有银盒、银筷、单耳八棱金杯、嵌银的漆盒和漆盘,还有两具包银的鎏金马鞍以及大量丝织品。这160余件珍贵文物进一步确认了吐尔基山辽墓是距今1000多年的契丹贵族墓葬。

2003年6月12日,研究人员在位于呼和浩特的内蒙古自治区文物考古研究所实验室内打开了吐尔基山辽墓出土的彩绘墓棺。彩绘墓棺打开以后,人们发现这是一副双重棺,外棺是彩绘的木棺,内棺图案由四条描金的凤和顶上的三条团龙组成。内棺棺木内有一具完整尸骨,身上覆盖丝织品,头部戴有金冠,腿部、脚部有露出来的铜铃,颈部有一套完整的琥珀项链。彩绘墓棺在辽代考古中还是第一次发现,根据出土文物分析,墓主人可能是一位贵族妇女。

内蒙古文物考古研究所与吉林大学立刻展开了体质人类学、分子考古学和容貌复原三方面的合作。

首先来看墓主人生前容貌复原的工作。做容貌复原,都要先完成两项基本工作——体质人类学研究和古DNA的分析。这两项基本工作提供的信息对容貌复原十分必要。

我们这次采用了计算机三维容貌复原技术，它的理论依据是苏联人类学家格拉西莫夫的从头骨复原面貌的原理。运用这个方法，面部的某些部位特征可以和骨骼相互对应，比如嘴角的位置。但有些特征，比如单眼皮还是双眼皮，与骨骼没有关系，就必须参考体质人类学和古 DNA 的信息。

计算机虚拟复原工作一般分成两个步骤。第一步是根据格拉西莫夫的复原理论，对头骨进行全面的观察测量和科学分析，把他/她生前容貌可能的各种特征和细节弄清，为后续的复原打好基础。第二步是应用计算机三维制作软件，把通过观察和研究得出的结果表达出来，这是我们的主要工作。

吐尔基山辽墓契丹公主面部软组织复原的具体步骤如下：人种成分分析的结果表明该个体的种系归属应为北亚蒙古人种。根据骨盆判断该个体为女性，骨盆及牙齿显示其年龄在 30～35 岁之间。

我们将墓主人遗骸与耶律羽之家族墓地和萧和家族墓地的样本进行了线粒体 DNA 的对比，结果发现，在系统发育树上吐尔基山辽墓样本位于耶律羽之家族墓地样本的分布区中，而且在吉林大学考古 DNA 实验室所得到的所有辽代契丹人群样本中，吐尔基山辽墓样本的序列与耶律羽之家族墓地的 15 号样本最为接近，仅有一个碱基之差，说明吐尔基山辽墓墓主人与耶律羽之家族之间存在较近的亲缘关系，验证了其贵族身份，并肯定了其为契丹公主的可能性。

根据格拉西莫夫的理论，经过观察、比较和分析，可以得出：颅骨表面致密、肌嵴不明显，表明该个体不是很胖的类型，综合性别因素，在整体容貌上不应表现得太胖或太瘦。判断一个个体的胖瘦，要看头骨表面，特别是头盖骨表面的光滑程度。越是光滑、致密的，人越是瘦；如果这个人很胖的话，头骨上面会有针眼儿大小的颗粒。因为较胖的人，骨骼中所含的脂肪比较多，人死亡后脂肪降解，就会在头骨表面留下微小的颗粒，用放大镜就能看清楚。在软组织厚度的选择上，我们比较、分析了三个现代组女性蒙古人种的面部软组织厚度值，并结合该个体的具体特征做了必要的调整。

眼裂的基本位置由连结眶结节和泪囊窝中部的直线决定。敞开式的眶腔类型，眶上缘呈锐缘状，眶下缘稍钝，表明该个体有薄的上眼睑和突出的眼球（蒙古人种）。眼眶的水平位置为明显的高升型，眼球和眶缘间在上内角和下外角有游离空间，配合眼眶上下缘的形状，眼部应表现为薄的上眼睑，特别在内眼角上部,下眼睑相对上眼睑稍突出,考虑到年龄和性别因素,整体处理得过渡平缓、自然。

鼻骨低矮,并在下部形成凹陷,表明其鼻部从侧面看上部(鼻梁)很低,犁骨从正面看稍弯向右侧,其鼻软部也应稍偏向右侧。鼻翼的位置由鼻甲嵴处决定。梨状孔外缘和鼻切迹锐利,表明该个体应有一个轮廓清晰的鼻子,鼻宽接近梨状孔宽度,鼻翼范围将稍超出梨状孔范围。鼻尖的位置是由鼻骨下$\frac{1}{3}$的延长线和鼻前棘基本方向的延长线两者的交点所决定,凹陷的鼻骨下端,尖端向下的鼻前棘都决定了一个低低的朝下的鼻尖。

颌骨凸颌,并伴随齿槽凸颌,上下咬合为简单凸颌,这种情况多出现于女性。唇的高度为上颌内侧门齿牙釉质的高度。上颌内外侧门齿差异不大,表明上唇的弓状弯曲不是很明显。口裂宽度为两侧上颌第二前臼齿颊面之间的距离。口闭合线约在上颌内侧门齿牙釉质高度的一半处。

耳长接近鼻的总长度,耳宽约为其一半。乳突发育中等,尖端收向内侧,表明其耳不应很大且稍靠近颅颞侧。下颌枝的基本方向决定耳在侧面安放的基本方向。

在以上认识的基础上,做圆滑处理,贴上皮肤,我们的黄种人皮肤库就是依靠吉林大学在读学生的真人皮肤数据库建立起来的。

吐尔基山辽墓墓主人是贵族妇女,岁数不算太大,所以我们把她的皮肤处理得比较光滑细腻,北亚蒙古人种的双眼皮出现概率也很低,所以按照大概率事件复原的原则,我们做成了单眼皮的样子。

发型的复原实属不易,尤其是新石器时代的古人,我们没有办法知道他们的头发究竟是什么样的,一般处理为披发的样子。而吐尔基山辽墓的墓主人相对比较方便,该个体出土时就有头发保留,所以按照原样复原。至于衣着服饰,我们参考了马王堆汉墓服饰纹饰里的凤纹,最终得到了我们现在所看到的吐尔基山辽墓女性墓主人生前容貌的复原图。

以上就是我想要分享的有关体质人类学的研究内容。

第五讲

植物考古学概论

赵志军

大家好！很高兴有机会来到全国著名学府复旦大学，与大家交流植物考古学的情况。今天我准备讲三个内容：首先是解答什么是植物考古，包括植物考古的学科定位、研究目的和研究对象等。其次是讲述植物考古能做什么，也就是植物考古的研究内容。最后简单介绍一下如何开展植物考古，即植物考古的研究方法。

一、什么是植物考古

（一）植物考古的学科定位

植物考古属于科技考古范畴，而科技考古是考古学的研究分支，考古学又属于人文社会科学。人文社会科学与自然科学相对应，可以进一步分成人文学科和社会科学两大部分，所以这就牵扯到考古学究竟是归入人文学科还是社会科学的问题。

如果笼统地划分，人文学科就是我们常说的文史哲，还有艺术等；社会科学就是政法经，还有社会学、心理学、教育学等。这两部分划分的依据是多种多样的，但我个人认为最简单的区分就在于研究过程中是否采用科学的量化分析方法。凡是属于社会科学的研究领域，在研究过程中都应该或可以进行量化分析，而且这些量化分析的结果是可重复、可检验的，所以称作"科学"。

而属于人文学科的是不可以或不必要采用量化分析方法的，所以就不能称作科学，只能称之为"学科"。从这个角度出发，考古学虽然原来被划入史学即人文学科，但从本质上讲应该归于社会科学，因为考古学是以物说话的，基本的研究方法之一就是对出土考古资料进行科学的量化统计和分析。由此可见，如果要在人文学科和社会科学之间进行选择的话，我认为考古学更偏向社会科学。

不仅如此，在人文社会科学中，考古学还是最接近自然科学的一个研究领域，田野考古学的研究方法如果往前追溯，绝大多数都可以在自然科学里找到本源。例如，田野考古研究方法的两大支柱——地层学和类型学就是如此。地层学源自地学，类型学源自生物学，所以说，现代考古学自诞生之日起就带着深刻的自然科学烙印。而科技考古又是考古学中最接近自然科学的一个研究分支，包括植物考古在内的科技考古与自然科学有着千丝万缕的联系，从某种意义上讲，所有的科技考古都属于跨学科研究领域。如果用一句话界定科技考古的话，科技考古就是应用自然科学的研究方法解决和回答考古学的问题，自然科学是手段，考古学是目的。总之，植物考古的学科定位归属人文社会科学中的考古学。

（二）植物考古的研究目的

植物考古为什么属于考古学？这是由它的研究目的所决定的。界定一个研究领域的学科属性首先要考虑的是其研究目的。植物考古的研究目的可以用三句话归纳：通过考古发掘发现和分析植物遗存，认识和了解古代人类与植物的相互关系，复原古代人类生活方式和解释人类文化的发展过程。

这三句话是递进关系。第一句话的关键点在于"通过考古发掘"，即植物考古仅研究那些通过正式考古发掘在遗址中出土的古代植物遗存。第二句话回答了为什么，因为植物考古所关心的不是植物遗存本身，而是这些植物遗存与人的关系，所以只有通过考古发掘我们才能够知道植物遗存的出土背景，即这些植物遗存的人文背景。那么，认识和了解古代人类与植物的相互关系又是为什么呢？第三句话进一步做了回答。事实上，复原古代人类生活方式和解释人类文化的发展过程不仅是植物考古的最终研究目标，也是现代考古学的研究目的。

为什么讲"复原古代人类生活方式和解释人类文化的发展过程"是现代考古学的研究目的？这与考古学理论发展史有关。说到考古学理论发展史，必然要提到20世纪60年代发生的"新考古学"运动。在此之前考古学研究的主要目标是构建古代文化的时空框架，然而，到了20世纪60年代初，随着考古学文化谱系的建立和不断完善，一些欧美考古学者开始不满足局限于如此具体的考古学研究目标，提出应该进一步探讨古代人类的行为和生活，例如，古人吃什么、穿什么、住什么，如何生产劳作，如何相互交往，如何适应和认知自然界，等等，也就是我们所说的复原古代人类生活方式。另外，他们还提出，在考古学文化谱系建立之后，应该进一步探索这些相互衔接的考古学文化是如何发生演变的，为何要发生变化，即解释人类文化的发展过程，所以新考古学运动后来也称作"过程考古学"。经过数十年的激烈争辩和实践检验，当年新考古学运动针对考古学研究的目的所提出的这些新观点逐渐得到了考古学界的普遍认可，并最终成为了现今考古学的研究目的。既然植物考古学也是将复原古代人类生活方式和解释古代文化的发展过程，作为研究的终极目标，那么当然属于考古学的研究范畴。

（三）植物考古的研究对象

植物考古和其他考古分支的主要区别在于研究对象。植物考古的研究对象是考古发现的与古代人类生活直接或间接相关的植物遗存。所谓直接相关就是指那些被人类利用的植物，包括食物、燃料、建筑材料、工具和用具等；所谓间接相关是指那些虽然对人类来说没有利用价值，但却间接地影响到人类生活的植物，比如依附在人工生境的各种杂草。

植物是有机物质，长期埋藏于土壤中会腐朽消失，这是植物遗存与其他文化遗物的不同之处，所以不是所有的与古代人类生活相关的植物都能长期保存在文化堆积中，最终成为植物遗存被考古发现。有幸能够长期埋藏在考古遗址文化堆积中的植物遗存分为植物大遗存和植物微小遗存。植物大遗存实际上也很小，所谓"大"只是相对植物微小遗存而言，即用肉眼或低倍显微镜就可以看到，而植物微小遗存则必须通过高倍显微镜才可看见。植物大遗存分为三个类别：炭化植物遗存、特殊保存条件下的非炭化植物遗存、木材碎块和炭化木屑。植物微小遗存也分为三个类别，即孢粉、植硅体和淀粉粒。

植物大遗存中最重要的是炭化植物遗存。由于人类的生活离不开火，所以考古遗址文化堆积中埋藏有大量的经过火的洗礼被炭化的植物遗骸，炭化作用使得有机质的植物转变为能够长期保存的无机质的炭化物质。针对炭化物质的特性，考古学者创造了"浮选法"，用以获取遗址中埋藏的炭化植物遗存。浮选法的原理实际非常简单，土壤中埋藏的炭化植物遗存即炭化物质的密度小于1，水的密度是1，而一般土壤颗粒的密度是2.65，所以，如果将遗址文化堆积土样放入水中，比水轻的炭化物质漂浮在水面，比水重的土壤颗粒沉入水底，这样就可以使炭化植物遗存和土壤分离，从而提取之。关于浮选法，后面我们还会讲到。

除了炭化植物遗存之外，由于特殊的埋藏和保存条件，一些考古遗址的文化堆积中也能够保存没有被炭化的植物遗骸。例如，被水浸泡形成的隔氧条件，或者极度干燥造成的完全脱水，这些特殊埋藏条件也能够使植物遗骸长期保存下来。前者最著名的例子是河姆渡遗址，后者如新疆小河墓地等位于沙漠戈壁内的考古遗址。

植物大遗存还包括木材碎块和炭化木屑，木材碎块虽然属于植物大遗存，但是它的鉴定方法采用的却是植物微小遗存的方法，需要在高倍显微镜下对植物的细胞结构如导管、筛管和纤维等，以及组织结构的特点进行辨别和分析，据此鉴定树木种属。

植物微小遗存中最为人所熟知的就是孢粉。孢粉实际是由两个词组成，即无性繁殖类植物的孢子和有性繁殖类植物的花粉，合称孢粉。由于孢子和花粉都有一层异常坚硬的外壳，所以孢粉具有在土壤中长期保存的能力，例如，目前发现的最古老的孢粉已经有上百万年的历史。但是孢粉的植物种属鉴定能力有限，一般仅能鉴定到属一级，很难鉴定到种。所以，虽然孢粉很早就被应用到考古研究中，但目前主要还是用在环境考古研究中，例如，复原古代植被和气候。而在复原古代人类生活方式方面，孢粉分析方法有些力不从心，所以应用较少。

相对而言，植硅体分析方法在考古学中的应用较为普遍，尤其在稻作农业起源研究中，植硅体分析方法具有一定的优势。包括水稻在内的稻属植物能够生产众多植硅体类型，其中有两个类型的特征十分明显，即水稻植株叶片的扇形植硅体和稻谷颖壳的双峰植硅体。中科院地质所的吕厚远先生对扇形植硅体开展过长期的研究，发现根据扇形植硅体的扇面边缘的凹坑数量，可以从统计学的意义上判别栽培稻和野生稻。双峰植硅体的研究是我在研究生期间开展的工作，我采用多元统计学分析方法对稻谷双峰植硅体进行分析，利用五个测量数据的综合参数判别栽培稻与野生稻。这两种方法都比较有效，目前被广泛应用在稻作农业起源的研究中。植硅体是植物在生长过程中吸收土壤中的液态硅并充填到细胞和组织中而形成的固态硅化物。植物产生植硅体是长期进化的结果，进化原理很可能是为了防止食草类动物的咀嚼，因此，不是所有的植物都进化有植硅体。幸运的是，禾本科植物是盛产植硅体的一类植物，而同人类关系最密切的就是禾本科植物，其中包括大部分谷物如水稻、玉米、小麦、大麦、高粱、粟和黍等，所以植硅体分析方法是一种重要的植物考古研究方法。

淀粉粒分析是近些年刚刚兴起的一种植物考古分析方法。淀粉粒是植物的储藏细胞，有些植物的淀粉粒可以根据在偏光显微镜下所显示出的内部结构特征进行植物种属鉴定。由于淀粉粒分析是一种新方法，目前还有很多问题需要解决和完善，例如淀粉粒的保存机制问题。与植硅体（无机质的硅石）和孢粉（具有坚硬外壳）不同，淀粉粒是葡萄糖分子聚合而成的纯有机物质，强度非常弱，温度超过40℃就会变形糊化。如此脆弱易损的淀粉粒是如何长期保存在考古遗址中的，这是需要今后认真探讨的问题，目前被广泛接受和认可的淀粉粒保存机制是古人牙垢中封存的淀粉粒、以及石器表面裂隙深处被封存的淀粉粒。淀粉粒分析的另一个问题是鉴定的准确度。事实上，所有的植物微小遗存的植物种属鉴定都是建立在统计学概念上的，包括植硅体和孢粉。生物进化是一个渐变过程，所以不同种属，特别是两个关联的种（例如栽培稻和野生稻），在生物特性上会有很大的相似性甚至一致性，因此植物界一般是依据综合的鉴定指标来进行植物种属鉴定，包括植株、叶片、根系、花蕾、果实和种子等。由于所有的植物微小遗存都细微到了细胞级别，所以在种与种之间相似度就更强，可利用的指标就更少，判别更加困难。因此，淀粉粒作为一种新的植物考古分析方法，虽然具有很大的应用潜力，但与孢粉和植硅体相比较，目前还不成熟，需要不断地完善。

二、植物考古的研究内容

植物考古是在考古研究中应用最为广泛的科技考古领域之一。人类与植物的关系非常密切,衣食住行都离不开植物,所以为了达到复原古代人类生活方式这个考古学的研究目的,自然离不开植物考古的参与。植物考古的研究涉及的学术问题很多,毫不夸张地讲,绝大多数考古发掘项目或科研课题都与植物考古有关。下面试举几例。

(一)人类食物结构的研究

古代人类食物结构是古代文化的显著标志之一,我们可以根据古人吃什么以及如何吃判断其文化属性。探讨古代人类食物结构是考古学研究中的一个重要课题,这个研究主要依靠植物考古和动物考古,因为人类的食物就是由植物类和动物类两大部分组成。

人类虽然属于杂食动物,但并不是什么都吃,有二个因素决定着人类对食物的选择。其一是基本营养成分需求,人类不论吃什么,都必须满足生存的基本营养需求。比如爱斯基摩人在冰天雪地中生活,以肉食为主,缺乏植物纤维和维生素的摄取,于是他们就通过食用生肉或驯鹿胃里未消化的植物残存以满足基本营养需求。其二是生态环境的限制,即我们常说的入乡随俗,当地有什么就吃什么。其三是文化观念的制约,每个人都是社会人,都归属于一个群体,这个群体可以叫社会,也可以称为文化。我们既然生活在这个群体中,日常生活便会受到这个群体的共同意识和传统观念的制约,其中包括食物的选择。

举例说明,中美洲农业起源中心区的家养动物驯化就受到了生态环境的限制。中美洲和南美洲安第斯山区是世界农业起源中心区之一,在现今我们食用的植物类农作物中,超过 30% 都起源于中南美洲,例如世界五大谷物之首的玉米,以及马铃薯、红薯、南瓜、西葫芦、花生和辣椒等,还有很多豆类都起源于中南美洲。中南美洲的古印第安人在农作物栽培方面取得了如此辉煌的成就,但在家养动物的驯化方面则显得颇为不足,目前我们可以确定的起源于南美洲的家养动物主要是羊驼,中美洲的有荷兰猪。事实上所谓的

"荷兰猪"既不是猪,也与荷兰这个欧洲国家无关,而是分布在中美洲热带雨林边缘地带的一种大老鼠,即豚鼠。中美洲古印第安人为什么要驯化一种大老鼠作为肉食来源呢?主要是受到了当地自然生态环境的限制。人类选择某种动物驯化,首要条件是该动物能够提供较多的肉量,具有驯化价值;其次是该动物必须温顺,有被驯化和饲养的潜力。一般而言,大型食草类动物是人类驯化的首选。但是中美洲的热带雨林不适合大型食草动物的生长,在当地茂密雨林中生活的体型最大的动物是猴子。我们常说"瘦得像只猴子"或"精得像只猴子",这些常识就说明了猴子不仅肉量少而且还难以驯化,所以当地古印第安人只好选择了一种体型肥大的豚鼠作为提供肉食来源的家养动物。这就是生态环境对人类食物选择的限制。

既然当地缺乏大型食草类动物作为驯化家养动物的选择,中南美洲古代先民只好在栽培作物上多下功夫,例如,驯化栽培出了许多豆类作物以及花生,用以补充对脂肪和蛋白质的基本营养需求;还驯化栽培出了各种辣椒品种,用以补充对维生素的需求。豆类作物在中南美洲人类食物结构中的重要性从现代当地食物特点就可以看出,玉米、豆类和辣椒是现代中美洲印第安人最主要的三种食材。例如,墨西哥餐厅一般有两种必备食物,一个是玉米面做的饼 Taco,另一个就是豆子煮的羹。由此可见,人类总是有办法选择食物以满足基本营养需求。

人类是社会动物,与其他物种不同的是,人类在选择食物时还受到社会传统文化或宗教信仰的制约或影响。这种例子俯拾皆是,例如佛教不食荤腥,苗族不食羊肉,印度教禁食牛肉,西方文化反对食用狗肉,等等。最有意思的例子就是发生在 2002 年世界杯期间的一次外交纠纷。当年是由韩国和日本联合举办世界杯,但韩国受到很多欧美国家的抵制,原因就在于韩国人有食用狗肉的习惯。结果韩国政府只好派官员四处游说,媒体也大力宣传,向世界各国解释韩国文化传统中没有食用狗肉的习惯。后来世界杯虽然如期举行,但这一事件在当时还是造成了极大影响。狗肉、足球和外交这三个毫无关联的因素竟然如此紧密地纠缠在一起,说明了食物与文化的关系,以及文化多样性的事实。

现代社会中食物与文化的密切关系对考古学研究也有很大的启示,在分析考古出土植物遗存时,一定要考虑到文化观念和传统对人类食物选择的影响。事实上,考古研究中已有类似例证。例如,两城镇和教场铺是在山东地区发现的两处重要的龙山时代考古遗址,根据出土遗迹遗物分析,二者之间存在着一定的文化差异,一般认为两城镇遗址是海岱龙山文化代表性遗址之一,但教场铺遗址究竟属于海岱龙山还是中原龙山存在争议。我们在这两处遗址均开展了系统的浮选工作以获取植物遗存。分析结果显示,两城镇先民所经营的是以稻作为主体兼种其他旱地农作物的稻旱混作农业生产方式,而教场铺先民所经营的是以粟和黍为主体农作物的典型的北方旱作农业生产方式,由此说明,教场铺遗址龙山时代古代先民的农业生产和饮食习惯与海岱龙山文化的明显不同,在文化属性上应属于中原龙山文化。

(二)农业起源研究

我常说,考古学的研究主要针对三个起源的问题,即人类起源、农业起源和文明起源。当然这个说法有些片面,但仔细分析会发现,现代考古学的大多数研究内容确实与这三大起源有关联,不论是直接的还是间接的。在三大起源中,农业起源尤为重要。农业的出现标志着人类开始拥有主动改造自然的能力,从而在有限的空间内获得充足、稳定,但品种相对单一的食物来源。其结果是定居生活方式出现,人口大幅度增长,人类社会发展加速,为古代文明的形成奠定了物质条件和经济基础。毫不夸张地讲,农业起源是人类社会发展的转折点。

农业的定义分为广义和狭义两种,广义的农业实际就是我们常说的第一产业,即以自然物为生产对象的产业,包括种植业、林业、畜牧业和水产养殖业等。狭义的农业仅包括种植业和由种植业提供饲料来源的家畜饲养业。农业的核心是种植业,种植的对象是植物,所以最能反映古代农业特点的实物证据应该就是通过考古发掘出土的植物遗存,因此农业起源的研究离不开植物考古的参与。

根据植物考古和动物考古以及相关学科的综合研究成果,现在已经可以确定全世界有四个农业起源中心区,一个是刚才提到的中南美洲农业起源中心区,另外三个是西亚农业起源中心区、中国农业起源中心区以及非洲北部农业起源中心区,这四个农业起源中心区都为世界做出了巨大贡献。例如,前面已经讲到的起源于中南美洲的农作物有玉米、马铃薯、红薯、花生、辣椒,各种瓜类以及各种豆类等。而起源于西亚农业起源中心的农作物有小麦、大麦、黑麦和燕麦,还有各种豆类以及许多蔬菜品种,家养动物有山羊、绵羊和黄牛等。起源于非洲北部农业起源中心区的有高粱、非洲水稻、非洲小米以及毛驴。我们中国农业起源中心区为世界驯化出了水稻、粟和黍两种小米、大豆、荞麦等农作物,以及猪、鸡等家养动物。不难看出,现今世界上最重要的农作物品种和家养动物品种都源自这四大农业起源中心区。

近些年来的植物考古以及相关学科的研究成果揭示出中国农业起源存在着不同源流:一是以沿黄河流域分布的,以种植粟和黍两种小米为代表的北方旱作农业起源;二是以长江中下游地区为核心的,以种植水稻为代表的南方稻作农业起源。最新的植物考古发现还揭示,在中国可能还存在着第三条农业起源源流,即分布在珠江流域地区的,以种植芋头等块茎类作物为特点的华南热带原始农业起源。

下面我们以稻作农业起源的研究为例,具体介绍植物考古在农业起源研究中的作用。提起稻作农业起源,大家马上都会想到浙江余姚河姆渡遗址。河姆渡遗址的盛名不仅广传于国内学术界,在国外院校的人类学或考古学的教科书中,凡是涉及稻作农业起源问题,一般也使用河姆渡遗址作为考古例证。河姆渡遗址的考古发现之所以轰动,主要归功于其特殊的埋藏环境,出土了异常丰富的水稻遗存。但是,鉴于当年的考古发掘缺乏包括植物考古在内的科技考古手段和研究方法,没有进行科学采样工作,所以水稻遗存的出土数量虽然惊人,但却无法开展科学的分析和比较,许多问题难以回答。幸运的是,本世纪初在河姆渡遗址附近又新发现了一处也是属于河姆渡文化时期的考古遗址,即浙江余姚田螺山遗址。

田螺山遗址的情况与河姆渡遗址几乎完全相同,我们甚至可以将田螺山遗址看作河姆渡遗址的复制品。例如遗址的埋藏条件,田螺山遗址所处区域也是地势湿洼,文化堆积长期被水浸泡,这种特殊的埋藏条件起到了有效的隔氧效果,为包括植物遗存在内的各种有机质文化遗物提供了良好的保存条件。但是与河姆渡遗址不同的是,在田螺山遗址的发掘过程中我们采用了多种科技考古方法和手段,尽可能地收集遗址中埋藏的古代文化信息,其中就包括采用浮选法和水洗法获取植物遗存。

田螺山遗址的浮选工作收获颇丰,除了大量的水稻遗存外,还浮选出土了许多其他可食用的野生植物遗存,例如菱角、芡实和橡子等。特别是橡子,不仅数量多,而且集中出土在几个储藏坑中,这说明橡子应该是被田螺山先民采集并有意识储藏在遗址内的。作为食物,橡子与水稻等谷物有许多相似之处。例如,橡子的成熟季节也是在秋季,橡子的果仁富含淀粉,经过浸沥脱涩可以食用,虽然不易消化,但能够充饥。包括水稻在内的各种谷物的最大优势是可以储藏,以备冬春季节的食物短缺。橡子也可以储藏,田螺山遗址出土的橡子就是集中发现在几个储藏坑内。由此看出,在可食用性、食用方式、收获季节和储藏功能等诸多方面,橡子与水稻基本相同。因此,对人类而言,橡子和水稻这两类食物是可以替换的,而不是互补性的,确切地讲,如果其中某一类能够得到充分供应,就没有必要再费力获取另一类。与水稻相比较,橡子加工复杂,不易消化,口感差,现今一般被当作灾荒年的无奈选择。特别是抗战期间,日本鬼子在东北地区大肆掠夺粮食作物,迫使当地老百姓以橡子面充饥,导致现在东北地区的老人一提起橡子面就充满了对日本鬼子的仇恨。所以,如果田螺山遗址的古代先民通过稻作农耕生产能够收获到足够的稻谷作为粮食,就完全没有必要再通过采集活动去获取并储藏橡子作为食物。换句话说,田螺山遗址的古代先民之所以要采集获取并储藏大量橡子作为食物,主要原因就是当时的稻作农业生产仍处在不发达的阶段,通过稻作生产获得的农产品不足以养活聚落居民,所以在迫不得已的情况下继续采集活动,以便获取野生的可食用植物补充对食物的需求。

田螺山遗址的植物考古研究证实了一个理论问题,即农业起源是一个漫长的渐变过程,在这个过程中,采集狩猎在人类社会经济生活中的比重日渐衰落,农耕生产的比重不断增强,最终农业取代采集狩猎成为社会经济的主体,人类社会发展进入农业社会阶段。

(三)文明起源研究

最新的考古研究揭示,农业起源与文明起源应该是一个相互衔接、一脉相承的人类社会发展过程,农业社会的建立为古代文明的出现奠定了基础,古代文明的形成反过来又促进了农业社会的建立和发展,所以古代文明起源研究也需要植物考古的参与,植物考古也可以给文明起源研究提供重要信息。例如,在近期刚结项的国家科技支撑计划课题"中华文明探源工程"的子课题"中华文明形成过程中的资源、技术和生业研究"中就包括了植物考古研究。

公元前3000年至公元前1500年期间,在中国南北的广阔区域同时存在着六个强势古代文化系统,即黄河下游地区的海岱龙山/岳石文化、黄河中游地区的中原龙山/二里头文化、西北地区的齐家文化、长江下游地区的良渚文化/钱山漾和广富林文化、长江中游地区的屈家岭文化/石家河文化以及西辽河流域地区的红山文化/夏家店下层文化。我们在这六个区域开展了系统的植物考古工作,结果发现,在中华文明形成时期这六大文化区系的农业生产特点和发展模式不尽相同,大体可分为四种农业生产方式:(1)以种植粟和黍这两种小米为特点的古代北方旱作农业;(2)以种植水稻为特点的稻作农业;(3)以稻旱混作为特点的农业生产,即水稻与粟和黍两种小米都是当地农作物布局中的主体农作物;(4)以多品种农作物种植为特点的农业生产,即在一个区域内同时种植对生长条件需求不同的多种农作物,如旱地作物、水田植物、秋熟作物和夏熟作物等。

在古代社会,多品种农作物种植具有以下几个优势:其一,由于不同农作物品种对土壤、水分、阳光等生长条件的要求不同,采用多品种农作物种植可以充分利用可耕土地和种植季节,提高一个区域内农业生产总值。其二,由于大多数农业灾害是限定在某些农作物品种上的,例如,水田作物对旱灾比较敏感,涝灾影响大的是旱地作物,危害夏熟作物的杂草组合与危害秋熟作物的不同,威胁豆类作物的病虫害一般不会侵扰谷类作物,等等,因此多品种农作物种植能够有效应对各种自然灾害对农业生产的影响。其三,多品种农作物种植可以开创新的人工生境,为增加植物种类的多样性和引进新农作物品种提供先决条件。

在现代社会,单品种农作物种植的优势在于有利于大田管理,可以在大规模种植的情况下统一施肥、浇灌、除草和收获等。但是在缺乏现代农业生产技术和条件支撑的情况下,单品种农作物种植具有潜在的危害性。例如,历史上著名的爱尔兰大饥荒就是由单品种农作物种植制度造成的。哥伦布发现新大陆后,玉米、马铃薯和西红柿等美洲农作物逐渐被传播到了欧洲。由于马铃薯的耐逆性强,产量高,很快便成为了欧洲那些农业生产条件欠佳的国家和地区的主要农作物品种。例如19世纪的爱尔兰,其境内农业生产都是以种植马铃薯为主,属于典型的单品种农作物种植。不料在19世纪中叶突然出现了一种马铃薯病害,并迅速蔓延,导致整个爱尔兰地区农业生产颗粒无收,由此引发了连续几年的大饥荒,饿死了上百万人。可见单品种农作物种植的危险性。

我们的植物考古研究揭示,在中华文明的形成时期,只有黄河中游地区的农业生产是以多品种农作物种植为特点的,而黄河中游地区又是夏商周文明的核心区域,所以农业的发展应该与文明的起源存在着某种相应关系。所谓"五谷丰登",即多品种农作物种植对中华文明起源而言,不是赞美之词,而是必要条件。

三、植物考古的研究方法

植物考古的研究方法可分为两部分,一是田野方法,二是实验室方法。实验室方法主要是针对专业的植物考古工作者,植物考古的田野方法却与所有考古工作者都有关联,大家应该有所了解,特别是其中应用最为广泛的浮选法。基本的植物考古田野方法即包括浮选法和样品采集方法。

当前,浮选法是通过考古发掘发现并获取植物遗存的最为有效的方法,但实际上浮选法很晚才被应用到考古发掘中。在相当长的时期内,考古学界曾苦于没有一个有效的田野方法发现和获取考古遗址中埋藏的植物遗存,这种状况一直延续到了20世纪60年代的新考古学时期。前面已经讲到,新考古学运动提出的两个口号在考古学界引起很大反响,即复原古代人类生活方式和解释人类文化的发展过程。但是,如果通过考古发掘无法获得与人类生活关系最为密切的植物遗存,所谓复原古代人类生活方式也就无从谈起。因此,在这种急迫需求的压力之下,浮选法应运而生。1962年美国考古学者斯图尔特·施特吕弗(Stuart Struever)在其主持的一个考古发掘中,为了获取遗址中埋藏的那些肉眼难以发现的细小文化遗存,采用了水洗遗址堆积土样的方法。他使用的设备非常简单,仅是一个装有筛网的铁桶,水洗过程也比较原始,在遗址旁的一条河流中由人力操作,但结果却出乎所有人的意料,大量的炭化植物遗存浮出水面,由此获得了丰富的植物遗存,这就是最早的浮选法实例。新考古学运动的核心学者之一,美国圣路易斯华盛顿大学的帕蒂·乔·沃特森(Patty Jo Waston)敏锐地发现了浮选法的价值，立即与其他学者一同开始大力推广和普及浮选法在考古学中的应用，她评价浮选法的应用是"考古发掘技术的一场革命"。由于浮选法操作简单且成效显著，因此在欧美考古学界迅速得到普及，很快成为了考古发掘工作中的规定方法。

　　浮选法的出现解决了在考古发掘过程中获取植物遗存这一难题，突破了发掘技术上的瓶颈，在当时就如同打开了阿里巴巴的宝库，考古学界突然一夜暴富，大量的植物遗存通过考古发掘不断地被发现，考古库房内充满了新出土的珍贵的古代植物遗存。接踵而来的问题是缺乏专业的研究人员，于是一些年轻的考古学者在植物学家的培训下，或一些年轻的植物学者在考古学家的培训下，开始专门从事对考古出土植物遗存的鉴定和分析。随着田野技术和研究方法的逐渐完善，研究队伍的不断壮大，一个新的学科领域即植物考古学就此诞生。毫不夸张地讲，是浮选法的应用催生了植物考古学科的出现。

　　在植物考古学科的形成时期，我国恰处在十年动乱中，几乎所有的人文学科都处于瘫痪状态，考古学也出现了长期的停滞。动乱结束后，中国考古学逐渐恢复并开始尝试接触国外考古的一些新理念与新方法。其中最著名的就是1992年俞伟超先生主持的河南渑池班村遗址考古发掘，俞先生提出要在这次发掘中尝试当时国际上应用的新技术和新方法，以便观察是否适合中国考古发掘工作的特点，这其中就包括了浮选法。另一次尝试是1993年由严文明先生和美国马尼士博士(Dr. S. MacNeish)联合主持的江西万年仙人洞/吊桶环洞穴遗址的考古发掘，这是十年动乱之后被国家批准的最早的中外合作考古发掘项目之一，属于典型的多学科考古项目。由于我当时正在美国学习植物考古，所以有幸参加此次发掘，并开展了浮选工作。遗憾的是仙人洞/吊桶环遗址的浮选结果不理想，仅出土了少量的炭化木屑，最后我只好改用植硅体分析方法进行植物考古研究。

　　虽然浮选法早在20世纪90年代初就已经传入中国，但中国考古界浅尝辄止，很快就放弃了这种新方法，一直到本世纪初浮选法才重新得到重视。实际上，当时的中国考古界已经意识到植物考古的重要性，虽然对浮选法兴趣索然，但却对另外一种植物考古研究方法即植硅体分析方法青睐有加，原因之一便在于中国考古学界对浮选法的误解。当年有学者曾撰写并发表了一篇专门介绍浮选法的文章,但这篇文章把浮选法的原理和操作过程描述得过于"科技",文章中既有化学分子式,又有数学公式,甚至还有力学图示,玄之又玄,给考古学者造成了很大的困惑和误解,认为浮选法是一种深奥复杂的自然科学实验手段,因此在当时并没有引起中国考古学界的普遍反响。事实上,浮选法是一种非常容易理解和操作的田野考古方法,浮选法的原理和操作方法用一句话就可以解释清楚,那就是炭化植物遗存比水轻,将土壤放入水中,炭化植物遗存就会脱离土壤漂浮到水面,如此简单而已。

采样方法是植物考古田野方法中的关键。前面讲到了,植物考古学的研究目的是认识和了解古代人类与植物的相互关系,进而复原古代人类生活方式和解释人类文化的发展与过程。为达到这一目的,必须要伴随考古发掘,采用科学的样品采集方法获取植物遗存。从统计学的概念上讲,"样品"是能够代表总体的一部分,样品量可大可小,但必须具备普遍性和代表性,以便通过样品分析能够做出对总体情况的推断。由于样品仅是总体的一部分,所以样品肯定是有误差的,样品的误差率与样品的数量成反比。样品的采集方法和样品数量取决于采样对象即总体量的大小,以及我们对推断结果准确率的期望值,这就是采样方法的基本原则。具体地讲,如何采集植物考古土样,应该根据考古遗址的特点和发掘规模的大小,以及我们对植物考古研究结果的要求和期待值等因素综合考虑,然后设计出一种切实可行的采样方法。

以浮选样品的采集方法为例,比较常用的有剖面采样法、网格式采样法和针对性采样法。

剖面采样法是指从揭露的或自然裸露的遗址剖面上采取土样,这种方法主要适用于对某个遗址的小规模试掘,以便初步了解该遗址各文化层中植物遗存的保存和埋藏情况,为今后正式发掘获取植物遗存打下基础。剖面采样法也可以应用于对一个区域内考古遗址群的调查,系统地了解该区域内各遗址植物遗存的基本情况,以便为综合分析聚落分布与自然生态环境的相互关系,以及区域内人类经济形态的发展规律提供参考资料。

网格式采样法是目前国外考古发掘中最常用的一种采样方法,是指在一个堆积范围内打出网格,系统地采取土样进行浮选,范围可大可小,大至整个遗址,小到一个房址甚至一个灰坑。网格式采样法一般用于发掘经费和时间都比较宽裕的考古发掘项目,以便能够精确地了解一个遗址内埋藏的植物遗存的完整情况,或该遗址中一个特定的堆积范围内植物遗存的埋藏和分布规律。但网格式采样法在中国考古发掘中很难操作,这不完全是因为经费问题,主要是因为我国考古发掘面积一般都比较大,遗址内遗迹非常多,相互打破和叠压关系复杂,如果采用网格式采样法获取浮选土样,不仅费事费力,而且影响考古发掘工作的进度和流程。为解决这个问题,我根据中国考古的实际情况,自己创造了一种新的浮选样品采集方法,称之为"针对性采样法"。

针对性采样法是指针对遗址中不同的埋藏背景进行系统的采样,包括灰坑、灰沟、房址、灶坑、窖穴、墓葬和器物内存土等各种遗迹或现象。由于我国的考古遗址,特别是史前居住址大多数是土遗址,遗迹现象众多,遍布整个遗址分布范围,所以如果我们能够针对每一处遗迹都采集一份浮选土样,其效果不亚于网格式采样法,采集到的样品完全能够具有普遍性和代表性。针对性采样法的最大优势是操作简单,因为在考古发掘过程中对每一处遗迹都要进行认真发掘和清理,只要将从遗迹内清理出来的土壤收集装袋,填写标签,就成为了一份浮选土样,几乎没有增加任何额外工作量。所以针对性采样法受到了大多数考古发掘领队的喜爱,现在已经成为了应用最为普遍的一种浮选样品采集方法。

样品采集后一般是在发掘现场进行浮选。浮选可以使用特制的设备如水波浮选器,操作较为复杂,但效率高。也可以使用水桶浮选,方法简单,将土样放入水桶中,用棍棒充分搅拌,然后将表面浮起的黑色炭化植物遗存过筛提取即可。

四、结语

植物考古学属于考古学的研究范畴,是考古学中科技考古的一个研究领域,包括植物考古在内的科技考古是利用自然科学的研究手段解决和回答考古学的问题。现代考古学的研究目标是复原古代人类生活方式和解释人类文化的发展过程,由于植物与人类的生活息息相关,复原古代人类生活方式离不开对植物遗存的研究,植物考古学自然就成为了现代考古学中不可缺少的组成部分。植物考古的研究必须与田野考古紧密结合,在发掘项目实施之前就提出明确的植物考古学研究目标。同时根据遗址的特点和发掘规模设计出适当的植物遗存获取手段,运用植物考古学理论和研究方法对获得的植物遗存进行科学的定性定量分析,诠释植物遗存所反映的文化内涵和社会背景,最后将分析结果融合到整个发掘项目的研究成果中,以期达到复原古代人类生活方式和解释人类文化的发展过程这一考古学的研究目的。

第六讲

动物考古与生业考古

袁 靖

根据人工遗迹遗物的形态特征,我们可以看到公元前3500年到公元前2500年,不同的中国新石器文化地区有着不同的文化面貌。随着时间的发展,到公元前1800年至公元前1500年,最典型的遗址是中原地区的二里头遗址。将二里头遗址的人工遗迹和遗物与同时代其他遗址的遗迹遗物进行比较,可以清楚地发现二里头遗址的整体发展水平明显地高于其他地区。这也是考古学研究的第一步,即首先要把遗址出土的人工遗迹、遗物的物质形态特征搞清楚,把它们的演变过程、演变特征搞清楚,以此为依据,进行文化谱系的构建。尽管构建文化谱系的工作还可以继续深化、更加细致,但这并不是当今考古学研究的主要目的。今天,考古学研究的一个主要目的在于探讨为什么,即讲清楚文化谱系为何如此演变和发展。

要探讨这一问题就需要从各方面进行研究,科技考古理所当然地要参与其中。科技考古的目的是解决考古问题,只是使用的方法可能与田野考古发掘不一样。科技考古通过特定的角度进行分析,总结一些跟考古学文化的发展变迁有密切相关作用的特征。今天主要讲三个方面,首先是目标、思路和方法,关于方法主要介绍动物考古的研究方法,其次是阐述中原地区各遗址出土的动植物遗存,最后是对这些资料的讨论。

一、目标、思路和方法

恩格斯在马克思墓前说过,马克思发现了人类历史的发展规律,即历来为繁茂芜杂的意识形态所掩盖着的一个简单事实:人们首先必须吃喝住穿,然后才能从事政治、科学、艺术、宗教等。因而一个民族或一个时代的一定的经济发展阶段,便构成为基础。生活资料的生产是基础,人们的国家制度、法的观点、艺术以至宗教观念就是从这个基础上发展起来的,因而也必须由这个基础来解释,而不是像过去那样相反。我们把这段话的内容概括起来说,就是生产力决定生产关系,经济基础决定上层建筑。

中国考古学在研究经济基础方面一直很薄弱,因为缺乏这方面的研究思路,这方面的研究从采样开始就没有把工作做好。虽然中国考古学开始的时间很早,但是浮选法的应用、动植物考古的普及都非常晚。在相当长的时间内,中国考古学家们没有注意、收集这些材料,更不用说研究这些材料,没有材料就没有研究的基础,光凭文献是无法说明问题的。所以我们要想从经济基础的研究方面开展讨论,具体地说,就是要像以往考古学文化类型的研究一样,首先聚焦一个个具体遗址的人工遗迹和遗物,从具体遗址的人工遗迹和遗物出发,归纳出类型的特征,经过凝练多个类型的特征,归纳出文化的面貌。做生业的研究也是如此,必须从一个个具体遗址着手,开展动植物考古研究,完成一个遗址的动植物考古研究工作,再做属于同一个类型的另一个遗址的动植物考古研究,不断持续下去,最后概括出一个类型或一个文化的生业特征,这样才能为深入开展考古学研究奠定基础。

生业考古研究包括植物考古和动物考古。这里主要讲动物考古学的内容,首先介绍动物考古学的研究方法。

开展动物考古学研究,首先是将考古发掘中发现的动物遗存收集起来。收集方法有两种:一是直接采样,由于动物遗存相对来说比植物遗存明显要大许多,肉眼可以发现,因此在发掘过程中一发现就直接采集;二是针对性采样,选择特殊遗迹,结合植物考古的浮选法,将浮选过程中产生的重浮的遗存收集起来,从中挑出动物遗存。采集动物遗存之后,接下来是室内鉴定工作。需要对全部动物遗存鉴定种属、确认部位和判定左右。鉴定完成后要进行定量统计,定量统计有两种方法:一是可鉴定标本数,即统计可以鉴定为同一种属的骨骼数量是多少,比如在一个遗址里发现了几块猪肩胛骨、几块猪下颌骨、几块猪大腿骨、几块猪胫骨,将这些骨骼的数量合到一起,最后给出一个总数。一个遗址中除了猪的骨骼之外,还会发现其他动物的骨骼,也用这个方法进行鉴定和统计。把各类动物骨骼的数量加到一起,就可以通过计算,得出各类动物在动物总数中的百分比,知道哪种动物多,哪种动物少。我们在实践中会发现,一个遗址出土的属于同一种属的多块动物骨骼很可能来自于同一个体,所以一种动物骨骼数量的多少并不能一定说明该种动物个体数的多少。这个问题就需要用最小个体数的统计方法来解决,这就是第二种定量统计的方法。每个动物的骨骼数量是有一定规律的,比如下颌,有左边的下颌,那么相对应的就一定有右边的下颌,且每个动物也只有一左一右两块下颌,其他部位的骨骼也是如此,部位、左右都是有定规的。如果遗址中出土两块猪的左下颌,一块右下颌,我们可以说这个遗址中至少有两头猪,因为每头猪只有一块左边的下颌,而那块右边的下颌,有可能跟已经发现的左边的下颌是一个个体,也有可能跟这两块左边的下颌不是一个个体,因为无法准确地判断,我们就说这个遗址至少存在两头猪,划出一条底线。这就是最小个体数的统计方法。所以,从某种意义上说,最小个体数相比可鉴定标本数更加精确。但是,考虑到考古发掘的偶然性和不确定性,比如考古发现的某类动物遗存的多个部位分别属于不同的个体,个体数实际很多,但是按照最小个体数的统计方法,其个体数就十分有限。因此,可鉴定标本数也是我们统计动物遗存的一个重要方法,上述两种方法要互相参考。

在动物考古研究中一个很重要的内容是判定家养动物。在北方地区史前遗址的动物考古研究中,我们发现家养动物的种类和数量是从早到晚越来越多的,古人根据自己的需要,把饲养家畜作为获取肉食资源和从事与上层建筑相关的活动的重要来源。因此,对家养动物开展研究是动物考古学研究的重要内容。对家养动物开展研究,首先面临的问题是如何判定家养动物,这需要科学的依据和标准。我们通过长期的研究,建立了判断家养动物的系列标准,主要有八条:一是形态学的测量,对动物的各个部位进行测量,判定它们的尺寸。动物形态学的测量方法和测量点与国际上的动物考古测量方法是接轨的,所以动物考古学的测量方法具有十分科学的依据。二是年龄结构,遗址里出土同一种动物的多个个体,其年龄结构是不同的,这种年龄结构很可能与古人的需求及行为相关。比如,对众多遗址出土的猪的下颌进行年龄鉴定,结果发现了一个很有趣的现象——猪的年龄往往集中在一岁左右,其原因就在于古人宰杀猪有一定的年龄标准。我们推测如果是通过狩猎行为获取野猪,古人碰到野猪就会捕猎,什么年龄段都可能出现,那么猪的年龄结构就不会如此集中。因为古人养猪是为了吃肉,养两年甚至更长时间,猪的肉量增加并不明显,不如再养头猪仔来得划算;此外,一岁左右的猪的肉也更加细嫩、好吃。由此可见,遗址出土的猪是由古人饲养的,其年龄结构是被人完全控制的。三是数量比例,比如在新石器时代早期遗址出土的动物群里,猪的数量很少。当时主要是通过狩猎获取动物,因为猪在自然界生物圈里的数量本来就很少,被人捕获的个体就很有限。但是,在新石器时代中晚期的考古遗址里发现猪的数量明显增多,占据多数或绝大多数,这就和古人饲养家猪,有意识地扩大猪的繁殖数量密切相关。四是考古现象,在遗址里,尤其是墓葬里,家养动物会同人埋在一起。这是我们长期开展动物考古的经验总结,我们发现,田野考古发现的墓葬中随葬的动物几乎都是家养动物,尤其是单独挖坑埋葬的,可能与祭祀相关的动物。五是新的物种,如果一种动物,比如说马,在这个地区从 4000 年前的数千年里没有发现过,但是从 4000 年前开始出现,而且在以后的数千年里持续出现,这也是将其判定为家养动物的依据,这类家养动物是通过人的文化交流传入的。六是碳氮稳定同位素分析,依据人和动物的碳氮稳定同位素分析数据,探讨动物的饮食与人的是否相似或相同,是否食用农作物。比如北方地区新石器时代晚期以来,人的 $\delta^{13}C$ 值属于 C_4 类,这与其植物性食物是小米密切相关。而如果猪的食谱中也是 C_4 类,则可能是因为食用了人的残羹剩饭及小米的秸秆等原因。七是 DNA 分析,搞清楚物种的谱系,比如黄牛的谱系是 T3 型,绵羊的谱系是 A 型或 B 型,这些都可以追溯到起源于西亚地区的黄牛和绵羊。八是锶同位素分析,每个地方都有其独特的锶同位素比值,通过判断某种动物的锶同位素比值是属于当地的还是外来的,也可以看出其是土生土长的,还是通过文化交流传入的,而家养动物往往与文化交流相关。当然,土生土长不是判断其为家养动物或野生动物的重要依据。如果把上面所说的各种标准放在一起,形成系列的依据,这样对于考古遗址出土的动物遗存是否属于家养动物,就能做出比较全面的判断。动物考古学研究就是这样经过系列的、严密的论证，经得起科学的检验。

二、中原地区各遗址出土的动植物遗存

在介绍完动物考古学的基本方法之后，我们来看具体的实例。多年来，在中原地区发现了大量的属于公元前 3500 年至前 1500 年的考古遗址，其中，属于仰韶文化庙底沟类型和大河村类型的遗址、属于王湾三期文化的遗址、属于新砦文化的遗址和属于二里头文化的遗址的数量都相当多，有些文化类型的遗址数量超过数百处。依据类型学的研究结果，属于同一文化类型的遗址在人工遗迹和遗物的特征上具有较强的一致性。但是，在这些遗址中真正开展过植物考古和动物考古的数量极少，这里按照时间早晚列举五个具有典型意义的遗址的研究结果，另外，我还收集了其他遗址的相关研究结果，分别阐述如下。

（一）河南省灵宝县西坡遗址

公元前 3600 年前后的西坡遗址是属于仰韶文化庙底沟类型的居住遗址，公元前 3300 年至前 2900 年的西坡墓地也属于仰韶文化庙底沟类型，其与西坡遗址的关系当为一个连续发展过程中的不同阶段。由于西坡墓地没有发现与生业相关的遗物，这里以经过植物考古和动物考古研究的西坡遗址为例，尽管年代偏早，但因为同属于庙底沟类型，所以没有从根本上影响我们的科学认识。

从植物考古学的研究结果看，在西坡遗址出土的炭化农作物遗存中，粟的数量比例约占所有出土农作物籽粒总数的 91%，出土概率为 91%；黍占 9%，出土概率为 82%；两种小米合计在农作物籽粒总数中所占比例高达 99%。水稻的数量占所有出土农作物籽粒总数的 0.6%，出土概率为 36%。根据统计结果，西坡遗址的农业生产是以种植粟和黍两种小米为主，当时的水稻数量极少，不能完全肯定是传入的还是在当地种植的。

从动物考古学的研究结果看，家养动物主要为猪和狗，野生动物以鹿科为主。家养动物约占全部哺乳动物总数的 63%，野生动物约占 37%，以家养

动物为主。在家养动物中猪的最小个体数约占总数的 98%,狗占 2%。

通过对西坡出土人、猪、狗骨的碳氮稳定同位素分析,发现人的 $\delta^{13}C$ 值较高,31 个个体的 $\delta^{13}C$ 值为 -12.4‰~-7.9‰,平均值为 -9.7‰,他们的食物基本属于 C_4 类,与遗址中出土的农作物遗存以小米为主完全吻合,鉴于这个地区的自然植被以 C_3 类为主,研究人员认为人的 $\delta^{13}C$ 值反映出当时人的主食可能属于小米类;狗和家猪的 $\delta^{13}C$ 值与人的相似,狗的 $\delta^{13}C$ 值为 -8.2‰,2 例猪的 $\delta^{13}C$ 值为 -7.4‰ 和 -7.7‰,均高于人的 $\delta^{13}C$ 值,它们可能食用了小米的壳及人的粪便等。

(二)河南省禹县瓦店遗址

瓦店遗址属于公元前 2200 年至前 1900 年的王湾三期文化。

从植物考古学的研究结果看,在瓦店遗址出土的农作物遗存中,粟的数量比例占所有出土农作物籽粒总数的 52%,出土概率为 66%;黍占 9%,出土概率为 50%;两种小米合计在农作物籽粒总数中所占比例为 61%。稻谷占 26%,出土概率为 62%,小麦占 0.2%,出土概率为 4%;大豆占 13%,出土概率为 45%。瓦店遗址已经具备五种农作物。根据统计结果,瓦店遗址的农业生产同样以种植粟和黍两种小米为主,但是水稻的数量明显增加,由于发现了水稻的小穗轴,因此可能是在当地脱粒,即在当地种植的。小麦的数量极少,不能肯定是否属于这个时期,大豆的形态已经脱离了完全原始的状态,属于农作物。

从动物考古学的研究结果看,狗、猪、黄牛和绵羊是家养动物,野生动物以鹿科为主。第一期家养动物约占哺乳动物总数的 64%,野生动物约占 36%;在家养动物中,猪的最小个体数约占总数的 78%,狗和黄牛各占 11% 左右,没有发现绵羊。第二期家养动物约占 67%,野生动物约占 33%;在家养动物中,猪约占 69%,狗和绵羊各占 13%,黄牛占 6% 左右。第三期家养动物约占 73%,野生动物约占 27%;在家养动物中,狗约占 35%,猪和绵羊各占 24%,黄牛占 18% 左右。由上可见各期都以家养动物为主。从各种家养动物的数量看,猪虽然占据多数或接近多数,但从早到晚有减少的趋势,绵羊在一期不见,二、三期逐渐增多,黄牛三期比一期多,狗的数量不稳定。

碳氮稳定同位素的测试结果显示,人的 $\delta^{13}C$ 值多数分布在 -10.8‰~

−8.7‰之间,食物主要来自 C_4 类,有 3 个个体分别为 −13.1‰、−14.5‰ 与 −15.0‰,应该是食用了一定比例的 C_3 类食物;狗的 $\delta^{13}C$ 值为 −11.0‰~ −8.5‰,食物主要来自 C_4 类;猪的为 −16.1‰~−8.1‰,除 −16.1‰ 这个数据偏低,原因尚需讨论之外,其他 9 只猪的 $\delta^{13}C$ 值为 −12.4‰~−8.1‰,表明其食物主要来自 C_4 类;黄牛的为 −15.1‰~−9.4‰,多数个体以 C_4 类食物为主食,2 例黄牛食用了较高比例的 C_3 植物;绵羊的为 −17.3‰~ −16.0‰,以 C_3 类食物为主食,并食用了较高比例的 C_4 类食物。这个地区的自然植被同样以 C_3 类为主,鉴于遗址中出土的农作物遗存以小米为主,兼有水稻,由此可以推测,粟类是瓦店先民食物结构的主体,但稻类的贡献也是显而易见的,尤其在某些人的食物结构中的重要性甚至与粟类食物不相上下。狗和家猪的 $\delta^{13}C$ 值则表明,它们可能主要以小米的壳及人的粪便等为食;黄牛的接近 C_4 类,主要由人工喂养小米的秸秆的可能性很大;绵羊主要食草,可能也食用人工喂养的小米的秸秆等。

(三) 河南省登封县王城岗遗址

王城岗遗址的文化堆积可以分为公元前 2020 年至前 1900 年的王湾三期文化、公元前 1800 年至前 1500 的二里头文化时期及比这个年代更晚的其他几个时期。这里主要阐述王湾三期文化和二里头文化时期的研究结果。

从植物考古学的研究结果看,王湾三期文化时期粟的数量比例约占所有出土农作物籽粒总数的 93%,出土概率为 94%;黍占 6%,出土概率为 60%;两种小米合计在农作物籽粒总数中所占比例为 99%;稻谷占 0.3%,出土概率 17%;大豆占 0.03%,出土概率为 4%。二里头文化时期粟约占 80%,出土概率 79%;黍占 8%,出土概率 71%;两种小米合计在农作物籽粒总数中所占比例为 88%;稻谷占 2%,出土概率为 57%;小麦 10%,出土概率 79%;大豆占 1%,出土概率 26%。两相比较,二里头文化时期小米的比例略有减少,其他几种谷物则不同程度地有所增加。

从动物考古学的研究结果看,狗、猪、黄牛和绵羊是家养动物,野生动物以鹿科为主。王湾三期文化时期家养动物约占哺乳动物总数的 81%,野生动物约占 19%;家养动物中猪的最小个体数约占 60%,狗占 20%,黄牛和绵羊各占 10% 左右。二里头文化时期家养动物约占 76%,野生动物约占 24%;家养动物中狗、猪、黄牛和绵羊各占 25% 左右。这两个时期都以家养动物为主。从各种家养动物的数量看，自王湾三期文化到二里头文化时期，家猪的数量有所减少，相应地黄牛和绵羊的数量有一个明显增加的过程，狗则大致保持一定的比例。

碳氮稳定同位素的测试尚未完成，从现有的结果看，只有属于商代中期（公元前 1400 年前后）的黄牛和春秋时期（不会早于公元前 700 年）的猪各 1 头，黄牛的 $\delta^{13}C$ 值为 $-12.5‰$，猪的为 $-8.1‰$，均表现出它们以 C_4 类食物为主食，具体解释与瓦店遗址相同。

（四）河南省郑州市新砦遗址

新砦遗址的文化堆积可以分为公元前 2200 年至前 1900 年的王湾三期文化、公元前 1850 年至前 1750 年的新砦文化和公元前 1700 年至前 1500 年的二里头文化这样三个时期。

从植物考古学的研究结果看，由于工作还没有完成，现在仅仅知道在二里头文化时期，粟的数量比例约占所有出土农作物籽粒总数的 67%，出土概率为 52%；黍占 13%，出土概率为 32%；两种小米合计在农作物籽粒总数中所占比例为 80%；稻谷占 12%，出土概率为 28%；小麦占 4%，出土概率为 4%；大豆占 3% 左右，出土概率为 12%。所谓五谷丰登的五种农作物都具备了。

从动物考古学的研究结果看，狗、猪、黄牛和绵羊是家养动物，野生动物以鹿科为主。王湾三期文化时期家养动物约占哺乳动物总数的 88%，野生动物占 12%；家养动物中猪的最小个体数约占 83%，狗占 8%，黄牛占 6%，绵羊占 4%。新砦文化时期家养动物约占 76%，野生动物占 24%；家养动物中猪约占 71%，绵羊占 14%，黄牛占 9%，狗占 6%。二里头文化时期家养动物约占 76%，野生动物占 24%；家养动物中猪约占 46%，绵羊占 30%，狗和黄牛各占 12% 左右。自王湾三期文化到二里头文化时期都是以家养动物为主，家养动物中家猪的数量虽然始终占据多数，但是从早到晚有减少的趋势，相应地，黄牛和绵羊的数量有一个从少到多的过程，其中绵羊的变化特别明显，而狗的数量略有起伏。

另外，新砦遗址的绵羊的年龄结构中高于 3 岁的占据多数，与国外学者对在西亚地区新石器时代遗址绵羊年龄结构的研究结果进行对比,这些绵羊也有可能是用于剪羊毛的。

碳氮稳定同位素的测试结果显示,狗的 $\delta^{13}C$ 值为 $-12.8‰\sim-7.9‰$,食物基本属于 C_4 类,猪的为 $-20.8‰\sim-7.1‰$,其中 2 个个体分别为 $-20.8‰$ 和 $-16.4‰$,$\delta^{13}C$ 值非常低,对这 2 个同位素的数据尚需讨论,其他 11 个个体为 $-10.7‰\sim-7.1‰$,猪的食物同样基本来自 C_4 类,黄牛的为 $-12.5‰\sim-7.0‰$,食物基本来自 C_4 类,绵羊的为 $-16.2‰\sim-11.5‰$,既有以 C_3 类为主食者,也有以 C_4 类为主食者。关于不同动物的 $\delta^{13}C$ 数据的解释,多与前面的相同,要强调的是新砦遗址的绵羊也较多地食用人工喂养的小米的秸秆等。

(五) 河南省洛阳市二里头遗址

二里头遗址包括二里头一至四期文化、二里岗上下层文化及汉代遗存,其中二里头文化年代为公元前 1750 年至前 1500 年。这里主要阐述属于二里头文化的一期至四期的研究结果。

从植物考古学的研究结果看,二里头文化时期粟的数量比例约占所有出土农作物籽粒总数的 58%,出土概率为 91%;黍占 9%,出土概率为 64%;两种小米合计在农作物籽粒总数中所占比例为 67%;稻谷占 32%,出土概率为 70%;小麦占 0.02%,出土概率为 1%;大豆 0.8%,出土概率为 29%。尽管五种农作物都存在,但是稻谷的比例很高,这可能与出土地点主要位于贵族居住区有关。

从动物考古学的研究结果看,狗、猪、黄牛和绵羊是家养动物,野生动物以鹿科为主。二里头遗址一期家养动物约占全部哺乳动物总数的 91%,野生动物占 9%;家养动物中猪的最小个体数约占 50%,黄牛和绵羊各占 25% 左右,没有发现狗(这期动物骨骼标本的数量较少,这个结果只能作为参考)。二期的家养动物约占 81%,野生动物占 19%;家养动物中猪约占 74%,绵羊占 20%,黄牛占 5%,狗占 4%。三期的家养动物约占 77%,野生动物占 23%;家养动物中猪约占 58%,绵羊占 30%,黄牛占 9%,狗占 5%。四期的家养动物约占 85%,野生动物占 15%;家养动物中猪约占 72%,绵羊占 17%,黄牛占 8%,狗占 3%。一到四期的哺乳动物都以家养动物为主。家养动物中虽然都以家猪占据多数,但猪的比例有减少的迹象,三、四期绵羊和黄牛的数量都比二期要多,而狗的数量一直最少。在四期绵羊的年龄结构中也发现高于 3 岁的占据多数,与新砦遗址的情况类似,这些绵羊也有可能是用于剪羊毛的。

碳氮稳定同位素的测试结果显示,狗的 $\delta^{13}C$ 值为 $-12‰ \sim -7.4‰$,其食物基本来自 C_4 类,猪的为 $-19.2‰ \sim -7.2‰$,除 1 个个体为 $-19.2‰$、3 个个体为 $-16.9‰ \sim -14.8‰$,对这 4 个同位素的数据尚需讨论,其他 19 个个体均位于 $-12.4‰ \sim -7.2‰$,这些猪的食物同样基本来自 C_4 类,黄牛的为 $-12.3‰ \sim -7.4‰$,食物基本来自 C_4 类,绵羊的为 $-18.4‰ \sim -12‰$,既有以 C_3 类为主食者,也有以 C_4 类为主食者。关于不同动物的 $\delta^{13}C$ 数据的解释,多与前面的相同。

DNA 的研究结果证实,二里头遗址的绵羊属于谱系 A,谱系 A 最早起源于西亚地区。二里头遗址的黄牛属于 T3 型,T3 型也是在西亚地区起源。

(六)其他相关遗址

尽管仅有上述五个遗址系统、科学地做过动植物考古研究,数量十分有限,但是从已经发表的资料看,还有一些遗址的研究成果可以作为参考。如有两个遗址包含有动植物考古的研究结果,在公元前 2900 年至前 2400 年的渑池县班村遗址庙底沟二期文化层里发现了大量的粟。家养动物在全部哺乳动物中占据 69%,家养动物中家猪占 95%,狗占 5%。而年代大约为公元前 1700 年之前,属于二里头文化的洛阳市皂角树遗址的农作物有粟、黍、大豆、小麦和稻等,其中以粟的出土率最高。家养动物在全部哺乳动物中占据 62%,家养动物中猪占 53%,狗占 26%,黄牛占 20%。这两个遗址的植物考古研究虽然没有做定量的分析,但都是以粟为主。另外,新密市古城寨遗址包括王湾三期文化、二里头时期及殷墟时期。自龙山文化至殷墟各个时期,粟在农作物中都占有绝对多数的地位,黍、小麦和藜的出土概率要远低于粟,小麦出现于二里头文化时期。当时是以粟为主,其他三种农作物为辅,是典型的早期旱作农业。这里需要指出的是,我们对古城寨遗址的动物考古研究结果与上述的瓦店、王城岗和二里头遗址相似,由于研究报告尚未发表,这里不宜具体阐述。

此外,其他几个遗址仅有植物考古的研究结果或动物考古的研究结果,如植物考古的研究证实,登封市南洼遗址属于二里头文化时期,农作物组合为粟、黍、水稻、小麦和大豆等,其中以粟为主,其次为黍。动物考古学研究证实,公元前 3000 年前后的洛阳市妯娌遗址和渑池县笃忠遗址家养动物占据哺乳动物的 60%,主要是家猪和狗,以家猪为主。公元前 3000 年至前 2800 年的郑州市西山遗址第三期家养动物占据哺乳动物的 77%,主要是家猪和狗,以家猪为主。

三、讨论

在介绍完上述遗址出土的动植物遗存的基础上,我们可以围绕这些资料讨论中原地区的生业状况与中华文明早期发展的关系。我从三个方面进行论述。

(一)中原地区生业的发展是中华文明形成和发展的重要因素

通过对以上五个遗址及其他相关遗址不同文化期的生业状况进行比较,可以明显地看到自仰韶文化庙底沟类型到王湾三期文化的生业状况产生了明显变化,从王湾三期文化到二里头文化呈现持续发展的过程。揭示这个过程对于我们认识中华文明的形成和发展具有重要的启示作用。

属于仰韶文化庙底沟类型的公元前 3600 年前的西坡遗址的农作物主要是粟和黍,水稻的数量极少,不能肯定是在当地种植还是传入的,家养动物主要为猪和狗,以猪为主,喂养猪的饲料可能为小米的壳和秸秆等。

班村遗址庙底沟二期文化层的年代为公元前 2900 年至前 2400 年,其出土的农作物和家养动物与西坡遗址相似,在一定程度上弥补了中原地区自仰韶文化到龙山文化过渡阶段生业状况的空白。

属于王湾三期文化的公元前 2200 年至前 1900 年的瓦店遗址、王城岗遗址和新砦遗址的王湾三期文化层中,农作物除粟、黍和水稻外,新增加了小麦和大豆,尽管小麦的数量极少,不能肯定是否属于这个时期,但是瓦店遗址水稻的数量明显增多。家养动物中除有狗、猪及始终以猪为主之外,新增加了黄牛和绵羊,在瓦店遗址中这两种动物从早到晚都有增多的趋势。除王城岗遗址王湾三期文化的黄牛和绵羊没有开展碳氮稳定同位素分析以外,其他两个遗址的分析结果显示，喂养狗、猪的方式与西坡遗址相似，但是黄牛的饲料主要来自人工喂养小米的壳和秸秆等，而绵羊则主要食草，同时也食用人工喂养的小米的壳和秸秆等。

属于新砦文化的公元前1850年至前1750年的新砦遗址中，粟、黍、稻谷、小麦和大豆等五种农作物及狗、猪、黄牛和绵羊等四种家养动物都与王湾三期文化相同，但是黄牛的饲料完全为小米的壳和秸秆等，绵羊也较多地食用人工喂养的小米的壳和秸秆等。饲养绵羊除食肉之外，还可能用于剪羊毛，进行次级产品的开发。

属于二里头文化的公元前1750年至前1500年的二里头遗址、王城岗遗址的二里头文化层和新砦遗址的二里头文化层里，粟、黍、稻谷、小麦和大豆等五种农作物及狗、猪、黄牛和绵羊等四种家养动物都与新砦文化相同，但是水稻的比例较高，各种家养动物的饲料与新砦文化大体一致，王城岗遗址的二里头文化层和新砦遗址的二里头文化层出土的黄牛和绵羊的数量都出现增多的趋势，二里头遗址四期也发现了剪羊毛，进行次级产品开发的证据，二里头遗址的家养动物的饲料与新砦遗址的基本相似，古DNA的分析结果显示其黄牛和绵羊的祖先是从中国境外传入的。

另外，属于仰韶文化庙底沟类型的西山、妯娌和笃忠遗址，属于王湾三期文化的古城寨遗址和属于二里头文化的南洼遗址的动植物考古研究结果，也在不同程度上印证了我们对不同文化阶段的生业状况的认识。

包括古DNA测试在内的研究表明，至少在公元前2200年之前，起源于西亚地区的小麦、绵羊和黄牛等均已经过中国西北或北部地区，进入中原地区。即中原地区从仰韶文化到王湾三期文化，生业状况存在一个明显的突变过程，出现了大豆、小麦、黄牛和绵羊等新的生产力要素。这些新的生产力要素进入中原地区是一个划时代的进步，在后来的新砦文化和二里头文化中又得到持续的发展。这里要强调的是，这些新的生产力要素不仅仅是指新的农作物和家养动物的种类，还包括新的农作物种植技术和新的家畜饲养技术，这些技术可以有效地使用可耕种土地及自然植被，提高有限区域内的农业生产总量，稳定地获取多种肉食来源。民以食为天，充足的食物资源为人口增长和社会发展奠定了坚实的物质基础。

需要提及的是，尽管对于生产工具的研究尚未全面展开，这里不能针对具体遗址和器物进行讨论，但是相关研究证实，与中原地区仰韶文化庙底沟类型相比，王湾三期文化中用于农业生产的工具在种类、形制和数量上均出现变化，反映出当时人类在农业生产的不同阶段中投入劳动的变化，而这种变化标志着农业经济水平的显著提高。从王湾三期文化到二里头文化，生产工具的形制和数量没有明显的变化。

从整体上看，中原地区在生业方面一直呈现发展的趋势。依据中原地区整个生业形态的发展趋势及中华文明形成和发展于中原地区的事实，我们可以推测中原地区的生业形态对中华文明的形成及发展起到了明显的促进作用。当然，生业的发展并不是中华文明形成和发展的唯一因素，但绝对是不可或缺的重要动力。

（二）中原地区的生业状况与上层建筑存在互动关系

中原地区多个遗址生业状况的相同性为特定聚落在一定地域范围内成为中心聚落乃至于更高规格的中心奠定了经济基础，而领导集团及领导者的执政能力在中心聚落乃至于更高规格的中心的形成过程中发挥了重要作用。

我们在前面提到，分别属于仰韶文化庙底沟类型、大河村类型、王湾三期文化和二里头文化的遗址数量相当多。比如，在中原地区经过科学发掘的王湾三期文化的遗址有三十余处，其人工遗迹和遗物的文化面貌有明显的一致性，因为没有同时开展动植物考古研究，围绕探讨生业问题的证据有一定的局限。但是在这些有限的证据里，仍然可以发现一个值得认真关注的现象，即前面提到的西山、妯娌、笃忠、班村、古城寨和南洼等遗址的生业研究结果与西坡、瓦店、王城岗、新砦和二里头等遗址的生业研究结果存在较为明显的一致性，没有发现一例反证。由此我推测，与上述的人工遗迹和遗物的文化面貌具有明显的一致性相同，当时中原地区整体的生业状况也是比较一致的，在仰韶文化庙底沟类型和庙底沟二期文化时期农作物以粟为主，家养动物以猪为主，自王湾三期文化开始，新的生产力要素进入中原地区，农作物和家养动物的种类增多，这种状况到二里头文化及以后的时期一直呈持续发展的趋势。另外，在王城岗遗址、古城寨遗址、新砦遗址等都存在几个文化时期的堆积，这几个遗址都表现出一个特点，就是尽管其生业状况在几个文化时期都保持一致性，呈持续发展的状态，但是这些遗址仅在某一特定时期成为中原地区一定区域内的主要代表,即尽管存在几个时期,尽管生业状况保持稳定且持续发展的态势,但是真正成为当时中心聚落的仅是其中的某一个时期。

自龙山文化至二里头文化,属于不同时期的多个遗址的生业状况是稳定且持续发展的。这是一个极为重要的前提,在此基础上,哪个遗址在一定时期内能够成为一定区域内的中心,肯定还涉及一系列其他方面的原因,比如战争及外部压力的原因,地势、地貌和水文等自然环境的原因等。我认为除以上提到的几点之外,还有一个不容忽视的原因,即很可能与特定时期某个遗址的领导集团或领导者的执政能力有密切的关系。在生业状况相同的前提下,聚落群中出现以哪个聚落为主的政治中心是因领导集团或领导者的执政能力强弱而异的。依据考古学和环境考古学的相关研究成果,我推测这个执政能力除保证生业稳定发展之外,还包括管理社会、统领更多聚落、壮大军事实力、抵御水患等自然灾害、处理对外交往,甚至还包括建设精神文化等。这些能力可能不需要在任何时候都全面展现出来,但是在经济、政治、军事和文化等方面的某些矛盾特别尖锐的时候,则需要充分发挥相对应的某些能力。一旦应对不力,最为严重的后果便是导致政治中心转移或聚落消亡。在这一认识的基础上,我们可以提出以下的观点,中原地区不同时期政治中心的转换,是在生业状况具有相同水准的地域范围内完成的。在肯定经济基础决定上层建筑的前提下,还必须高度重视上层建筑在稳定且持续发展的经济状况中的重要作用,即特定的领导集团或领导者的执政能力不但可以保证生业的稳定发展,而且可以从整体上或特定的方面提升聚落及聚落群的综合实力,从而左右当时特定区域内的政治格局。而二里头这个"最早的中国"的诞生,与统治阶级的执政能力更是有着密不可分的关系,他们在控制远距离的资源调配,促进农业和手工业的发展,设计宫城布局,制定与礼制相关的内容,指挥战争等方面都发挥了重要的作用。

另外,瓦店遗址和王城岗遗址、古城寨遗址、新砦遗址等属于王湾三期的文化层里都发现了多种农作物及黄牛和绵羊遗存,以新的生产力要素出现为标志的这种突变出现在属于王湾三期文化的多个不同地域的遗址之中,似乎反映出这些新的生产力要素存在一个较快的推广过程。这个现象背后,是否意味着有某种人为的有意识的推动,而能够在这种较大区域范围内形成推动力,是否意味着当时在一个相当广泛的范围内存在统一的管理组织。虽然仅凭现有的几个遗址的这些资料,我们还不能做出科学的判断,但至少是值得我们认真思考的问题。

(三)中原地区与其他地区特定时间框架内生业状况的比较研究

与中原地区相比,其他地区各个文化类型的生业状况在公元前 2500 年至前 1500 年这个时间段里没有发现始终存在持续发展的过程。

对于其他地区同一时间段里各个遗址的生业研究状况远不如中原地区那样全面,把植物考古和动物考古聚焦到同一遗址的研究实例不多,难以开展全方位的比较研究。但是从宏观上看,黄河上游地区齐家文化的农作物包括粟、黍和小麦,家养动物包括狗、猪、牛和羊。这个地区的生业状态自齐家文化晚期开始,逐步转为畜牧型经济。齐家文化原本统治的地区也被辛店、寺洼等分布在不同地域范围内的几个文化占据。这里要强调的是,即便在齐家文化时期,分布在不同地域的遗址中获取肉食资源的方式也明显不同,有的仍然以获取野生动物为主,虽然研究结果尚未正式发表,这里不宜展开讨论,但当时齐家文化在生业状况上的不一致性是可以认定的。黄河下游地区龙山文化的农作物包括粟、黍、稻谷、大豆和小麦,家养动物包括狗、猪、牛和羊。自山东龙山文化以后,后起的岳石文化与前者相比整体上呈现出文化衰落的景象。长江流域只见稻谷,没有发现其他农作物。家养动物为狗和猪,但是家畜饲养长期没有发展起来,获取肉食资源基本上以渔猎为主。长江中游地区自石家河文化之后,出现了一段时间的文化空白。长江下游地区自良渚文化之后,出现了马桥文化,但马桥文化在整体水平上不如良渚文化。概括起来说,在公元前 2000 年以来这个时间段里,其他地区的生业形态有的出现转型,有些呈倒退的趋势,有的出现中断,都没有像中原地区那样呈现出一脉相承的持续发展的过程。中原地区与其他地区在生业状况上的明显差异及其他地区在文化发展上存在的分裂、中断和倒退等现象应该引起我们的高度重视,需要在今后的研究中对其关联性的主次关系进行深入探讨。

综上所述,我们以中原地区的五个典型遗址的生业状况为例,补充其他相关材料,归纳出中原地区的生业状况呈持续发展的过程及新的生产力要素至少在公元前2200年之前已经进入中原地区,这个过程及变化在中华文明早期发展过程中发挥了重要的作用的结论。中原地区的生业状态在相当长的时间内具有一致性,在具有相同的生业状态的区域内,其政治中心的转换与领导集团或领导者的执政能力有密切的关系。尽管对其他地区的相关研究与中原地区相比尚不到位,但是依据现有的资料,生业状况缺乏连续性是其他地区发展过程中的共同特征,而这个共同的特征与其他地区在文化发展上的分裂、中断和倒退等现象是相互关联的。这些对于我们全面理解生业状况在社会发展过程中的作用是一个有益的启示。

这里还要强调的是,尽管由于我们十余年来在多处遗址中科学地开展动植物考古研究,在填补空白、积累资料方面取得了明显进展,但缺乏更多的资料仍然是我们进行深入研究的掣肘。今后我们还需要在更多的遗址做好动植物考古学研究,同时结合对人工遗迹和遗物的分析,对我们提出的上述观点进行更加科学的探讨和反思。我们今后还有很长很长的路要走。

第七讲

DNA 研究在考古中的应用

文少卿　袁　靖

各位老师同学，今天我非常荣幸能有这个机会在这里跟大家介绍和分享我在古 DNA 研究上的一些心得，里面会有几个案例。我主要是希望告诉大家，虽然这个技术现在很火，但是我们需要明白它的研究边界在哪里，尤其是如何跟其他的学科结合在一起，充分发挥它的研究价值。

相比这次袁靖老师给我的题目，我原来选的题目是"200 毫克骨粉能告诉我们什么？"这个题目是一个很开放的话题。首先我在这个题目中用的重量 200 毫克实际上不是一个绝对的数，我们现在有时做实验测试时，30 毫克或者更少量的样本已经能满足要求，因为当考古研究人员给我们样本的时候，比如牙齿，希望我们尽可能减少对它的破坏，所以我们有点像艺术家，要从牙齿的底部钻一个小孔，然后在里面钻粉。我们从样本中获取的量是很少的，大概只有 20～30 毫克，所以在我的题目上提到的这个重量不是绝对的。另外，题目中的"骨粉"也不是说实验测试必须使用骨粉，只不过我们碰到最多的样本就是来自于人骨材料。当然除了人骨材料以外，甚至还可以从发掘样本旁边的沉积物里面提取出基因，或者有的时候还可以从遗迹上面提取一定量的 DNA，因为遗迹是古人活动后遗留下来的，可能保留了古人的痕迹。总而言之，我希望借这个题目告诉大家，DNA 能够告诉我们什么。

我们先讲一下古 DNA 研究的发展简史。古 DNA 研究实际上伴随着分子生物学技术的进步而发展，它分为三个阶段。

第一阶段是 1980 年到 1988 年，即 20 世纪 80 年代。我们首先聚焦中国。

1980年湖南医科大学的研究人员首次从马王堆女尸中提取出了DNA,但是因为最后发表的是中文文献,所以当时在学术界的影响力并不是很大。在全世界范围内,大家公认最早的古DNA研究是在1984年。大家知道斑驴是一个已经灭绝了的动物,樋口(Higuchi)等人尝试通过细菌克隆从博物馆的斑驴皮中获取了229 bp的DNA。

第二阶段是到了1988年,聚合酶链式扩增技术(PCR)首次成功地应用于获取一个保存在泥炭沼泽中的约7000年前的人颅脑中的线粒体DNA,这时古DNA研究已经由分子克隆技术开始向PCR技术转化。1991年,这个时间节点很重要,此前的DNA提取绝大部分来自于软组织,从1991年开始可以从钙化遗骸里提取,也就是骨骼、牙齿等。为什么这一点很重要?因为大家知道保存比较好的人骨遗存都是骨骼,而软组织很快就会彻底腐败消失。1996年开始进行性别鉴定,发现男性与女性的牙釉蛋白基因之间实际上有六个碱基的差异,因而借此方法,我们就可以对考古发掘的样本进行基因对比。自此,古DNA从简单的提取转化为可以用以鉴定性别了。到1997年陶本伯格(Taubenberger)等人提取并分析了导致西班牙大流感的病毒RNA,这一年,基于PCR的古DNA研究达到了顶峰。克林斯(Krings)等首次从一个3万年到10万年前德国杜塞尔多夫的尼安德特人个体中获得了其线粒体序列。大家知道,尼安德特人、丹尼索瓦人与现代人的进化关系十分密切。

第三阶段以2006年的一个重要事件为标志,即由分子克隆技术、PCR技术开始转向现在的二代测序技术,也就是高通量测序技术。由以前发现的相当少的几百个碱基到现在的兆碱基(Mega Base)级别,这是以G为单位的数量级,所以2006年测序了3万年前的猛犸象。大家知道,猛犸象也是灭绝动物。到2007年,检测出尼安德特人的FOXP2基因,它是与语言进化相关的。2010年也有一个标志性事件,就是对尼安德特人和古代爱斯基摩人的全基因组数据进行测序,获得了其基因组草图。2013年获取了距今40万年前的马的基因组。这个年代很早,也就是说古DNA的测试年代上限已经可以达到40万年前。但是大家同样也要注意的是,这个马是在冻土圈里面被发现,而后成功测序的,所以实际上与我们东亚地区的情况是有差别的。我们东亚地区为什么在古DNA方面发展迟缓?这是由很多原因导致的。其中一个原因就是我们东亚地区的材料没有欧洲或者北美保存得好。到2014年,古DNA

研究已经开始涉及表观基因组学。2015年，获取了首个非洲群体规模的基因组数据。这代表了什么呢？首先，以前像非洲、东亚和东南亚都没有古代基因组数据。到2015年获取了非洲的基因组数据，说明古DNA的研究范围不仅仅是在冻土圈，已经可以扩展到全世界大部分地方；其次，这个项目是研究印欧语的起源，研究范围涉及整个欧洲，群体规模代表着已经开始产生以百为单位的基因组数据，意味着我们已经可以做群体遗传学的调查，不仅仅是只做个体。到2016年，获取了40万年前来自西班牙北部胡瑟裂谷（Sima de los Huesos）的更新世中期的古人类个体的基因数据，即胡瑟古人。胡瑟古人有着尼人的形态特征，被定义为海德堡人。

以上就是整个古DNA研究的发展历程。20世纪90年代所发表的大量的论文报道了从极其古老的遗骸中获取的DNA序列，如中新世植物化石、琥珀埋藏生物、盐晶中2500万年前的细菌以及恐龙蛋和骨骼。研究者们甚至报道他们从白垩纪恐龙中成功提取并扩增了线粒体细胞色素b的片段，但其实都是受到污染的基因。所以古DNA的发展跟分子技术相关，也跟排除污染相关，古DNA研究结果首先不是发现了什么，而是要证明你的结果不是外源污染。

我接下来要讲，古DNA研究至少可以在四个方面对现代的遗传学产生巨大的冲击。

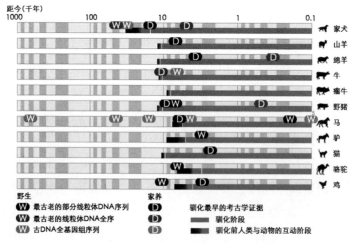

图7-1　各类动物的古DNA序列图

第一个方面是动物演化。从图7-1中我们可以看到,现在已经陆续获得了家犬、山羊、绵羊、牛、野猪、马、驴和骆驼等动物的古代基因,包括野生的和驯化的基因。可以看见距今1万年前后的很多动物样本,包括刚才介绍的40万年前的马的样本,其中马做得比较好,能够获得它的全基因组。目前已经获得了大量的数据,这些数据对我们揭示动物的起源、演化和驯化是非常有意义的。

第二个方面是人类起源。首先介绍一下谱系树的概念,谱系树是一种通过DNA数据反映进化关系的树状象征性图式。图7-2的非洲和欧亚大陆个体基本上还是聚集在一起的,枝长代表进化时间。根据谱系树可以计算时间,看群体之间的分化以及他们的拓扑关系如何。古DNA研究的第一个贡献就是发现了丹尼索瓦人。尼安德特人和海德堡人都是古人类学家通过比较他们体质特征的差异,然后鉴定出来的。但是丹尼索瓦人的发现可以说是一个巧合。2010年学者通过对西伯利亚南部丹尼索瓦洞中一个古人类指骨的DNA研究,发现了尼安德特人的旁系群——丹尼索瓦人。古人类历史的复杂性也表现在迄今最早的古人类序列上,属于一个40万年前来自西班牙北部胡瑟裂谷(Sima de los Huesos)的更新世中期的古人类个体。胡瑟

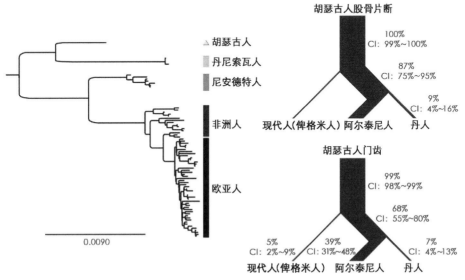

图7-2 非洲和欧亚大陆个体谱系树

裂谷化石上有着尼安德特人的形态特征，虽然生活在丹尼索瓦人活动的地理范围之外，但他们的线粒体基因组证据表明其与丹尼索瓦人在同一分支而非尼安德特人，显示了丹尼索瓦人与更新世中期古人类有着出乎意料的联系。这一发现轰动一时。随后，从胡瑟裂谷化石的股骨、门齿和臼齿中获取了约3百万碱基的核基因组序列，相比之前线粒体的结论，胡瑟裂谷古人类个体与尼安德特人反而更接近。这一观点与体质形态分析相一致，让考古学者倍感困惑。

另一个案例是最近刚发表在《自然》(Nature)上的一个成果。研究者在丹尼索瓦洞内发现了一个叫丹尼索瓦11号的标本。下面两张图反映了该标本的遗传成分来源。这篇文献揭示丹尼索瓦11号的基因组有40%多是来自于尼安德特人的贡献，剩下更多的来自于丹尼索瓦人的贡献，是所谓的混血儿。丹尼索瓦人11号及其父亲带来了尼安德特人与丹尼索瓦人混血交配的直接证据，时间是发生在距今5万年前。图7-3-1，我们可以看到可能源于尼安德特人或丹尼索瓦人的等位基因在丹尼索瓦人11号的基因组中的分布。图7-3-2是从基因组序列推断尼安德特人和丹尼索瓦人之间的关系和基因流动事件。丹尼索瓦人11号的母亲在血源上更接近于比生活在丹尼索瓦洞穴的本地尼安德特族群晚2万年左右，生活在西欧的尼安德特人。

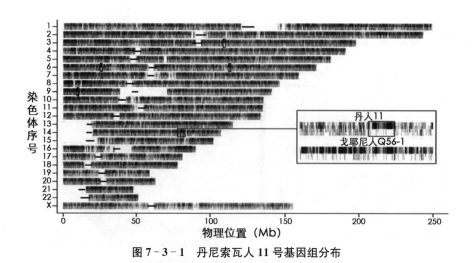

图7-3-1　丹尼索瓦人11号基因组分布

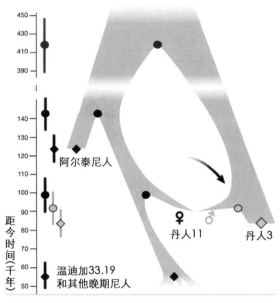

图 7-3-2 从基因组序列得到的推断

第三个方面是人类历史。欧洲做了很多样本,非常密集。尤其丹尼索瓦洞是一个特例,因为这里有大量的尼安德特人,所以样本密集。以阿尔泰山附近为分界,整个欧亚大陆基本上都已经被欧美的学者研究过了。东亚地区做得比较少,一个案例是来自于所谓的"鬼门",这个样本其实质量不是很好,它的结论支持了"这个区域从距今 8000 多年前开始到现在基本上没什么变化,遗传结构很稳定"的说法。另外一个来自于尼泊尔地区,时代比较晚,距今只有三四千年。结论也是发现藏族的样本跟现在的藏族人基本上没有什么太大的区别。另外就是田园洞人,大概距今 4 万年,也有明确的人骨测量学证据,证明是最早的现代人,田园洞人只携带着少量尼安德特人和丹尼索瓦人的 DNA,更多表现的是早期现代人的基因特征,且与当今亚洲人和美洲土著人(蒙古人种)有着密切的血缘关系,而与现代欧洲人(欧罗巴人种)的祖先在遗传上已经分开,分属不同的人群。因此,与欧洲的大迁徙、大混合不同,东亚的情况是不一样的,遗传相对比较稳定。通过 DNA 和现代人的数据,发现西欧亚人群看上去是四个祖先来源的混合,即早期欧洲农人(EEF)、北欧亚人群(ANE)、西部采集狩猎者(WHG)以及高加索采集狩猎者(CHG)。对印欧语的起源主要有两种说法:一种是近东起源,就是说印欧语系来自于近东地区的农人,起源扩张于10000年至7000年前。另外一种是黑海、里海地区起源,大概是5000年前。东亚地区的起源路线有南线和北线之争。到澳洲的年代比较清楚,大约50000年前。进入美洲的年代也比较清楚,是在15000年前左右。南北美洲的分化时间大概在13000年前,这些时间都是比较清楚的。

第四个方面是病原菌演化。尽管生物医药方面的研究已取得了极大的进展,传染疾病仍然对人类的健康造成一定威胁。曾经大流行的病原体和人类疾病的动物传染病起源一直被推测,然而,对于大部分人类的病原体的演化和扩散我们依然知之甚少。重构古代遗骸的病原基因组提供了已发疾病的基于证据的诊断,并直接揭示了病原体的演化历史以及宿主—病原相互作用。比如,出自秘鲁海岸的1000年前人类遗骸的结核杆菌基因组被发现与导致海豹和海狮的肺结核菌株一致,暗示了在新大陆的一次意想不到的动物传染病起源。

在这里我介绍一下自己开展的一些工作,主要是三个方向,围绕人或者动物遗骸展开,包括:(1)群体历史;(2)法医遗传学——我们希望把这个技术直接应用到当代的研究之中,比如说长沙会战烈士的遗骨鉴定,这个技术还曾帮助公安机关破获了白银系列杀人案等重大案件;(3)颅骨表型组学,我们对一些群体差异性表型的遗传机制很感兴趣,这些表型是由哪些基因控制的,这些基因又会影响哪些相关的表型?

下面介绍一下我们的古DNA高通量技术平台,这些都是我们复旦大学生命科学学院自己建立的。

首先是表型采集,我们拿到样本的同时要对标本做CT扫描和高清拍照,湿实验部分包括基因的提取、文库的构建和文库筛选。因为人骨在土壤的保存环境下,里面古DNA含量会越来越少,真菌、细菌等土壤微生物的古DNA含量会越来越多。要把古人的DNA提取出来,如果杂质比较多的话,需要用探针去捕获它,就像一个网,把我们需要的东西捞出来。接着是干实验的部分,需要去接头、BWA算法映射(BWA mapping)、单核苷酸多态性位点识别(SNP calling),获得可靠的SNPs数据,然后做时间估算,根据各种不同的数据进行研究,从而解释这个群体的历史或源流问题。

要尽量想办法减少实验室和操作中可能的污染,确定标准的流程。但在这一点上我们始终处于被动,因为污染无处不在。而高通量方法具有重要的意义。古 DNA 一般有两个重要的性质：一个就是古 DNA 降解，降解完以后的片段长度非常短，大概就在 100 bp 左右，如果测出来的片段非常长，那它很可能有问题；第二个性质是古 DNA 有化学损伤，因为随机降解的古 DNA 片段实际上是悬臂结构，不是平末端，而是黏性末端，一边长，一边短。因为没有保护，它很容易脱氨基，会形成从 C 到 T 的转化，互补链为 T 变成 A。一般利用 UDG 酶，可以把脱氨基的损伤切掉，然后看末端损伤，就可以判断这个片段是古代的还是现代的。因为现代样本的测序中绝对不会有 C 到 T 的脱氨基现象，所以可以把它当作一个标签，把损伤的片段挑出来进行分析。这个方法可以帮助我们确定这是古代样本，所以高通量技术的重要性在于，一是可以做更多的样本，二是可以测得更多的信息，最重要的是我们还可以带上"古代序列"的标签。所以通过古 DNA，我们可以研究谱系树的拓扑关系，估计目标人群的人口以及混合情况，可以做基因流和渗入分析，也可以做群体遗传结构和一些环境的选择和适应研究。

我前面综述了整个领域的发展，介绍了一下我们复旦大学的高通量平台，以及古 DNA 的一些特点，下面就围绕我们的研究思路和方法讲六个实际的案例。

一、北周武帝（古毒理学）

这个案例实际上跟古 DNA 没有直接关系，相当于研究中的副产物。北周武帝宇文邕（543—578 年），建德四年（575 年）伐北齐，"口不能言，睑垂覆目，不复瞻视，一足短缩，又不得行"。宣政元年（578 年）伐突厥，"贬膳日久"，病逝。我们当时只是把他当作一个普通样本对待，结果在做实验的时候，在酸环境下把裂解液加进去，整个液体全部变成血红色。这个现象我们之前从未见过，觉得很奇怪，于是就把样本拿去做毒理学分析，看人骨里面有哪些物质导致了这个现象。这个案例实际上是与毒理学有关。因为是分析古代样本，所以我们查阅了一些文献。这里我其实是想强调实验设计的重要性，做实验设计的时候，一定要设置各种对照。比如武帝和他的阿史那皇后至少在很长时间内是一起生活的，所以他们两个可以互为对照。另外考虑到不同的生境模式，也选择了 17 个平民作对照。我们发现文献里面介绍这个地方的水源可能不太好,所以又到上游采集了一些样本作对照。我们还担心墓里如果有水渗入可能会带入外源的污染,所以从陶罐里面取土样作为对照。不取别的遗物上的土是因为金属会跟土壤发生置换。此外,还选取了六个贵族样本,就是说设立了一系列对照组。根据这些样本和对照,结合接近 100 种元素,做了 PCA 分析(主成分分析),发现平民、贵族在 PCA 上有差别。而北周武帝和皇后明显与其他的人是不一样的,于是我们又做了进一步的具体分析。二人在这些元素中与他人有显著差异的一个是砷元素,一个是锰元素。尤其是砷元素,与其他人差别非常大。北周武帝体内的砷元素已经远远超过普通人能够承受的计量范围,属于砷中毒。北周武帝本人是灭佛灭道的,但是我们通过文献检索发现,他私下却希望通过炼丹来求得长生不老。通过这种不同的元素的差别,可以反推他当时吃过什么。结合文献记载,我们认为,北周武帝的砷中毒很可能与他长期吃丹药有关。

二、鄂西-三峡地区晚更新世人类化石(线粒体捕获测序)

这个案例很有意思,是我博士阶段接触的第一个课题。当时我初生牛犊不怕虎,一上来就挑最难的,直接做古人类化石,因为年代越早越难做。当时中国科学院古脊椎动物与古人类研究所的刘武老师在道县、智人洞和黄龙洞等遗址发现大量人类化石,经过测年,发现年代都在 8 万至 10 万年之前,与之前通过古 DNA 分析得出来的 6 万年前人类走出非洲进东亚的观点有很大的矛盾。

在这个背景下,我们挑选了鄂西-三峡地区,因为这个地方的样本材料非常丰富,包括整个更新世。迄今为止对更新世人类化石的研究有一定的局限性,比如大部分样本材料都出土于喀斯特地貌,而且 70% 以上是洞穴里的化石,洞穴里的化石有一个特点,它不是古人在洞穴里生活后形成的,而是通过流水的搬运,把周边的样本带进去,一层一层堆在那里。再比如,东亚地区古猿化石的分布时间不均匀,也不连续,距今 5 万至 10 万年前的样本很稀缺。还有就是缺乏直接测年的证据。到现在为止,直接通过 ^{14}C 测定年代的只有田园洞(距今 4 万年)、萨拉乌苏(偏晚,其中一个样本的测年结果是距今 3000 多年,还有一个是日本侵华战争时期的)、高资(位于江苏镇江的化石样本,测年结果也是距今 3000 多年,虽然之前认定年代是更新世晚期)的三个样本。

我们的样本主要取自杨家坡洞和三游洞这两个遗址。杨家坡洞的样本的出土地层很清楚,都在第二层,一共出土了 11 颗牙齿。因为传统的地层学看得很清楚,地层肯定没有问题,测年数据基本上都是 8 万年以上,因此提供样本的人确认这些样本是 8 万年前的。现代人的牙齿不像尼安德特人的牙齿一样粗壮,而是非常纤细,这是一个很重要的特征,杨家坡洞出土的牙齿从形状上看明显是现代人的牙齿。三游洞出土的人头盖骨很薄,没有发现尼安德特人的特征,这个头盖骨似乎也是现代人的。我们对杨家坡洞的牙齿进行测量,用刘武老师的方法,即通过二分法做聚类,发现杨家坡洞的牙齿大部分跟现代人的牙齿聚在一起,从测量学的角度看,可以认定基本上是现代人的牙齿。我们对其中的 8 颗牙齿做了古 DNA 实验,发现这 8 颗牙齿分属于 4 个个体,这 4 个个体均落在现代人的序列里面。我们把相关支系的全部现代人的序列,通过分子钟计算,可以推测他们大概距今 3000 多年,最古老的样本可能距今 7000 多年。后来对这些标本做了 ^{14}C 测年,实际结果是 3000 多年。而三游洞的颅骨的 ^{14}C 测年结果只有 1000 多年。

我们用动物遗骸做了这个地层的 ^{14}C 测年,发现年代分布范围很广,从距今 4 万年到几百年。研究人员对动物样本的铀系测年结果是从 2 万年到 15 万年。用沉积物做铀系测年,发现基本上都集中在 10 万年以上。而用沉积物做光释光测年,结果是距今 10 万到 30 万年。

通过沉积物测年来判断洞穴的形成时间是没有问题的。湖北地区的洞穴的形成时间都在距今 10 万年以上。但是把这个距今 10 万年间接地定为化石形成的时间是有问题的。我们推测整个旧石器时代或者说古人类的化石年代,还有需要斟酌之处,需要慎重考虑。

三、甘肃省肃北蒙古族自治县马鬃山遗址(Y 染色体分型测试)

刚才介绍了基于母系线粒体 DNA 研究的案例,接下来讲一下基于父系 Y 染色体的研究案例。我们做古代 Y 染色体测试的流程是这样:基本上两天能够提取古 DNA,性别鉴定需要一天,如果知道样本性别是男性,就会再做 Y 染色体 STR 分型,然后,我们就可以推断他的单倍群,再做亲缘关系鉴定,计算共祖时间，包括认识他的遗传谱系等。

甘肃省肃北蒙古族自治县马鬃山遗址位于河西走廊的西北端。马鬃山地理位置特殊，是河西走廊的重要通道，亦是古代月氏、乌孙、匈奴和突厥等游牧民族活动的重要区域，在古代游牧民族的迁徙和交流中占有重要的地位。马鬃山地区作为欧亚大草原南缘的一部分，是中国北方草原乃至整个欧亚草原地区游牧文化研究中不可忽视的一个重要区域。陕西省考古研究院的席琳博士依据墓葬、岩画和石围基址的组合关系，认为马鬃山遗址可以分为三期四组：(1)一期一组为方形石筑墓、岩画一组的特征，可能与岳公台-西黑沟遗址群所代表的公元前5世纪前后西迁前的月氏文化有关；(2)二期圆形石筑墓、岩画二组的特征与新疆东部的黑沟梁、东黑沟遗址群等为代表的一类文化遗存存在相似性，二期石板墓、岩画三组的特征与外贝加尔和蒙古高原地区广泛存在的石板墓文化遗存存在相似性，二期可能与公元前2世纪中期到公元前后，蒙古高原和外贝加尔地区的"原匈奴"文化有关；(3)三期岩画为文字符号，与前三组明显不同，可能受吐蕃文化和蒙古文化影响。因此，从考古文化上可以辨析出，马鬃山地区至少有三波游牧人群（月氏、匈奴和吐蕃）驻足于此。

在以前的法医学和古DNA研究中，往往利用X和Y染色体在AMEL基因上扩增片段长短的差异鉴别性别，但是有一些男性在AMEL基因上存在缺失，因此会把男性错误地鉴别为女性。我们在牙釉蛋白（amelogenin）基因的基础上，增加了一个男性性别决定基因SRY。分别设计荧光引物，对样本目标基因进行复合扩增，最后通过毛细管电泳的方法对实验结果进行判读，确定实验样本的性别。我们发现，马鬃山遗址中的同古图出土的两个样本很明显都是男性。为了更清楚地了解测试个体的族属，使用YFiler试剂盒对同古图样本进行了STR分型。分型以后发现他们只有两步突变的差别，所以我们认为这两个样本应该来自于同一个墓地，亲缘关系很近。

基于本实验自主开发的含有20万东亚现代人Y染色体的遗传数据库，我们利用同古图遗骸的Y-STR单倍型大致预测了Y-SNP单倍群归属，并根据最新的Y谱系树，挑选了少数几个位点（M231、F1206、F3163、M46）组成微检版，对预测单倍群进行SNaPshot分型验证。这两个样本实际上在一个支系N1*-F2130＋，F3163－，M46－。本次研究采用了更大地理范围、更多样本量的数据集,发现同古图人的遗传类型在欧亚大陆各个族群中罕见或者以中、低频出现:新疆锡伯族(4.17%)、科尔沁蒙古族(3.69%)、内蒙古蒙古族(3%)、呼伦贝尔蒙古族(2%)、喀尔喀蒙古族(2%)、辽宁阜新蒙古族(1.94%)、积石山回族(1.67%)、俄罗斯卡尔梅克人(1%)、辽宁满族(0.87%)、阿勒泰哈萨克族(0.73%)、山东汉族(0.54%)、辽宁锡伯族(0.47%)、湖南汉族(0.32%)、青海撒拉族(0.19%)、牡丹江汉族(0.11%)和乌鲁木齐维族(0.1%)。主要分布在蒙古高原东部人群和新疆锡伯族中。单倍群 N1*-F2130+,F3163-,M46-网络图分析的结果表明,两例同古图样本与一例呼伦贝尔蒙古族个体,一例呼伦贝尔达斡尔族个体以及五例新疆锡伯族个体聚集在一起(Cluster 1)。此外,呈现出一个清晰的星状扩张结构(Cluster 1 & Cluster 2),东北蒙古语人群个体位于扩张的中心位置。我们把每个支系分开去计算年代,簇 1 的共祖时间是两三百年前,这类样本大部分来自于新疆和东北的锡伯族,新疆的锡伯族是晚清的时候被迁过去的,年代刚好也是两三百年前,所以时间上恰好有所对应。我们还发现了另外一大支,即簇 2,簇 1 和簇 2 的共祖年代是三四千年前,比匈奴出现的时间还要早。提供样本的研究人员告诉我,这个样本的时间应该比较晚,大概是两三千年前,但我们认为这个样本应该是接近 4000 年前。后来的 ^{14}C 测年结果是距今 3800 年前后,跟我们估算的年代差不多。

我们通过近几年的积累,发现东亚地区的男性大部分属于 C、D、O、N、Q 这五大支系。如果只做现代人的话,只能分析出一个大致的遗传结构。实际上所有东亚人的父系历史,全部融在这个谱系树里。我们通过对青海省同德县宗日遗址的人骨样本进行测序,发现它位于 D 支上;通过对北周武帝宇文邕和拓跋元的 Y 分型,发现宇文和拓跋所属的支系一模一样。马鬃山遗址、山西黎国墓地的大量样本的检测结果与耶律皇族十分近似,都可以联系到一起。还有距今 5000 年前后的陕西省西安市杨官寨遗址的人骨 DNA 研究结果,其样本基因在 Oα 和 Oβ 支系高频出现,实际上 Oα 和 Oβ 支系在东亚谱系里高频出现,这两个支系加起来可能就占了汉族的 30%。辽宁省凌源市牛河梁遗址的人骨也是 Oα 类型。我们把现在完成的对于各个遗址出土的人骨的 DNA 分析结果汇聚到一起,做成一个一个标签,贴到东亚人群的谱系树上,整棵树似乎活了。

四、甘肃白银汉墓和山西黎国墓地(全基因组测序)

这里首先介绍与兰州大学合作，对甘肃省白银市白银汉墓开展研究的案例。这个遗址的所在地是古代汉族与匈奴交界的边境地带。通过植物考古学的研究，发现有粟和黍两种农作物，墓葬形式也没有特别之处；碳氮稳定同位素分析，除了一个人骨数据异常之外，其他的数据与以往以汉族为主的人骨的食物结构没有什么区别。把其中的两个产生了全基因组数据的样本投射到整个现代人PCA分析数据中，可以清楚地看到，白银汉墓的两个样本在遗传上与现代蒙古人和突厥人的区别不大。我们认为，这两个个体从文化因素上看是汉文化，但是通过基因组分析，他们从遗传上来说并不是单纯的汉族，而是与现在我们认识的蒙古和突厥更加接近。所以，这很可能是一个最早的匈奴融入到汉族里，文化上被同化，但血缘上还是匈奴人的最早的实例。

因为我们研究的是全基因组，所以希望得到更多的表型信息。酒精基因家族中乙醇脱氢酶1B(ADH1B)的第7型变种有助于加快乙醇分解速度，同时能够分解与乙醇结构类似的存在于酒精中的毒素，所以也被称为解酒基因。研究发现，该基因与古代农业(尤其是稻种农业)的发展有关，粮食储存不当发酵后会产生毒素，具有这一基因亚型的人就能够降解这一毒素，从而更好地存活下来，这意味着携带该亚型的个体通过正选择遗传下来并且不断加强。该亚型在汉族中出现得极其高频。乳糖耐受是文化实践(饮用原奶)导致人类基因组进化改变的另一个实例。相比农耕民族，游牧人群中大部分个体乳糖耐受。因此，通过对这两对基因的研究，我们可以从基因组水平观察白银汉墓遗骸所携带的反映生计模式的信息。检测结果显示，所测试的两个个体有着更适应游牧人群生活习惯的遗传背景：乳糖耐受；酒精代谢慢，易上瘾，几乎不脸红。此外，两个样本表现为比较典型的东亚人相貌：卷发，乳腺密度低，头发密，铲形门齿，肤色较深，虹膜为棕色，干耳垢，无狐臭。值得注意的是，在这些基因型中，有些位点的等位基因在世界范围的分布具有非常显著的地理差异。例如，OCA2基因上rs1800414的C突变只产生于东亚人群中，并且受到了正选择。从常染色体的角度也可以观察到他们属于匈奴或是游牧人群的典型特征。虽然他们在饮食上完全汉化，开始吃粟、黍一类的谷物,包括墓葬形制也是典型的汉化特征,但实际上,我们通过古DNA研究,仍然能够发现他们是汉化的匈奴人。

下面介绍距离白银汉墓不远的山西黎国墓地。我们基本上分析了这个墓地出土的全部样本。近年来有文献介绍人头骨的颞骨岩部容易提取到高质量的DNA,于是我们就专门采集颞骨岩部样本。颞骨岩部的结构像牙齿表面有珐琅质一样,外面有保护层,把里面保护得很好。在黎国墓地取样时,像做工艺品一样,把其他地方去掉,只留下里面的部分。通过出土器物,可以推断黎国墓地属于西周中晚期。M15葬车最多,有14辆,与晋侯等高级贵族墓葬的级别相似,M15仅出土了一小片骨头,原来推测墓主的性别为男性,但是分析后却发现是女性。碳氮稳定同位素的分析结果显示,大墓、中墓和小墓的墓主人在饮食上的差别还是挺明显的。全基因组数据研究中,我们在大、中、小墓中随机抽选了一部分样本分析,发现绝大部分是男性样本,线粒体没有一样的,说明母系来源极为丰富,父系大部分属于一个支系,这批人很有可能是以父系氏族为纽带,这是一处父系氏族的墓地。我们又做了与白银汉墓相同的分析,从全基因组的角度看,他们属于姬周一族的可能性极小,似乎不是姬姓的诸侯,极可能是当时戎人的一个大部落,然后被姬周分封了。我们发现这类样本类型在现代山西出现的频率很高。

五、陕西省西安市杨官寨遗址(综合研究)

前面讲了线粒体、Y染色体,杨官寨遗址这个案例可以称为综合研究。杨官寨遗址2017年被评为"全国十大考古发现"。在汇报发掘和研究内容时,古DNA的研究结果在其中占据了重要地位,对于评选结果的胜出是有一点贡献的。我们分析了杨官寨遗址墓地出土的80多个样本。其中男女性别比是1.5∶1,男性要略多一点。线粒体分析的结果和山西西关黎国墓地很像,也是母系来源比较多,但不至于每个个体都不一样,只是来源多样。父系来源多样性较低,可能是以男性氏族为单位。我们用谱系理清了整个墓地内部的亲缘关系,发现一个重要结论,墓地中墓葬的远近分布与死者之间的亲缘关系直接相关。

我前面介绍过几个常见的支系,如C、O、Q等,东亚的父系类型不是均匀扩张的,主要是六个祖先的爆炸性扩张,这几个支系加起来能够占到东亚人群的 70% 多,剩下的加起来才只有 20% 多。

这里大家比较感兴趣的可能就是颅骨的面部复原,很多表型特征可以通过古 DNA 推测出来。传统的人骨复原是将头骨 CT 扫描后,再把东亚人的平均数据贴上去,实际上是依靠想象的,而我们是通过基因型和表型的关联性进行复原。我们有具体指标,比如鼻子是高还是低,头发是直还是卷,皮肤大概是什么颜色,虹膜颜色是什么等。我们是科学化的复原,很少有想象的内容,全都是根据数据得出来的。

最后是生理病理部分。不同人种、不同区域的人,容易得的病都是不一样的,即有着自己的疾病谱。但是我们想知道的是,不同人群在基因上的突变导致可能会得的共同的病。共同的突变在不同的时期并不都是有利的。比如糖尿病,我们现在知道它很不好,但是在以前缺衣少食的情况下却是一个很好的基因或说生存策略,现在无非是因为大家生活质量提高,就拖后腿了。但是如果没有医疗介入的话,这些基因又会被淘汰掉。所以进化没有好坏之分,进化没有方向,它只是一个种群对于环境的适应。有些人会希望后代有好的基因,但实际上这是一个伪命题,如前所说,基因没有好坏,只有对环境的适应。那么我们想知道的是一些普遍存在的基因在不同时期是怎样从低频变成普遍存在的,是如何适应环境的。比如说骨融合,我们就想知道它是什么导致的,与什么基因或者环境因素有关。第二个是古病原菌——结核杆菌。我们通过结核杆菌的序列去做分子研究,发现整个东亚的支系基本上是在 7000 年前后分化出来的,我们想找到这个结核杆菌在东亚是在哪些遗址出现和传播开来的。口腔菌群也很有意思。我们之前因为不懂,就把牙齿上的这些脏东西直接刮掉,后来发现是牙结石,于是现在都保留下来。牙结石里面蕴含着丰富的口腔微生物,它的 DNA 含量是其他 DNA 的一百多倍,所以它是很好的一个材料。我一直在呼吁我们做跨学科研究的时候,一定要尊重其他的学科,或者说我们一定要多学科一起进行,不要只顾自己做材料,忽视了别的学科同样可以在研究中获取珍贵的资料。把这些口腔菌群的 DNA 数据做注释后,就可以知道它们的种属,而其种属与食物涉入是相关的,这样就可以与做食谱分析的学者进行跨学科的合作,所以这是很重要的一个方向。

六、陕西省凤翔县血池遗址（动物研究）

最后一个案例是血池遗址。血池遗址是 2016 年全国十大考古发现之一。根据《史记》的记载，它是秦汉时期祭天的遗址，那里发现了大量的马坑和马骨，非常壮观。我们这次分析的是 7 号坑，这个长坑里一共有 26 匹马的马骨。我们计划是按照统一的标准对全部马骨做古 DNA 研究。我们关注的问题主要是马的来源，还涉及祭祀的标准，因此，还分析了马的一些表型特征，比如运动能力、肩高、缺氧适应和性别等。

依据线粒体 DNA 的测试结果，发现 7 号坑里面没有任何两匹马是同一来源，就是说 26 匹马有着不同的母系来源。Y 染色体分型结果暂时还没有出来。性别上的雄雌比例大概是 6∶4，雄性稍微多一点。马的毛色大部分是枣红色，极少黑色，一小部分有点杂色。基于现代马的研究，可以通过全基因组关联研究来看基因与表型的关系，我们把这些结论作为参考，发现 7 号坑这些马从运动能力上看更擅长长距离运动，耐力较好，灵活性一般，基本上以有节奏慢步为主，很难做高难度动作；体型上基本是正常高度。此外，还发现有 1/3 的马都能适应高原极端环境。因为藏族人有高原适应，不同的物种虽然突变不一样，但很多都与 EPAS1 基因有关，该基因又叫氧代谢调节因子，在人体内代谢、血管形成等方面发挥着重要作用。我们从线粒体 DNA 分析结果来看，遗传距离比较近的很多都是甘青地区的马，由此推测这些马的来源也很可能是甘青地区，因为很难想象其他地区的马需要适应高原环境。

袁靖：我在这里先对文少卿博士的古 DNA 研究谈一些认识。文少卿博士对陕西省西安市杨官寨遗址出土的人骨进行了 DNA 研究。这个遗址是属于距今 5000 年前后的仰韶文化庙底沟类型的墓地，发现了数百座墓葬。通过文少卿博士对 80 多具人骨的研究，发现其中显示父系的 Y 染色体是一脉相承的，而线粒体比较杂，没有明显的延续关系。线粒体是按照母系相传的，母亲的线粒体传给女儿，由女儿继续传给自己的女儿，一代一代往下传。母亲的线粒体也可以传给儿子，但儿子不会再往下传。所以，在搞清楚父系和母系的基因状况后，我们就可以对这个社会是父系社会还是母系社会做出明确的判断,基因的研究结果应该是一个十分有力的证据。对杨官寨遗址的这个研究在考古学上意义重大。按照人类社会发展的规律,最早是母系社会,然后是父系社会,分为两个阶段。什么是母系社会?有一种说法是母系社会可能属于原始共产主义,整个社会各方面都是比较平均的,没有特殊的区别。到了父系社会,私有制出现了,社会不平等出现了,父亲要把财产传给儿子,要一代一代往下传,由此建立起父系社会。以前的考古学家按照对考古遗址出土的人工遗迹和遗物的研究,认为仰韶文化是比较平均的,到了龙山文化才出现了私有制和不平等现象。杨官寨遗址属于仰韶文化,按照逻辑推理,当时应该是母系社会。但是文少卿博士的研究证明,当时已经是父系社会了。由此我们看到,古 DNA 研究的介入为我们认识母系社会和父系社会提供了一个新的视角,提供了科学的证据。我们今后要更多地关注古 DNA 的研究结果,反思以往仅仅依据人工遗迹和遗物进行判断的思路,设计更加全面的研究方法。

文少卿博士对陕西省凤翔县雍城血池遗址 7 号坑出土的马也做了古 DNA 研究。血池遗址是秦汉时期国家级的祭天遗址。其实,关于血池遗址 7 号坑出土马骨的研究我们是有一个总体设计的,即形态学的研究是第一步,要进行测量,并知道它们是多少个个体,不能在同一个个体上采样。要知道这些马的年龄。当形体的研究和年龄的判断结果出来以后,再通过 DNA 测试和同位素分析来认识它们的谱系、性别、亲缘关系、食谱及出生地等。现在初步结果都出来了,这些结果可以互相印证。比如说,7 号坑里发现的马匹共有 26 匹,都是幼年个体,分别属于多个谱系,雄性占多数,以枣色为主,这些马的食物来源不尽相同,可能来自不同的地方。把这些结果结合到一起,对于我们认识当时国家级的祭祀活动是很有帮助。司马迁在《史记》的《封禅书》里对祭祀活动做过专门介绍。他提到自己跟着汉武帝,"余从巡祭天地诸神名山川而封禅焉。入寿宫侍祠神语,究观方士祠官之意,于是退而论次,自古以来用事于鬼神者,具见其表里。后有君子,得以览焉。若至俎豆珪币之详,献酬之礼,则有司存"。这里特别有意思的是"若至俎豆珪币之详,献酬之礼,则有司存"这句话,今天除了《史记·封禅书》之外,其他关于皇帝祭祀的具体细节的文献都没有流传下来,祭祀的详情成为千古之谜。而我们的研究,可以为认识当时的国家级祭祀活动提供极为珍贵的史料,功莫大焉。

我在这里再补充一点动物的 DNA 研究成果。

首先讲狗的 DNA 研究。在 2002 年的时候,我们跟日本学者开展了一个用 DNA 研究的方式研究古代家犬的合作项目。日本学者认为,日本文化在从狩猎采集向栽培农作物、饲养家畜过渡的过程中,主要吸收了中国古代文化的因素。当时的日本接受了中国先进生产力的要素,日本的弥生文化发展起来了。他们认为当时日本的狗是受到了中国传过去的狗的影响。因为从骨骼形态上很难区分是中国的狗还是日本的狗。从形态学上开展研究是很难有突破的,必须另辟蹊径。具体来说就是对中国古代的狗做基因测试,从基因的角度给出科学的证据。日本学者通过对河南省安阳市殷墟遗址和内蒙古自治区赤峰市大甸子遗址出土的狗骨进行 DNA 分析,首先在这两个遗址的多块狗骨标本上钻孔,取骨粉,然后到实验室做测试。日本学者依据大量的线粒体 DNA 研究,已经把日本现有的狗分为 28 个类型,并且归纳出它们之间的相互关系。通过把在中国的殷墟遗址和大甸子遗址出土的狗的线粒体 DNA 研究结果与日本的狗的研究成果进行比较,确认了日本属于公元前后的鄂霍茨克文化及中世纪的家犬遗传因子序列与中国距今 3000 多年前的家犬的遗传因子序列相同,从时间顺序上科学地证明了日本一些家犬的祖先来自中国。

再举一个绵羊的研究实例。就像刚才说到的狗一样,仅通过绵羊的骨骼,我们不能区分它们是哪个地区或哪个国家的,但是从基因上我们可以做出科学的判断。吉林大学边疆考古研究中心古 DNA 实验室的蔡大伟博士,通过对山西省襄汾市陶寺遗址和河南省偃师市二里头遗址等多个遗址出土的绵羊骨骼的线粒体 DNA 研究,发现在距今 4000 年前的早期绵羊群体中,除了占统治地位的谱系 A 以外,还存在少量的谱系 B,谱系 A 和谱系 B 的绵羊最早都是起源于近东地区的。中国没有发现绵羊的野生祖先。中国古代出现的绵羊应该与史前人类的迁移和文化交流有关。

我们认识到,DNA 研究应用到考古研究之中,为我们认识古代人群的谱系、相互关系、文化交替、社会变迁,认识家养动物的传播和古人的文化交流提供了科学的实证性证据。考古学研究的基础就是发掘科学的实证性证据,在此基础上探讨古代历史。DNA 研究在中国考古学中尚未全面展开,相信随着今后 DNA 研究跟考古学研究更加紧密地结合到一起,聚焦关键的考古学问题,对更多的人骨和动物骨骼进行取样、测试和研究,必定会给中国考古学带来一场革命性的变化。

第八讲

碳氮稳定同位素分析在考古中的应用

吴小红　郭　怡　陈相龙

吴小红：自然界存在的稳定同位素很多，今天我主要介绍碳氮稳定同位素的考古研究。

关于碳的同位素，先前讲 ^{14}C 测年的时候做了一点介绍。自然界存在的碳的同位素主要有三种，^{12}C、^{13}C 和 ^{14}C。^{14}C 是放射性的，可以用来测年；^{12}C、^{13}C 则是碳的稳定同位素，可以用于食物结构的研究。植物通过光合作用从大气的二氧化碳中将碳转入体内，在这个过程中碳的同位素会由于质量数的不同而发生同位素分馏，从而导致不同组织机体里的同位素比值有所差异，不同种类的植物光合作用路径不同，导致同位素比值差异显著。同位素分馏是指化学性质相同而原子质量不同的同位素在参与化学和物理变化过程中同位素组成发生变化的现象。

由于植物光合作用的路径不同，碳同位素在经历不同反应路径时所发生的同位素分馏程度不同，导致最终产物 $\delta^{13}C$ 值不一样。不同的植物体 $\delta^{13}C$ 值不一样，人和动物吃了之后，其体内的 $\delta^{13}C$ 值也就不一样了。所以，人和动物的 $\delta^{13}C$ 反映了他们所食用的食物的 $\delta^{13}C$ 值。但人和动物机体组织中的 $\delta^{13}C$ 值不等同于其食物的 $\delta^{13}C$ 值，两者之间是有差别的，食物被机体消化代谢吸收，在这个过程中，碳同位素还会发生进一步分馏，通常人和动物的胶原蛋白的 $\delta^{13}C$ 值比所吃的食物富集了 5‰。

第八讲 碳氮稳定同位素分析在考古中的应用

植物由于光合作用的路径不同,可以分为 C_3、C_4 和 CAM 植物。C_3 类植物的光合作用路径被称为卡尔文循环。为什么称为 C_3 类植物呢?是因为在卡尔文循环中二氧化碳发生光合作用,第一步骤生成的是三个碳的化合物,因此就叫 C_3 类。C_4 类植物所发生的光合作用被称为哈斯循环。因为在光合作用的第一步中二氧化碳转化为含有四个碳的化合物,所以发生哈斯循环的植物被称为 C_4 类植物。CAM 循环类的植物所发生的光合作用过程与卡尔文和哈斯循环不一样,主要是甜菜等多汁类植物。不同的植物种类适宜的环境不一样,光合作用路径不同,导致最后产生的 $\delta^{13}C$ 值就不一样。我们熟悉的 C_3 类农作物有稻米、小麦,C_4 类农作物有小米、玉米和高粱,CAM 植物我们遇到的比较少,在中国几乎可以不必考虑,但是在美洲有一些被人类利用的 CAM 植物。在北美亚利桑那沙漠地带有长得跟树一样巨大的仙人掌,那种仙人掌是可以食用的。我记得在当地博物馆参观的时候,纪念品店里有一种瓶装商品,是这种仙人掌做成的酱,我买了一小瓶,吃起来没有什么太多的味道,有一点点酸。仙人掌属于 CAM,CAM 植物 $\delta^{13}C$ 数值介于 C_3 类植物与 C_4 类植物之间。在中国,南方以稻作农业为主,北方以粟作农业为主,如前所述,稻米为 C_3 类植物,小米为 C_4 类植物,二者在碳稳定同位素上的表现差异很大,这给我们提供了一个非常理想的同位素背景值,使得我们可以用相对简单的模型,使用稳定同位素方法探讨稻粟农业在中国的起源、发展和分布。

这里需要提醒一下,在中国的自然环境里大部分的植物类型是 C_3 类,C_4 类所占比例非常少,所以如果发现一个人群的食物偏 C_4 类的话,基本上可以判断 C_4 类食物是由于人为因素的干预而进入人的食谱的。如果是自由的采集狩猎,食物来自环境中自由生长的植物和动物,人的食物结构一般是 C_3 类植物占高比例。当然由于稻米是 C_3 类植物,所以在稻作农业区,如果用碳同位素来研究该区域农业状况的话,就不大容易与野生植物相区分。另外还需要说明的是,植物的 $\delta^{13}C$ 值是有一个分布范围的,并非绝对统一的数值,甚至这个范围会很大。同属 C_4 类,但不是同一种植物,其 $\delta^{13}C$ 值会不一样。同样一种植物,在不同的地区或同一地区不同年份,因为降水、温度、湿度和光照等条件的差异,$\delta^{13}C$ 值的取值范围都有可能不同。甚至同一个植株的不同部位,如秆、茎、叶和果实,$\delta^{13}C$ 值也不完全一样,不能用一个绝对的数值来代替。所以当我们在阅读文献,讨论某个遗址人群的食物结构时,粟作农业占多大比例,稻作农业占多大比例,这个比例只能作为参考,不是绝对的。通过 $\delta^{13}C$ 值的计算得出粟作农业比例占到了 85%,只是为了说明粟类植物在食物结构中占的比例相当高,但是具体是占了 85% 还是 90% 则不确定,千万不要太把数值当回事,也就是说,文章给出具体比例只是为了便于说明和比较,不能用这个数值精确定量。尽管如此,$\delta^{13}C$ 值的范围还是会在不同人群和动物体内显示出显著的差异,我们通过这种差异和变化来观察一个大的趋势,在一定程度上可以说明问题。

北大环境与科学学院的一个博士生,他曾经做过一项工作,就是调查河南省整个区域的植物种类,做了稳定同位素的分析后,他发现在大的环境体系之下,C_3 类植物占的比例是非常高的。在自然界,禾本科的植物所占比例很小,乔木占的比例非常大,几乎所有的乔木都是 C_3 类植物,因为乔木的贡献,所以自然环境所提供的 $\delta^{13}C$ 的背景值是 C_3 类植物。但是乔木在人的食物中所占比例究竟有多少,特别是在采集狩猎阶段,我们是否可以直接用 $\delta^{13}C$ 值的环境数据来代替人的食物结构的数据,这是我们需要考虑的一个问题。

接下来是氮的同位素。氮在自然界有两种稳定同位素,分别为 ^{14}N 和 ^{15}N。

氮气不能直接被生物吸收,必须要通过固氮菌。在根瘤菌的作用下,大气中的氮被直接固定在植物体中,再转化成氨和铵盐被植物吸收。根瘤菌把空气中的氮转化到植物体内的过程很短,所以含有根瘤菌的植物的 $\delta^{15}N$ 值都非常小。豆科类植物的 $\delta^{15}N$ 值很低,约为 0~1‰。假如我们吃豆类食物比较多,虽然有丰富的蛋白质,但是 $\delta^{15}N$ 值很低。通常用 $\delta^{15}N$ 值来表示人类的营养级水平,食用大量豆类的人群虽然 $\delta^{15}N$ 低,营养级低,但营养水平不低。因此,我们在探讨营养级和营养水平的时候,要注意分辨背后的真实含义。$\delta^{15}N$ 值主要表达了动物性蛋白的贡献。如果食用大量的藻类和菌类等可以直接转化吸收氮的食物,也会导致人体的 $\delta^{15}N$ 值偏低。

其他食物需要通过氨基再转换,转换过程会发生较大的氮同位素分馏。在海洋环境中因为食物链较长,鱼类的 $\delta^{15}N$ 值通常会比较高。据研究,在干旱地区生活的人和动物的 $\delta^{15}N$ 值也会偏高,这与干旱地区土壤环境的 $\delta^{15}N$ 值及缺水条件下动植物的代谢过程有关,针对干旱地区的人和动物进行同位素研究时,需要综合考虑多种因素,不能因为 $\delta^{15}N$ 值高就简单解释为营养级水平比较高。

根据 $\delta^{15}N$ 值的不同,可以把生物分成几类。首先,豆科是最低的,$\delta^{15}N$ 值是 0～1‰,非豆科的植物稍微高一点,$\delta^{15}N$ 值是 2‰～3‰,食草动物的 $\delta^{15}N$ 值大概是 3‰～7‰,一级食肉类动物和鱼的 $\delta^{15}N$ 值大约是 9‰～12‰,二级食肉类动物的 $\delta^{15}N$ 值会更高一些,人处于食物链的顶端,在做食性分析时,人的 $\delta^{15}N$ 值常常是最高的。

这里需要说明一下,$\delta^{13}C$ 值和 $\delta^{15}N$ 值的分析是需要相互补充的。$\delta^{13}C$ 值通常更多地反映植物性的食物资源,$\delta^{15}N$ 值更多地用来解释一些动物性的食物资源情况,但是也不排除人或者食肉动物的 $\delta^{13}C$ 值的变化是受肉食资源的 $\delta^{13}C$ 值影响的可能性。所以,我们在考虑问题的时候,要考虑多种可能性,下结论的时候要有一个大致的概念。

日本学者做过一个陆生与海洋生物碳氮稳定同位素值的分布图,不同植物和动物的数据分布在不同的范围。可以看出,其实碳、氮稳定同位素分析这两个方法结合起来,可以提供一个非常好的分类工具。当我们研究具体遗址时,如果测量大量不同种类的遗物,构建遗址可利用的食物资源的同位素背景,是可以得出一些可靠结论的。从日本学者做的同位素分布图上可以看出,海生哺乳类一般 $\delta^{15}N$ 值最高,然后是海洋鱼类,然后是吃 C_3 类植物的食草类动物,最后是 $\delta^{13}C$ 值较高的海生的贝类。据此可以根据人出现在图中的位置,来解释这个人是主要吃植物和食草动物,还是主要吃植物,以及是否可以排除食用海洋类食物的可能性。因此,有了这些同位素背景,就可以大致判断文章中的论述是否符合逻辑,是否有道理。接下来给大家举几个例子,主要是我的硕士研究生们在前些年做的研究,我一直喜欢用这些案例,因为简单,比较容易说清楚。

首先是河南省邓州市八里岗遗址。这个遗址是北大考古文博学院的学生实习基地。我们取了八里岗遗址的人骨样品做分析,发现了一些有趣的现象。八里岗遗址仰韶时期和龙山时期的人的稳定同位素分布在 $\delta^{13}C$ 值偏低的区域,商代的人的同位素却主要分布在 $\delta^{13}C$ 值偏高的区域。显然,随着时间的推移,遗址居民的食物发生了变化。从数据上看,商代的人食用了比较多的 C_4 类食物,可能是粟/黍,导致其同位素分布在 $\delta^{13}C$ 值偏高的区域。而龙山和仰韶时期的食物种类显然与商代不一样,这说明八里岗所在的地区在仰韶时期甚至是到了龙山时代,粟在人们食物结构中占的比例依然不高。后来我们对八里岗遗址做了植物浮选,发现仰韶、龙山时代的植物遗存里面有大量的稻米。而到了商代,八里岗的人的食物结构转变了,主要以小米为食。这里面就存在一个非常重要的问题,就是如何看待八里岗遗址的形成过程,是否可以认为居住在遗址的人群从早到晚一直没有发生大的变化呢?如果是,那就是说八里岗居民的生活方式在商代突然改变了,不种稻米,改种小米了。事实如何呢?这背后究竟是人群变了,还是同一个延续的人群的经济形态发生了变化?到底如何解释?如果是人群没变,他们不种稻米却改种小米了,这背后一定有一个大的环境变化做支撑,才会有说服力。但根据环境考古的研究,发现从龙山到商代,八里岗所在地区并没有什么大的环境变化,或者说当时的环境变化不足以引起农作物种类发生改变。由此可以推测,八里岗遗址人骨的同位素值变化的背后很可能是人群的变化。从这个案例可以看出,针对稳定同位素数据进行认真深入的分析,可以发现其背后隐含的考古学问题。

第二个案例是关于陕西省扶风县周原遗址和商洛市东龙山遗址的稳定同位素研究。周原和东龙山遗址都在陕西,年代虽有差异但时代相近。从 $\delta^{13}C$ 比值来看,我们可以很明显地判断出周原和东龙山应该都是以粟/黍为主的。所不同的是,周原和东龙山两个遗址人群的 $\delta^{15}N$ 值不一样。周原遗址的人的 $\delta^{15}N$ 值高,东龙山遗址的人的 $\delta^{15}N$ 值低。$\delta^{15}N$ 值的差别可以说明什么问题?说明食用的肉食资源不一样。周原人的 $\delta^{15}N$ 值到了 11‰、12‰,这个范围是挺高的,比食用了陆生食肉类动物的 $\delta^{15}N$ 值高,很可能是食用了鱼的缘故。动物考古分析证实在周原遗址确实发现了大量的鱼骨。这样一个案例,启示我们不同的生存环境会导致食物结构和碳氮稳定同位素比值的差异,周原人生活在水边,而东龙山人生活在山里。环境不一样,可提供的肉食资源种类也不一样,以食用这些不同的动物种类为生的人们的碳氮稳定同位素比值自然会有差异。

第三个案例是四川省成都市商业街遗址,这个遗址的年代大概属于春秋战国时期。成都商业街遗址的人骨发现于船棺里,通过测定成都商业街出土人骨的碳氮稳定同位素比值,发现他们基本以食用 C_3 类食物为主。但是不同人的营养级不一样,也就是他们的 $\delta^{15}N$ 值不一样,或许有人吃了豆类,有人可能吃了鱼或者其他动物,其中有一个人的 $\delta^{15}N$ 值特别低,几乎没有任何肉类资源的摄入。成都商业街遗址人骨出现的营养级分布差异如此之大,而出土背景显示,他们都发现于船棺,应该是属于一个家族。如此大的 $\delta^{15}N$ 值差异,怎么解释?最直接的解释是等级分化。但是从葬具和出土随葬品来看,这种解释似乎不能成立。我的解释是,可能食物资源太丰富了,大家又比较任性,想吃什么就吃什么,所以导致他们的 $\delta^{15}N$ 值差异很大,甚至出现了一位专门吃素的人。当然,结合出土的考古背景进行探讨,还是有所发现的,$\delta^{15}N$ 值高的两位男性出土于特别大的船棺,$\delta^{15}N$ 值低的两位女性出土于小的船棺,两者之间是有差别的。

把成都商业街遗址人骨的数据和中国南北方人群做对比,会发现一些有意思的问题。北方人群的食物基本是 C_4 类的,成都的船棺是 C_3 类的,而新砦遗址和八里岗遗址的人骨数据分布在中间,既吃了 C_3 类又吃了 C_4 类食物,可以解释为这两个遗址所在的区域是稻、粟混作的农业方式。

第四个案例是浙江省余姚市田螺山遗址,这是新石器时代的遗址。田螺山遗址出土的人和动物的稳定同位素分析为我们提供了一个很有意思的案例,可以帮助我们理解稳定同位素数据所表达的人与动物之间食物结构的逻辑关系。当我们把田螺山遗址的居民可能的食物资源都进行罗列之后,发现了一些有趣的现象。从数据上来看,当时田螺山的人可能吃了猪和鹿肉做的食物。因为人和这两种动物的同位素值恰好说明了这样一个逻辑。从植物类食物来看,田螺山遗址人的 $\delta^{13}C$ 值显示是以 C_3 类植物为主的。由于田螺山遗址已经发展出了稻作农业,而且遗址中也发现了水稻遗存,水稻属于 C_3 类,由此判断植物类食物应以稻米为主,这说明稳定同位素的研究结果和植物考古的发现相吻合。但因为来自自然环境的大部分食物也会提供 C_3 类食物资源,所以单用 $\delta^{13}C$ 值来说明田螺山的稻作农业和它发展的程度是比较困难的,需要依靠更多的证据。

再拿牛和鹿的稳定同位素数据进行比较,就会发现如下问题。因为鹿是很难被驯养的,即使到了清代,在中国有了很明确的鹿被驯养的证据,那也不过是将鹿圈在一定范围的自然环境中,尽管是圈养,鹿的取食还是相当自由的,因此我们一般通过鹿来看当时的环境背景,所以这里将鹿作为稳定同位素的环境背景来考虑。但做完实验之后却发现鹿的 $\delta^{15}N$ 值非常高,竟然高到一般认为的食肉动物的范围内。另外,牛的 $\delta^{15}N$ 值也非常高。田螺山遗址出土的牛是水牛,它们食用水体里的植物也可能会出现 $\delta^{15}N$ 值非常高的现象,而且牛是反刍动物,反刍也可能导致 $\delta^{15}N$ 值偏高。有一些大型的鹿也有反刍现象,也会导致 $\delta^{15}N$ 值偏高。由此可以看出,当我们对一个遗址里不同食物资源的稳定同位素进行检测之后,可能会发现很多不确定的因素,需要继续研究。

我们接着来看田螺山遗址的人。从同位素数据的比较来看,人的 $\delta^{13}C$ 值与猪和鹿的相当,而人的 $\delta^{15}N$ 值略高于猪和鹿的,由此解释为人食用了猪和鹿肉,这是合理的。那么将人的稳定同位素数值和水牛的相比,二者不论从 $\delta^{13}C$ 还是从 $\delta^{15}N$ 的数值来看都差异甚大,说明人显然很少吃牛肉。那么,遗址出土了如此多的牛骨意味着什么?或许可以将其解释为牛仅是用来耕地的。这需要其他的一些证据来支持这个观点,比如牛的骨骼上有没有因使役出现的病变,以及有没有与牛耕相配的工具发现等。另外,我们还要考虑一个问题。田螺山、河姆渡遗址都处在杭州湾,离海很近,遗址里面也确实发现了一些海洋性的遗存,如鲨鱼牙齿。那么,如果田螺山人吃了海洋性食物的话,他们的 $\delta^{15}N$ 值也应当非常高,而且其 $\delta^{13}C$ 值还会向坐标的正向偏移。但是数据显示并非如此,田螺山人显然是一个以陆地生计方式为主的人群。我有一次参加一个南岛语族学术研讨会,探讨南岛语族跟中国沿海人群可能存在的关系,比如人群从浙江沿海出发,到福建,再到台湾,试图说明分布在整个东南沿海的这些地区的早期人群可能存在某种关系。而田螺山遗址人骨的稳定同位素数据似乎没有支持上述观点,因为田螺山人不以海洋性的食物资源为主要食物来源。

第五个案例是关于猪的食性分析。这是我和袁靖老师合作完成的。当时主要是为了研究河南省舞阳县贾湖遗址的猪,贾湖遗址最早的年代可以追溯到距今 9000 年前后。贾湖遗址的猪骨比较破碎,从骨骼形态等方面很难准确判断贾湖遗址的猪是否已被驯化,但个别的猪骨又显示了某种被驯化的痕迹,那到底是不是真的被驯化,以及在多大程度上被驯化,需要多方面的证据。我们的思路是如果贾湖遗址的猪已经被驯化了,那么它的食物是有变化的,野地里跑着到处觅食的野猪和被人饲养、人工干预取食过程的猪在稳定同位素数值上应该是有差别的。基于驯化的猪的食物应该是被管理的,所以对于人工饲养的猪来说,稳定同位素所显示的食物结构上的变化应该先于其形态上的变化,我们可以用稳定同位素来验证这一假设。首先,为了保证我们的实验测试数据是可靠的,在测试过程中换了几个实验室,最开始是跟国外的实验室合作,后来又跟国内的实验室合作,再后来我们自己的实验室也有了测试仪器,可以自己测试。所以我们需要把不同实验室的研究结果进行对比,把同一个样品在不同的实验室分别测试后的结果进行对比,以证明不同实验室的数据是一致的。首先要做不同实验室的平行实验。在做贾湖遗址的样品实验之前,我们还要做对比实验,用于说明在农业形态下,家猪被人工饲养之后,其稳定同位素数据所显示的人与猪的食物结构之间的关系。比如新砦遗址,我们来看新砦遗址的人和猪的食物结构的逻辑关系如何。新砦遗址出土的猪的植物性食物资源以 C_4 类为主。环境考古研究证明,河南地区的植被总体来看是偏 C_3 类的,新砦遗址所在区域的植被是以 C_3 类为主的。所以猪在野外自由觅食的话,它的 $\delta^{13}C$ 值不会偏 C_4 类,只有在人工喂食的情况下,它的食物结构才可能表现成 C_4 类为主。所以,从 $\delta^{13}C$ 值的角度可以判断出新砦遗址的猪是被人工喂养的。新砦遗址的人也是偏 C_4 类的食物结构,但是 $\delta^{15}N$ 值比猪的稍高一些,平均值约为 9‰。所以,从稳定同位素数据来看,新砦遗址的人的食物中有较大比例的肉食资源,而且同时又以 C_4 类植物资源为主。我们把新砦的人和猪的稳定同位素数据放在一起,就构成了一幅很漂亮的同位素散点图。也就是说,新砦人和猪的食物结构是吻合的,猪的食物与人的食物同源,而且人吃了猪肉。为了从稳定同位素的角度进一步研究猪的人工饲养情况,我们选择了江西省万年县吊桶环遗址。吊桶环遗址的年代在距今1万至2万年,在吊桶环遗址发现了猪,从形态上来看是野猪,从当时的经济形态来分析,应该也是没有经过人工驯养的。华南地区自然环境以 C_3 类植物为主,在这种环境中自由觅食的猪主要以 C_3 类植物为食。从 $\delta^{15}N$ 值看,这些猪营养级偏低,基本以植物类食物为食。总之,没有发现受到人为因素影响的证据。所以,完全野生的猪的稳定同位素数值大致是上述这种状况。有了以上的工作基础后,我们便可以解释贾湖遗址猪的数据。从 $\delta^{13}C$ 值来看,贾湖猪的食物结构是偏 C_3 类的,通过 $\delta^{13}C$ 值,我们确实没法判断贾湖的猪是自由觅食还是人工饲养,但从 $\delta^{15}N$ 值看,贾湖的猪显然比吊桶环遗址自由觅食的猪的数值高,很可能受到了人的干预。如果把贾湖遗址的人和猪对比,可以看出人吃了贾湖的猪,非常清晰地反映出食物链的逻辑关系。再把贾湖遗址的猪和新砦遗址的猪对比,这种逻辑关系更加清楚。因此,通过 $\delta^{15}N$ 值基本上可以得出贾湖遗址的猪曾被人工喂养,或者受到了人工食物资源的作用的结论。如果把吊桶环、贾湖和新砦等遗址的猪放在一起比较,这种现象更加明显,吊桶环遗址自由觅食的猪的 $\delta^{15}N$ 值非常低,贾湖遗址的猪和新砦遗址的猪 $\delta^{15}N$ 值范围相当,与吊桶环遗址的猪相比,$\delta^{15}N$ 值差异较大。因为新砦遗址的猪是被饲养的,从骨骼形态上看它们是家猪,而且同位素数据也显示一致的结论。新砦猪的 $\delta^{15}N$ 值与贾湖相比,$\delta^{15}N$ 值可以清晰地反映出贾湖的猪也是人工驯养的,虽然在骨骼形态上还没有发生变化,或者仅有某些个体发生了变化,但从稳定同位素数据的角度基本上可以得出这样的结论。

还有一个国外的研究案例也非常经典,Coast-inland mobility and diet in the Danish Mesolithic and Neolithic: evidence from stable isotope values of humans and dogs,发表在 *Journal of Archaeological Science*(No. 34,2007,pp. 2125 - 2150)上,这里就不再讲了,有兴趣的同学可以看一下这篇文章。这项研究是在一个大的区域范围和大的时空框架下做的工作,通过稳定同位素分析结果来讨论季节性迁徙以及沿海内陆的关系问题。作者研究了不同时代内陆和海洋很多个遗址中不同的食物类型和人骨类型,是一项非常细致的工作。我建议大家回去把这篇文献下载下来仔细阅读。

谢谢大家,接下来我把讲台让给两位年青学者,请他们继续给大家讲授稳定同位素分析在考古中应用的问题。

郭怡:我是浙江大学的郭怡。首先感谢袁靖老师给我提供这样的机会,再次是感谢吴老师。今天让我讲是比较突然的,我其实是来学习的。那么我接着刚才吴老师讲的研究案例继续跟大家分享我的研究成果。这个成果是两个月之前在河姆渡遗址博物馆做交流的时候才讲过的,其中一部分内容和今天吴老师讲的主题是有关系的。刚刚吴老师已经把碳氮稳定同位素的原理跟大家讲得非常清晰,我这里就不讲了。经过吴老师的讲解,大家已经知道了一个初步的稳定同位素的食谱图,这是一个标准图。把这个标准图谱拿来和一个具体的个案进行对照,我们会发现一些比较有意思的事情。

我们现在看到,从动物被驯化的角度来讲,从形态到 DNA 开始发生变化的时候,这其实代表家养动物和人之间的关系已经进入比较紧密的时期了。从野生动物到这一个时期发生之前,在这样一个漫长的过程当中,是否还可能存在一个阶段:在这个阶段里人和动物的关系并没有像人和完全家畜化的家养动物那么紧密,只是人们已经开始和试图驯化的动物之间产生一些比较密切的联系。这种途径有很多,比如说可以通过食物的控制主动把这些动物吸引过来;可以种植一些农作物;或者可以通过自己的生活方式,被动地吸引一些动物。举个例子,我们现在家里面很少会进老鼠。但是我小时候家里还有老鼠,为什么呢?因为老鼠要来偷吃我们家的粮食,虽然我家里不是地主,余粮也不多,但是老鼠总比去野地里面找粮食要容易一些。为了挡住这些老鼠,会干嘛呢?要养一只猫,这只猫不一定是我养的,也有可能是因为它知道我家有老鼠,所以偷偷跑到我家里来。这只猫和我之间,我可能不认识它,但是它可能知道我——这种关系并不一定是一种主动的驯养关系。但是由于我的生活方式,我能够获得比较稳定的食物资源,所以我会吸引一些我想要和不想要的动物,和我共同生活在一起。而这种关系,目前来看,并不能够把它界定成为成熟的驯化。那么学界给它一个什么名字呢?也许可以叫"文化驯化"。我们想到,是不是可能由于我们生活方式的变化,使得人和动物之间产生了两种联系。一种联系是人和动物的食物结构趋近于一致。就是刚才吴老师说的,野生的动物在野外跑来跑去,它吃的东西和在我家里吃的东西是不一样的;但是当我饲养动物的时候,它吃的东西就基本和我一样了,我吃什么,它就吃剩下的,这就是食物的趋同性,这是第一个标准。第二个标准是环境的趋同性。野生动物原先生活的环境代表的是一种非人居环境。那么刚才我讲到的家里面那只猫,它在我家附近转悠,它所生活的环境体现的是一种人居环境,它与我在生活环境上也趋同了。当动物和人在食物和环境两者上同时产生了一种趋同性之后,我们就可以根据这样的一种标准来判断,这种动物是否已经开始和人产生一种比较密切的关系。请大家注意,我们不能用已经成熟的、驯化的家养动物来定义这个阶段的动物状态。但是我们还是要理解它有可能就是从野生向家养驯化过渡阶段中曾经存在过的一个历史阶段。在这个历史阶段当中,它们并没有在形态、DNA、与人的关系上发生稳定的变化。这就是我刚才讲的文化驯化。

我在这里介绍一下水牛的研究。现在对于家养水牛的起源,国际上存在着很多分歧,一个是时间,一个是地点。时间的分歧来源于地点的分歧,地点有四至五个,都有可能成为潜在的最早的家养水牛的起源地。为什么会在时间上产生差异?因为在印度,他们最早的案例,无论是考古遗址还是古DNA测试结果,大概在距今5000年前后。但是中国长江下游地区就不一样,大概在距今7000年前后。这两个地方巨大的时间段的差异,就让人们怀疑7000年前长江下游地区是不是真的出现了家养水牛?因为其他地方最早也就是距今5000年,而且现在家养水牛的野生祖本在印度,我们这里还没有野生水牛,所以印度作为家养水牛的起源地,得到很多学者的认同。从DNA变化的程度上来看,在印度,DNA变化的种类和基因种类是最多的。大家都知道只有在最早的起源地,水牛的演化历史最长的时候,它的DNA种类才会最多。所以现在从形态、DNA和考古遗址的发现等,水牛的起源地都有力地指向印度。那么又是什么原因,让我们提出长江下游地区可能有家养的水牛呢?因为在河姆渡遗址和田螺山遗址都发现了比较多的水牛的遗骸,同时这两个遗址周边的一些遗址中也都发现了水牛的遗骸。这个例子告诉大家,田螺山遗址并不是一个孤例,不少相关的遗址当中都有这种可能性。虽然遗址数量比较多,但是仍然存在问题:在单个遗址当中,水牛的绝对出土数量不多。这就给我们提出了一个挑战,假如我们要认定这个地方的水牛是家养的,它为什么数量不多?那么要问到这样一个问题的话,我们首先要回答前面的问题,这里是不是起源地?遗址里出土了完整的水牛头,用水牛的肩胛骨做的骨耜、骨制工具,当然还有一些用水牛的骨头做的骨器。这些东西都告诉我们,从考古学上显示出这个地方的水牛和人的生活之间存在着比较密切的关系。

那么这个密切的关系究竟"密切"到什么程度?有没有达到我们之前认定的那种食物和环境的趋同这种程度呢?为了解决上述问题,我们对这个遗址的很多动物和植物都做了同位素的分析。图8-1是其他动物的数据,比较清楚,图上靠右边显示的是海洋环境的动物,靠左边显示的是陆生环境的动物。这是由于田螺山遗址所在的位置非常典型:第一,这个遗址沿海,刚才吴老师已经介绍过,处于一个沿海环境中;第二,遗址所在的区域有很多沼泽环境,还有湿地、平原、丘陵,多种复杂地貌在这个地区同时共存。所以在这张图上,最难以解释的部分就在于缺少高碳高氮值的基底值部分,这就使得这一区域内的动物具备了两种可能性食谱来源,一种可能性是受海洋环境影响导致的食物结构,另一种可能性是这些动物摄入了一些靠水的植物。田螺山遗址原来有很多地方是洼地,现在旁边就有一个湖,连着河姆渡遗址。那么在水沼环境下,周边会生长很多水草,而这些水草的碳氮值会由于受到湿地环境的影响,产生出向 C_4 方向偏的可能性。因此这些动物存在同时具备两种食谱的可能性。譬如说鹿,这里有大型鹿、中型鹿、小型鹿,每一种鹿的碳氮值分布范围都有所不同,显示出不同的生长环境。刚才吴老师说大型的鹿有可能会受到反刍作用的影响,而产生出氮值偏高的现象,也确实是有可能的。

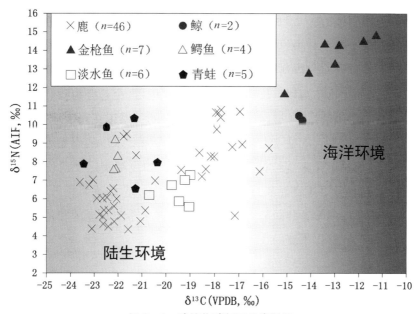

图 8-1　动植物碳氮同位素数值

下面来看水牛,田螺山遗址从早期到晚期,水牛的食物结构是不断地像刚才吴小红老师所讲的那样,向人的这个区域接近的。越早的时候离人的食物结构越远,越晚的时候离人的食物结构越近。晚期的水牛比早期的水牛更接近于晚期人的食物结构。从环境上来看,它们的生活环境也是从原来的带有一定的海洋性和淡水环境向人居环境开始变化。当然这一点还需要更多的证据来进一步证明,例如氧同位素等。所以从这两点来看,这个遗址的水牛从早期到晚期呈现出了一种食物结构的渐趋变化；从环境上来讲，也从一种距人稍微远一点的环境，向跟人居环境越来越接近的情况进行转变。我们还发现一个水牛个体的食性处在人的食物结构当中。刚才吴老师讲的多个案例都证明，一个动物的稳定同位素数据与人越接近，就代表它和人的关系越密切。

从数据上来看，这些牛应该不是当时人主要的肉食来源，不是说人绝对不吃，而是说绝对不会达到经常吃的频率；同时肉量分析也表明，水牛的肉量很大，如果常吃水牛的话，这么多的肉量会给人的同位素数据带来显著的影响。所以从数据上来看，水牛基本不是当时人们主要的肉食来源。从这个意义上说，田螺山的人和水牛之间存在着除肉食以外的其他利用方式。那么这种利用方式是什么呢？就跟刚才吴老师说的一样，我们也同样面临这个问题，水牛用来干什么？当然上述的分析都是假设，因为我们没有另外的数据进行支撑，我们所有的数据只能告诉大家一个趋势，就是从早期到晚期，田螺山遗址水牛的食物结构和生长环境开始向人靠近，这个趋势为我们提供了假设，就是在田螺山遗址，从早期到晚期水牛和人的关系正在逐步地发生变化，越来越密切。这是否就是古人驯养水牛，或者说家养水牛的起始呢？我们还需要开展其他的工作来继续证明这个假设。比如说解决这个遗址的水牛用来干什么的问题，寻找到更多的用来耕田的证据也好，用来祭祀的证据也好，都需要多个学科的学者共同努力，所以我们也非常希望袁老师和他的学生们在骨骼形态上能够提供新的线索。

袁靖：我补充一点，郭老师刚才讲到的水牛跟现在我们看到的水牛是两个种，郭老师讲到的水牛的学名叫圣水牛，是20世纪30年代，老一辈学者杨钟健先生等人在发掘殷墟遗址的时候发现的个体。圣水牛和我们现在在江南地区看到的水牛有不一样的地方，最典型的表现在牛角上。现在水牛的角是细弯的，比较长，而圣水牛的角根部特别宽，特别短，像一个三角形。这种圣水牛后来就灭绝了。郭老师刚才讲的实例给我们提供了一条很重要的线索。在良渚遗址发现了石犁，现在的考古学家推测，这个犁如果用人去拉的话，好像相当吃力。如果用牛来拉的话就顺理成章了。郭老师刚才提出来养牛是为什么？我想是不是跟拉犁有关系？这个问题还没有答案，但有一点是肯定的，就是假如我们的古人当时已经驯养了圣水牛，郭老师称之为文化驯养，用这种方式驯养的圣水牛并没有延续下来。因为我们现在在江南地区看到的水牛，跟圣水牛比较，是另外一个种。我们中国没有这个种的水牛祖先，它最早的祖先是在南亚地区，依据现在的研究，这种水牛是在距今3000年前传入中国的。这是我需要补充的内容。郭老师从同位素分析的角度给我们提供了一条很重要的线索，让我们再继续思考，当时的古人怎样饲养圣水牛，或者是它们吃了什么食物，跟人饲养的迹象正好吻合到一起了，还有我们怎么认识它们的用途，这些还需要做更多的研究。

陈相龙：大家好，我是陈相龙，是袁老师的学生。读书的时候我也一直在学习吴老师的文章。吴老师关于新砦遗址人和猪的同位素分析的那篇文章是最早从同位素角度去探讨家畜驯养和人的控制之间关系的经典论文之一。刚才听了郭老师的演讲之后，我发现我准备错了，我准备的是另外一个跟家畜驯化没有太大关系的报告。

其实，我也做过牛的驯化的研究，是针对山西省绛县周家庄遗址出土的卜骨做的稳定同位素分析。这些卜骨中有些属于家养的黄牛，我们知道家养黄牛是由西亚传入的。此外，还有一些骨骼形态鉴定属于原始牛的卜骨，古DNA研究确定是原始牛。有趣的是，同位素测试发现这些原始牛的食物中有许多粟类食物。由此可见，驯化是一个很复杂的过程，即便古人引进了新品种，也并不意味着他们就不尝试去驯化当地的野生动物了。当然，周家庄遗址的原始牛也可能与驯化没有直接的关系，也可能只是驯服，比如饲养一段时间再杀掉用来祭祀等。

接下来，我要和大家分享的案例和驯化没有关系，是另外一个比较有意思的故事。这个案例是关于湖北省郧县青龙泉遗址的研究，主要的研究方法就是稳定同位素分析。

新石器时代用猪下颌骨随葬是非常普遍的现象。用猪来祭祀和随葬可能从贾湖遗址就开始了。罗运兵老师曾作了梳理，存在上述现象的主要有三个文化区，即山东文化区和甘青文化区，还有一个便是我这里讲到的汉江中上游地区。这些地区新石器时代晚期的墓葬里出土了大量猪的下颌骨。比如湖北省枣阳市雕龙碑遗址的一个墓里就出土了上百具的猪下颌骨。这些猪下颌骨给我们提出了很多的问题：它们是如何收集的？为何要埋入墓葬？反映了怎样的社会网络？这些猪是家养的还是野生的？如果是家养的话，人们是怎么饲养和控制它们的？猪骨是为生者而葬的，还是为死者而葬？也就是说这些猪下颌骨只是为了吊唁死者，还是为了强化记忆和社会规范，来凸显生者的社会威望？这涉及主持葬礼的人在整个社会网络里面的身份地位。这是一个更复杂的人类学的问题，不再赘言。总之，这是一系列非常重要的考古学问题，那么，我们从同位素的角度来尝试认识这些问题。

青龙泉遗址恰好处于稻粟混作区。正如刚才吴老师所讲，八里岗遗址仰韶和龙山时期的人群吃水稻，到了商代吃小米。这个地区实际上从仰韶晚期到战国时期既种植小米又种植水稻，但每个地方的微环境可能不一样，或者人的饮食习惯不一样，导致他们种植的谷物种类也不一样。郭怡老师在青龙泉遗址做了大量的工作，已经把这个遗址先民的食物结构梳理得很清楚了，新石器时代晚期当地人群既吃小米又吃水稻，而且从屈家岭文化到石家河文化，人的食物结构没有特别明显的变化，只有一些细微差异。肉食资源获取方式主要包括家畜饲养和狩猎捕捞。青龙泉墓地随葬猪下颌骨数量最多的墓葬是M148，有43具之多，我们从中选取了保存较好的12具。同时又取了一些动物骨骼作为对比材料，比如地层、灰坑出土的猪、狗以及一些野生动物的骨骼。从同位素数据来看，M148猪下颌的分布范围非常大。根据刚才吴老师建立的标准，我们知道，野猪在野外自由觅食的条件下，它的氮值应该是非常低的，恰好我们发现了氮值非常低的个体。同时，也发现了一些吃了大量粟类食物的猪，以及一些同时进食了C_3类和C_4类食物的猪。也就是说，M148墓葬里的猪下颌骨，既有属于野生猪的，又有属于家养猪的。而家养的猪有吃小米为主的，又有水稻和小米兼食的。那么这种情况说明了什么问题呢？这些猪下颌骨是属于一群人吗？或者说是死者家庭自己饲养的，还是某个社群饲养的？罗运兵老师做了风化指标和种群结构的研究，他发现其中三个个体年龄偏大，是大于两岁的雌性个体。因此，我们推测饲养这几头猪的目的可能主要是繁殖猪崽。风化指标是用来评估猪骨被丢弃之后在野外暴露的时间长短。而风化指标显示这三个个体的风化指标都是一级。也就是说，基本上可以认为这三例猪下颌骨是同时收集的，在野外放置暴露的时间很短便将其埋入墓葬。随后我们又查阅了一些民族学调研的文献。比如，南太平洋一些岛屿把养猪作为一项重要的生计活动,而当猪的数量达到一定程度时,就会在宰牲节中把这些猪杀掉,只留一些繁殖用的种猪,以免猪与人争食。对于青龙泉遗址来说,屈家岭与石家河文化时期的农业并不十分发达,没有大量多余的粮食去喂养家猪。然而,从营养学的角度来说,要让家猪迅速增肥、繁殖,除了喂养谷糠、稻草之外,还需要提供含有大量碳水化合物和脂类的精饲料。在没有那么多的食物喂养家猪的情况下,就需要将其宰杀以免与人争食。所以,我们推测一个家庭同时饲养三头母猪的可能性是非常低的,因此 M148 墓葬随葬的猪下颌骨的来源范围应该比较大。从食物结构来看,既有来自稻作农业人群的,也有来自稻粟混作人群的。由此,我们可以勾勒出一个非常有意思的社会交流网络。这个网络在 M148 墓主人死亡之后发挥了一些社会功能,即构成该网络的某些人在死者死亡之后以吊唁、赠予或纳贡的形式贡献了随葬用的猪下颌骨。从功能主义的角度来看,这些猪下颌骨的征集却不一定完全是为了作为死者的随葬品。主办葬礼的生者,可能也想通过对葬礼的主持来实现社会网络对他的身份认同。也就是说,活着的精英们希望通过对丧礼的组织和随葬品的征集来巩固自己的社会地位,强化既定的礼仪规范,从而达到明尊卑、分等级的目的。

事实上,这种习俗在当今社会也非常常见。比如,在今天山西、河南等地的农村,人去世了之后,周邻的亲朋好友都会来吊唁。现在可能都直接送白包了,十几年前主要是送一些食物、布匹等物品。青龙泉人可能就是送猪下颌骨和其他能表达对死者哀伤、敬畏、感谢的物品。

第九讲

中国冶金的起源与发展

陈建立

谢谢袁老师给我这次到上海交流的机会,这个题目——中国冶金的起源与发展是袁老师给我的"命题作文"。我今天凌晨 3 点才完成这个 PPT,抱歉还有一些不足之处。我今天讲到哪里算哪里,重要的是将一些想法、经验和教训与大家分享,与大家共同学习。

一、引言

今天我就冶金的起源和发展方面的研究动态来跟大家做一个交流。什么是冶金?金是金属,物理上讲凡具有正的电阻温度系数的元素均称金属,其结构特点是最外层的电子数一般为 1—2 个,最多不超过 4 个,金属原子通过金属键来结合。金属的物理性质由金属键和金属紧密堆积的结构所决定,在常温下除汞外都是固体,一般密度较大,有金属光泽,能导电、导热,大多数有延展性,硬度较大。在自然界中,绝大多数金属以化合态的金属矿物存在。狭义的冶金是指利用自然界的金属矿物提炼出金属的过程,而广义的冶金则包括采矿、冶炼、熔炼、铸造、锻造、热处理、表面装饰和使用等一系列过程,这是技术的组合,今天我们就广义的冶金开展讨论。

讲冶金的起源,关注的是各种冶金技术起源的时间、地点和机制等问题;相对于起源来说,发展在时间上要靠后一点,地域范围更大一些,这包括了冶金技术在不同地区的发展历程及其背后的技术传播与交流问题。当然这里面牵涉它的起源、传播、发明、创造及其对社会文明发展产生的影响等一些学术问题。特别是在欧亚大陆这个层面上讨论任何一个事物的起源,需要讨论它是单一的产地或起源地,然后向其他地方传播,还是多中心起源。这些技术的起源、发展和传播是国际学术界交流的热点。前两天在北京大学和牛津大学合作召开的讨论会上,学者们也谈到了这个十分重要的话题。我和我的合作者们这几年在开展矿冶遗址的调查和发掘工作时,深刻意识到考古学研究要做到透物见人的重要性。如何从这些存在的矿冶遗产来看当时从事这种生产,使用这些金属背后的人的因素:矿工的生活、生产的管理、原材料流通以及产品的分配是什么状态,也是冶金考古重要的研究内容。总之,冶金从起源阶段一直到当今这个时期,它在人类社会发展过程中起到什么样的作用,这是一直受到关注的问题。

  我在讲课时经常用到位于河北省沧州市旧州镇铁狮子的例子。在短短40年左右的时间里,铁狮子从一个保存状况较好的状态变成了目前需要支架支撑的状况。对于这个铁狮子,我们可以问几个问题:它是什么?材质如何?谁做的?怎样做出来的?有什么作用?为什么变成了这种状态?如何保护?通过研究,我们可以回答一些问题:铁狮子铸造于后周广顺三年(公元953年),高一丈七尺,长一丈六尺,背负巨盆,经测量身长约6.3米,体宽约3.0米,通高约5.5米,重约32吨。一千多年前,中国人能够把几十吨的铁铸造成这样一个器物,既代表了当时的冶铁铸造技术水平,也反映了当时的信仰及其社会功能。有了这些问题及初步研究,其背后的原因,可讲的故事就非常多了。比如铸造铁狮子的原材料从哪里来,通过什么技术与组织方式把它浇注出来,是多次铸接还是一次铸造成型?现在上海宝钢集团一号高炉是利用20世纪70年代末世界最先进的高炉技术设计建造的,高炉容积4 000多立方米,日产生铁8 100吨,所以铸造30多吨重的铁狮子不算什么。但设想一下1000多年前,在没有现代化设备的情况下,一个炼铁高炉一天能够炼一吨铁已经很不错了,铁狮子有30多吨重,所以不可能用一个炉子炼出的铁一次性浇铸而成,而是多次浇铸而成的。我们可以通过观察铁狮子身上这些水平与垂直的范线的分布,以及其他留下的铸造痕迹来研究它的铸造过程,这是研究铸造技术很重要的方法,也是研究商周青铜器铸造技术的重要方法之一。

这个研究可以帮助我们重建陶范铸造技术的源流，了解它是如何从商周青铜器逐渐发展到宋代大型铁器的铸造的。

为什么要从这个例子讲起？因为我觉得非常有必要讲讲这个铁狮子的保护问题。现代人的一些想法很奇怪，铁狮子从公元953年铸好后就基本没有移动过，也没有所谓的保护措施，保存状态尚好。一直到20世纪50年代，1957年，有关部门为保护铁狮子而加盖了一个亭子，但因排水不畅，铁狮子的腿部腐蚀加快，随后将亭子拆除。1984年，有关部门又实施移位保护工程，将铁狮子提升并放置到2米高的水泥台上。但因为所用材料和保护措施不当，以及铁狮子与水泥台硬接触之后所产出的应力腐蚀等多种原因，从90年代初开始，铁狮子身上出现了许多新的裂纹，并且裂纹呈明显发展趋势。为防止铁狮子倒塌损毁，1995年由河北省古代建筑研究所为铁狮子的体内外安装了钢管保护支架，修补四足残缺和包砌台基，但狮身锈蚀及裂缝延伸的趋势目前仍未得到有效的扼制。如今的铁狮子正面临着破碎崩塌的危险。到目前这个状态，实质上的保护工作是停滞的，需要文物管理部门、文物保护工作者和整个社会的深刻反思。正是类似并不尽如人意的工作，提醒在座的将来可能会到政府部门或研究机构去从事文化遗产的管理与保护工作的各位同学，遇到这样的事情你们应该怎样处理，这一点非常值得也理应好好思考，其实这也是冶金考古研究以及矿冶文化遗产保护所要思考的重要问题之一。面对这些具有重要价值的文物，我们一定要有敬畏之心，一定要从研究、保护、传承和利用方面找到一条最好的道路。真正的文物需要保护，保护确实需要一定的经费与精细化的管理，但是这些付出与投入跟建一个很大的城市广场、楼堂馆所相比，与花费上千万元邀请现代艺术家按1∶3比例复制铁狮子相比，也是微不足道的。那么有限的经费和社会资源怎样投入到文化遗产保护工作中并发挥更大作用，任重而道远！其实我也一直强调，冶金技术背后是人与自然、人与人、人与社会之间的关系，这更是冶金起源和发展过程研究的核心。

冶金考古研究的是金属的历史。其实我们每天都离不开金属，如大家目前触手可及的电脑、桌子、椅子、自行车、汽车和建筑等。金属在颜色、导电性、导热性、延展性和硬度等方面有较好的使用性能，比如，人们可根据金属的颜色及延展性等来制作不同形式的装饰品，其实也可根据这些性质来推想一下最早是如何使用金属的。最早的金属装饰品是古人用从自然界采集的黄金和自然铜等制作而成的；中国商周时期的青铜器的生产，一般是通过铜锡含量的改变，来生产红色、黄色和白色等不同颜色的器物，也可以达到改变青铜器韧性与硬度的效果，这都是对金属物理性能深入认识的结果。正是因为古人对这些金属物理性能的认识，因此他们有意识地通过一些办法去改善、改变金属的性能。在这一系列的技术的发明和思想的创造下，形成了一整套从金属的开采、冶炼到后期的合金化处理的技术体系。冶金考古所做的事情就是研究从古至今、从早到晚整个冶金技术体系是如何形成的，主要包括了金、银、铜、铁、锡、铅、锌和汞这八种金属的冶炼历史。

二、如何得到金属

现代人如何得到金属？最简单的获取办法就是在我们生活的空间里找到这些金属。古人也是一样的，最早是从自然界里采集有特殊颜色的金属材料，如自然金、银、铜和陨铁等，这些金属不需要人工采集矿石进行冶炼，有的是天上掉下来的，有的是地质成矿生成的，有的则是金属矿物经长期风吹日晒，在适宜的条件下通过化学反应自然冶炼而形成的。古人把这些金属材料捡起来，或直接加工，或加热退火，或熔化铸造，等等，就能制作小件装饰品或工具。

这种金属加工技术发展到一定阶段之后，古人就可以有意识地把金属矿里面的金属通过还原的方法提炼出来，这就是金属的冶炼。金属矿不管是氧化矿、硫化矿还是其他种类的矿石，基本上都是金属元素与氧等其他元素的化合物，冶炼所做的事情就是在一个反应装置里面，即冶炼炉或坩埚，通过碳和氧不完全燃烧生成一氧化碳，一氧化碳再与金属氧化物中的氧结合，从而把金属氧化物中的氧去掉，单质金属就可以被还原出来。冶炼就是这样的过程，它需要冶炼炉、矿石、燃料，必要时还要有助熔剂以利造渣，也需要鼓风。从这个过程上看，金属的使用是从最原始的地表采集开始，逐渐发展到用还原装置从金属矿物中冶炼出金属的过程。冶金考古研究就是把这个发展过程所呈现的一些现象和规律揭示出来。

得到金属原材料之后，还需要经过多种工艺才能制作成金属器物，如锻打、铸造、热处理与表面装饰等。无论锻与铸，均需考虑金属器的机械性能，必要时可进行退火、淬火、回火等热处理，以改善其使用性能。成型以后的金属器表面需要进行装饰，比如彩绘、错金、鎏金、镀锡、镶嵌等，这些也需要娴熟的装饰技艺。所以，从自然界采集的金属到从矿石中冶炼出的金属，从把不同的金属种类合金化到成器的整个过程所涉及的对金属与矿石的识别、开采、选矿、冶炼、合金化、锻造、铸造、热处理等知识与技艺，以及所留下的丰富遗存遗物，都是冶金考古的研究对象。

丹麦考古学家汤姆逊提出的石器时代、青铜时代和铁器时代概念，直接与人类对自然界材料的认识和使用的年代特征有关。石器时代是从地表有意识地采集可以为人类所用的石头打造成器物的时代，青铜时代和铁器时代分别指主要使用铜及铜合金材料、钢铁材料的时代。为什么会先有铜器时代后有铁器时代？我们知道，铁的化学性质比铜更加活泼，也就是说铁跟氧的结合能力比铜与氧的结合能力更强，如果在冶炼时用一氧化碳把氧元素去掉的话，它需要的温度更高，能量更多。所以，最容易冶炼的金属就是和氧结合能力最弱的金属，从这个角度上来讲，冶炼铜比冶炼铁要容易，技术相对原始，被冶炼的时间就相对较早；铁的还原条件高，所需冶炼技术复杂，冶铁技术出现较晚。考古发现证实了这一点。最先使用的金属是自然界就有的矿物，比如自然金、银、铜和陨铁等。最早被人类从矿石中冶炼出的金属可能是铅，可能与烧制彩陶时使用含铅矿料有关。

现在先简单介绍一下中国古代冶炼技术的发展历程。中国古代存在的炼铜技术有火法炼铜和水法炼铜两种原则性工艺，不同阶段的使用方式不一样。迄今为止，没有发现在中国存在使用自然铜的阶段，也就是不存在所谓的铜石并用时代，铜大规模地出现往往是纯铜、砷铜及锡青铜共同使用。从冶炼技术来看，能够梳理出比较明显的技术进步过程，即最先采用了地表氧化矿进行冶炼，冶炼技术相对比较简单；其次是采用高品位的硫化矿，焙烧成氧化矿之后，再放到炼炉内冶炼；当技术发展到最高阶段时，开采低品位硫化矿就能冶炼，这个阶段需要把铜矿先炼成冰铜，然后再将冰铜冶炼成铜。中国古代主要有以上三种火法炼铜工艺。水法炼铜就是利用铁比铜化学性质活泼的原理，把金属铁投到含有铜离子的溶液内，把铜置换出来，这种技术涉及铁的产量以及铜铁价格之比的问题，也就是当铁的价格要远远低于铜的时候,才有价值被大规模使用。

三、如何研究

如何来研究上面所提到的问题,我们认为必须通过田野考古和实验室工作的密切结合才能做好,现举例说明。

首先,通过陕西临潼姜寨、陕西渭南和山东胶县三里河等遗址中发现的黄铜制品来看冶金考古研究方法。姜寨铜片出土于临潼姜寨遗址仰韶文化一期F29的活动面上,年代可定在公元前4700年至前4000年。因年代较早,意义重大,铜片出土之后就被送到北京钢铁学院冶金史研究室(现北京科技大学科技史与文化遗产研究院)进行检测分析。金相组织观察和成分分析结果表明,这是由铜、锌、铅组成的三元合金(称为"黄铜")铸造成型。之后在陕西渭南仰韶晚期遗址和山东胶县三里河遗址龙山文化晚期地层也发现了类似材质器物,同样由北京钢铁学院做了显微组织观察和成分分析。这里有姜寨和渭南出土器物的两张显微照片,大家可以看到这两张照片所显示的显微组织是不同的,姜寨这张是铸造形成的树枝晶组织,组织不均匀,基体为带轻微树枝状枝晶偏析的 Cu-Znα 相,晶界处为含锡较高的 δ 相或($\alpha+\delta$)共析相,尚有弥散分布的铅颗粒,推测是把熔化的黄铜液浇注到模具内冷却后形成的显微组织;而渭南这张是锻打形成的热锻组织,α 等轴晶和孪晶,组织比较均匀,存在夹杂物,其工艺是先把黄铜铸造成小铜锭后,在较高的温度下锻打成这个造型的器物,其显微组织明显与铸造的不同。

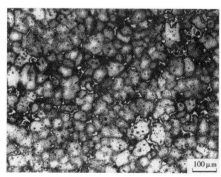
图 9-1-1 姜寨黄铜片显微组织

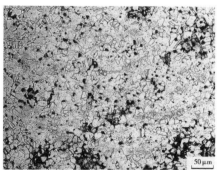
图 9-1-2 渭南黄铜锥显微组织

这里有两个重要概念,铸造和锻造,就是根据金属的显微组织进行区别。成分分析发现,这些器物中锌含量不是特别均匀,并有铅、铁等杂质元素。这些特征说明它们是使用铜锌共生矿原始冶炼的产物,北京钢铁学院的模拟实验验证了这一理论推测。刚才讲到了通过显微组织可以看出金属器物是铸造还是锻造的,此外也可以通过微痕观察来推测制作工艺,比如马家塬墓地出土的银片,可以看到这些利用不同工具进行剪切、打磨和刻划的痕迹,据此可推测所使用工具的种类、工具的尺寸以及使用的先后顺序等。还可以通过成分分析的方法,即依据矿物、炉渣、器物的成分分析来推测它用了什么矿物,得到什么产品,从而了解背后的技术。技术的重建就是通过显微组织观察及成分分析来完成的。

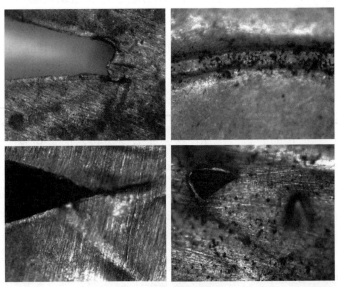

图9-2　马家塬银器

这里需要提出几个问题,这些黄铜质的器物无疑是目前中国年代最早的一批铜器,但系统整理中国各地出土早期铜器之后,发现黄铜器数量极少,只有零星的几件并很快消失了,一直到汉代随着佛教自西域的传入,黄铜(当时叫"鍮石")又重新在中国出现,这是什么原因呢?这些器物对于判定中国冶金史是否独立起源能不能起到关键作用?以上问题均需要深入思考。必须指出的是,关于姜寨黄铜片的年代还有不少争议,巩启明、安志敏和严文明先生都进行过讨论。我们认为，年代争议必须在田野考古的基础上得到解决，如果田野工作基础不牢靠，对后期研究会产生重大影响。对于冶金技术起源研究，从田野考古获取的标本，一定要清楚它的地层、埋藏环境及与其他遗物的共存关系，这些是年代判定的关键，当然也可利用^{14}C、热释光等测年方法进行补救。所以，我们一直强调，冶金考古需要田野工作与实验室研究更加密切地结合。

其次，通过河北藁城出土的商代铁刃铜钺研究看冶金考古研究方法。河北藁城台西村商代遗址出土了一件铁刃铜钺，钺身由青铜铸造而成，但在钺的刃部残留一些铁锈，年代是商代中期（公元前14世纪）。这件器物出土之后，有研究人员认为这是中国最早人工冶铁的实物，并把它当作冶铁技术起源的证据，但这一说法没有经过科学检测证实。中国考古学的领导人夏鼐先生坚持必须经过科学鉴定才能判定它是不是人工冶铁，就把这件器物交给北京科技大学的柯俊先生做检测分析。结果表明，铁刃中镍含量分布高低不均，分层现象明显，是典型的陨铁特征。因为在古代几乎没有什么冶炼方法可以将镍元素加到铁里面去，再者到目前为止也没有发现任何利用铁镍共生矿炼铁的遗存。由此可以证明，商代藁城人是用陨铁锻打成铁刃之后，嵌在钺的铸型之中，然后浇注铜液使两者结合，形成这件铜铁复合器。这项工作发表纠正了前人的错误说法，反响重大，事实上也加速了北京科技大学利用自然科学手段开展古代冶金技术的研究。这个例子可以清楚地说明实验室工作是冶金考古研究必不可少的手段，也是帮助传统考古学家解决难点问题的法宝。所以坚持田野考古同实验室分析紧密结合，两条腿走路，才能真正做好冶金考古研究工作。

第三，通过矿冶遗址调查与发掘看冶金考古研究方法。冶金考古需要把自然科学和人文社会科学的研究方法真正结合起来，将金属器物的全生命周期所涉及的各种问题尽量研究清楚，这个生命周期包括从采矿、选矿、冶炼、合金化、金属器制作、使用、废弃和埋藏，到最后再重归大自然的整个过程，现在的很多工作就是遵循这一原则。在过去15年里，我和合作者们，特别是北京科技大学的李延祥教授，花了很大的精力，在田野调查中发现了数量众多的矿冶遗存，收获颇丰。田野调查的第一步，是系统收集、整理各类相关文献记载及口头传说等，包括但不限于考古发掘报告、调查报告、地质调查报告、地理学资料、史书、地方志、笔记、传说、微博和微信等方式,去获取矿冶遗址的线索,梳理矿冶遗址的分布规律。然后,根据这些线索,组织调查队伍系统开展田野调查工作,采集各类信息和遗物标本,探讨矿冶遗址的分布范围、堆积形态、交通路线及与附近聚落或环境之间的关系等。不同地区有不同的环境特点,调查的难度和方法有所不同,需根据不同情况设计相应的调查方法。

冶金考古田野调查的目的在于发现古代冶金遗存,并通过对这些冶金遗存年代、文化属性、技术状况和空间分布的综合分析,了解古代冶金活动及其背后的生产组织、社会结构和人类行为;通过对这些冶金遗存保存现状的考察,探索这些遗存的埋藏和保护方法,为文化遗产的综合管理和保护提供科学依据。因此,针对冶金遗址的空间分布、遗址功能、生产组织、资源使用、冶金活动与自然环境的关系等问题进行田野调查是冶金考古的重要工作方法。

冶金考古田野调查应严格按照《田野考古操作规程》进行,具体操作方法可根据冶金遗存的特点进行设计。一般而言,冶金考古田野调查内容既要包括矿冶活动所留下的生活设施和遗存,又要涵盖生产的遗迹和遗物,同时遗址的环境状况也不可或缺。在这一实践过程中,存在较多难点。例如,矿冶遗物与代表遗址文化属性的陶片的共时性问题、矿冶遗址特别是采矿遗址的年代问题、矿冶遗址的范围、矿冶活动与资源环境之间的互动关系等。要解决这些问题,一方面需要从调查方法的设计入手,以尽可能多地采集相关信息;另一方面,也需要大量开展矿冶遗址的田野调查工作,在工作中积累实际经验,建立合乎冶金考古研究实际的田野调查工作方法。

矿冶遗址田野调查要全面、系统采集各类遗物,也要记录各种有用信息。因研究所需,对散落于遗址内的各种矿石、采选工具、生活器物、冶铸设施及相关遗物、金属成品等均要全面采集,在室内进行了类型学和成分工艺的系统分析之后,才能有正确认识。对于调查所见各种信息一定要详细记录。例如,在重庆调查古代炼锌遗址的时候,因山高林密,就需要找当地人作为向导,带领我们钻矿洞、穿森林等,开展调查工作。在向导的带领下,我们用砍刀开路直至半山腰之后,看到了一个清代墓葬,墓碑非常清楚地记载了墓主的生平,从中可知他是江西人,在重庆买了一座矿山从事矿冶活动,中间利用采矿之利,在江西老家置办地产,去世之后埋在此处矿山。通过这样的调查,可研究与冶金相关的人群的流动问题,而这种流动对于研究技术流动、传播有重要价值。在调查古代矿洞时,也能见到当前的采矿生产场景,通过访谈记录矿工的劳动和生活情况。下面这张 2004 年拍摄的照片真实地反映了十多年前的生产状态。大家可以看到,这个工作方式与古人基本相同,矿工用锤子、凿子在采矿面上采矿,搬运工用背篓将矿石背到洞口,按种类记录工作量。通过这种调查,我们可以认识矿工的劳动强度、劳动力价格、生活方式及信仰等,这是复原古代矿工生产与生活的十分珍贵的资料。

图 9-3 重庆玉石洞调查

冶金考古中矿冶遗址的发掘是最为关键的环节。通过矿冶遗址的发掘,可以更加清楚地揭示冶金生产链中各种活动的空间布局,进而更深层次地探讨冶铸生产的管理方式问题,这是研究中国冶金技术起源及早期发展的核心问题。最近常怀颖博士做了非常优秀的研究工作,大家可阅读他发表的几篇论文来了解这部分工作的内容。这里我想补充的是,在发掘中需要注意哪些问题,需要采集什么样的标本,如何从有限的发掘面积里获取更多信息,如何从遗址去推测古人的整个生产流程,如何研究冶金活动的管理制度等等,目前的研究还不太深入,均需在实践中加以提高。

冶金技术反映了多方面的知识、技艺以及生产管理方式。采样是田野冶金考古工作的重要内容,是根据冶金考古研究的需要,在田野调查和发掘过程中,依据堆积单位和遗迹单位的形状和性质,采集其中包含的遗物,认识遗址或堆积本身的形成过程。田野考古采样工作的实施方案直接决定了田野考古工作获取的科学研究信息量的多少,必须做到准确、全面、科学、有效。对于冶金考古研究而言,应鼓励冶金考古工作者全程参加田野考古调查与发掘,根据自身学科背景和独特视角来研究冶金遗存地层堆积问题,并与考古学家共同设计有针对性的采样方法和采样内容。

冶金考古的采样种类十分庞杂,包括采矿、冶炼、铸造、锻造和金属制品的使用、流通和废弃等各环节所涉及的样品,详见表1。原则上各类人工冶金遗物均要全部采集,而自然遗存根据研究目的可进行部分采集,但无论是全部采集还是部分采集都需要进行统计学分析。

表1 冶金考古样品种类一览表

遗址类型	采样种类	研究目的
采矿遗址	采矿工具、采矿痕迹、矿石、选矿工具等	采矿技术
冶炼遗址	冶金设施:炉壁、鼓风管、炉衬、坩埚、烧炭窑、焙烧炉、各类操作工具等	炉型结构、鼓风技术等
	炉料:矿石、助熔剂、燃料等	冶炼技术等
	产品及废弃物:金属锭(块)、炉渣等	工艺、成分和产地信息等
铸造、精炼或锻造遗址	冶金设施:坩埚、熔炉、退火窑、锻造炉、烘范窑、各类操作工具等	炉型结构、鼓风技术等
	原料:矿石、燃料、助熔剂、金属锭(块)、制范材料、模、范和芯等	合金熔炼、铸造和锻造技术等
	产品及废弃物:金属制品、金属锭(块)、炉渣、金属和炉渣碎屑等	工艺、成分和产地信息等
其他性质的遗址	金属器具、冶炼和铸造工具、炉渣、炉壁等一切与冶炼有关的材料等	工艺、成分和产地信息等

需要指出的是,冶金考古样品包括但不限于上表所列种类。对于一个冶金遗址而言,我们需要了解其冶金技术,也需要了解冶铸工匠的生活方式及冶金活动的管理方式,因而,对其他种类的样品采集也不可或缺。但是检测分析样品的选择应是有目的性的,是为解决所要研究的问题而做分析,而不是样品分析得越多越好。此外,分析所用仪器设备的选择,也是以解决问题为目的,而不是越高级越好。

最后,谈谈传统工艺调查和实验考古的研究方法问题。传统工艺调查也是冶金考古研究的重要内容之一。中国古代有多首诗词对日本刀的高超制作质量给予高度赞誉，这种古老的钢铁制作技术在工业化程度很高的日本被很好地传承下来。2002年，我与日本国立历史民俗博物馆的同事赴仙台调查一个制作传统的日本刀的作坊，这是一个日本政府认证的非物质文化遗产。我们在那里做了利用同一个炉子进行熟铁渗碳制钢和生铁脱碳制钢的实验，收获很大。但很不幸，这个作坊在2011年的大海啸中受到重创，很多有价值的信息、资料都消失了。如果不对这些传统工艺做及时的记录，发掘并发挥其现代价值，它就会因各种因素而迅速消失。有个不太准确的数字，说目前中国每天有几百个村庄消失，其实很多传统工艺也随着这些村庄的消失而消亡。所以，系统开展传统工艺调查刻不容缓。

实验考古也是非常重要的研究方法，20世纪50年代以来，国内外冶金考古学者在矿石的开采和加工、金属冶炼和铸造、金属制品的加工和使用等领域进行了大量的实验考古研究，为揭秘古代冶金技术，复原古代冶金活动及其组织形式，探讨冶金活动与环境的关系等提供了有效途径。但遗憾的是，目前国内开展的冶金实验考古研究和教学工作较少，与国外经常性的冶金实验考古研究及教学相比是比较落后的。针对这一情况，北京大学考古文博学院早在2010年开始就有计划地开展实验考古活动，并于2016—2018年连续三年组织了实验考古暑期课程，分别进行炼铜、熔铜铸造和炒钢的实验考古操作，这是考古教学中较为创新的尝试，也是一个非常重要的研究手段。实验考古的结果可还原田野考古的发现，通过记录实验考古的组织过程也可为研究古代冶金对环境的影响、生产和组织方式提供思路，而冶金实验考古过程之后的发掘工作，更可指导将来的矿冶遗址田野考古发掘的实际操作。

当然，冶金考古研究还需要用到物理、化学、矿物学、冶金学、地球物理、地球化学和环境学等多个学科的研究方法，研究手段就是自然科学与人文科学两方面结合，两条腿走路，从田野到实验室，将自然与人文充分地、真正地结合起来，才能真正地解决冶金技术起源和发展中存在的问题。

四、冶金起源

研究冶金起源需要就冶金技术的起源地点、时间、机制以及不同地区之间原材料、产品流通或技术交流的问题进行深入探讨,这也是近几十年来国际考古界的研究热点之一。冶金起源的理论模式,还是要回答一些最基本的问题,从问题导向来思考。为什么古人会使用这些金属?为什么去发明冶金术?它是一种实用技术,还是一种没有实用价值而纯粹基于美学效果或威权的技术?它是如何发生的?即如何从考古发现找到最早使用自然金属的证据,到发展为一个完整的冶金基本体系和技术体系?它在什么地方发生、怎么发展、怎么传播、怎么被接受的?如果冶金术是从一个地方传播到另外一个地方,是否存在对原有产品或技术的改造?考古是被材料牵着鼻子走的学科,随着新材料的出土,新的研究也层出不穷,关于冶金技术起源的理论模式也有多个版本。

第一个观点认为它是陶器生产的副产品。顾名思义,冶金一般是指在冶炼炉里把矿石中的金属元素与其他元素分离,并提炼出金属单质(或合金)的活动。这个过程需要冶炼炉、木炭和矿石。而陶器的生产也是需要黏土、木炭和炉子,对制作陶器的原料进行改性,这个过程需要塑形,并置入陶窑烧造,通过有意控制陶窑氧化、还原气氛,利用相同的材料可得到红陶、灰陶和黑陶等。从这个角度上来讲,陶窑可以提供高温、还原气氛,而冶炼炉内也需要还原气氛,所以冶金术产生于烧陶技术也是顺理成章的。汉语里经常讲的"模范"与"陶冶"这两个词,也至少说明从中国人的角度来讲,制陶和冶金有非常强的相关性。公元前第 6 千纪早期,土耳其东部的加泰土丘(Çatal Höyük)和伊拉克北部的亚瑞姆(Yarim Tepe)遗址出现了迄今最早的人工冶炼金属制品,其材质是铅。但有学者指出,在考古上陶器和冶金不总是相关的。尽管在陶器的表面可以发现一些铅,有学者猜想可能是古人在烧陶的时候有意识地使用了铅矿石进行装饰并在烧造陶器时炼出金属铅,然后启发古人再有意采集、冶炼这些矿石,从而导致冶金术的产生,但是这种考古证据非常少。再者,烧陶和冶炼其实有非常大的技术差别。陶器烧造是经高温将黏土陶化,它不牵扯特别多的化学反应,也基本保持原始制作的造型和装饰特征。而冶炼需要把矿石中的金属元素和其他物质分开,这一过程必须完成金属和渣的分离,涉及较多的化学反应,它需要更高的温度和更好烧成气氛的控制。所以,从技术本质上来讲,冶金和制陶过程不同,是技术进步的表现。

第二个观点是大英博物馆的克莱达克(Pull Craddock)博士提出来的,他认为存在一个从退火到熔炼,再到冶炼的过程。古人最早大量使用的金属是自然铜,这是硫化铜矿在常温下与自然界的水和氧发生化学反应的产物,可在铜矿地表采集到。用自然铜制作铜器,通常需要在高温下进行锻打和退火处理,这是对金属延展性有所认识的结果。为减少自然铜在加热锻打时的氧化损失,古人也可能有意增强炉内还原气氛,这也促进了熔炉技术的进步。再者,必要时古人会在熔炉里将自然铜熔化再浇铸成铜器。其实一旦把自然铜熔化,把它浇铸成器物是很容易的事情,实验考古充分证实了这一点。基于这一种技术发展的方式,克莱达克博士认为从退火发展到熔炼,再发展到冶炼,是冶炼技术起源最有可能的一种模式。

现在再回顾一下人类早期使用矿石和自然铜的情况。考古学家在埃塞俄比亚的一处遗址发掘出了距今 260 万年前的利用卵石打造的石器,显然是古人有意识地采集河中卵石打造石器的结果。采矿就是有意识地进行材料分选的工作,冶金活动所开采和使用的金属矿物,如赤铁矿、孔雀石、蓝铜矿和自然铜等也都是有目的选择的结果。石器时代赤铁矿已被广泛用来粉刷墙壁、墓葬、陶器或用作装饰品。北京山顶洞人墓葬内有赤铁矿石粉,还有不少装饰品,显然是有意为之;北京东胡林人遗址和墓地中同样有研磨过的赤铁矿石粉末,还发现研磨矿石用的磨盘;另外中国彩陶的出现和赤铁矿的使用也有一定关系。在西亚地区赤铁矿也用来装饰陶器。颜色更加鲜艳多彩的铜矿石,如孔雀石和蓝铜矿等,在广泛的区域内被用作装饰品,中国、埃及和美索不达米亚等地均发现利用铜矿石制作的装饰品。铜矿石也被用来装饰陶器,在烧造过程中,由于铜和铁的化学性质不同而使陶器呈现不同的颜色。

有铜矿的地方往往都有自然铜资源,亚洲、欧洲及北美洲均有大量开采和使用的考古资料。自然铜是在自然条件下由铜的硫化物还原而成,形成于原生热液矿床,也见于含铜硫化物矿床氧化带下部,常与赤铁矿、孔雀石、辉铜矿等伴生。北美五大湖地区自然铜资源丰富,印第安人开采和使用自然铜的持续时间非常长,也形成了自然铜开采和交流网络,在某种程度上限制了从铜矿石中提炼金属铜的技术发展。而在欧亚旧大陆又是另一种情况。土耳其东部的萨约吕(Cayönü Tepesi)遗址发现了公元前 8000 年的自然铜制品,并经退火处理。随后,此项技术向其他地区传播。公元前第 8 千纪后期,金属铜出现于土耳其东部和伊拉克北部的核心地区以外的地方,如叙利亚西南部大马士革郊区的拉马德丘(Tell Ramad)遗址和伊朗西南部艾利库什(Ali Kosh)遗址出土的铜珠等,并于公元前6000年传播到巴基斯坦中部的美赫尔尔(Mehrgarh)地区。伊朗也出土有公元前第9千纪到前第2千纪之间的用自然铜制作的铜珠、针和锥等小件器物,它时常出土于新石器时代的居址中,作为舶来品与其他器物,如沥青、黑曜石以及孔雀石、蓝铜矿等矿石制作的装饰品共存。这是最早开始使用金属的阶段,加工方法是加热、锻打、退火,当然也可以放到坩埚里熔化、铸造,也可以有意识把它作为原料制成合金。

学界有许多关于自然铜的使用与后来铜冶炼技术起源之间关系的讨论,但到目前为止还尚未有定论。如果古人能够用木炭在坩埚中将自然铜加热到1 083℃,那么从矿石中将金属铜提炼出来将不会是一件困难的事情。公元前第6千纪,安纳托利亚中部、美索不达米亚北部和伊朗西北部已有冶炼方面的尝试。自公元前第4千纪开始,中东地区开始出现真正的冶炼活动。最新的研究表明,塞尔维亚早在距今7000年前即开始冶炼铜。

关于冶金技术是单一起源还是多地起源问题也存在较大争议。柴尔德(Gordon Childe)在1950年代提出了一个非常著名的论断,他认为冶金术产生于近东地区,由文明社会(美索不达米亚及低地地区)向野蛮社会(旧大陆其他地区)传播。沃泰姆(Theodore A. Wertime)认为冶金术产生于临近矿区的高地地区,并且是由较为简单的社会向复杂社会传播,他同时指出冶金技术非常复杂,不能在不同的地区再次产生,此即著名的冶金技术单一中心起源论。这两位学者是单一起源论的代表。单一起源论是根据当时欧亚地区所见的冶金考古资料,经综合研究所得出的结论,如果将不同地区发现的最早的冶金证据在地图上标出来的话,可以看到土耳其最早,其他地区次之,存在一种从中心到边缘传播的趋势。其实我也一直在思考,不管是低级社会或是复杂社会,从最原始的社会生产到最复杂的社会生产,人类不害怕复杂,甚至追求复杂,所以我觉得技术的发明、改造及传播是一件非常有意思的事情。随着欧洲^{14}C测年技术的完善及其带来的^{14}C革命,科林·伦福儒(Colin Renfrew)根据1960年代测得的^{14}C数据,提出冶金术多中心独立起源的理论,并给出欧亚大陆的土耳其、巴尔干半岛和伊比利亚半岛等几个冶金术独立起源的区域。他认为冶金术的产生或革新是社会、审美或价值的需求,而并非单纯的技术需求。也就是说各地冶金术产生的核心机制是需求导向,而并非单纯的技术指向。但无论是单一起源还是多中心起源,都需要冶金术起源与传播的驱动力。克莱达克(Pull Craddock)于 1995 年提出了冶金技术起源的第三种模式,以试图调和前两种理论。他发现了一种现象,就是相同的产品可以由不同的技术制作而成。当起源地的金属产品扩散或传播到新的地区之后,当地人从中获取一些灵感,从而刺激了该地冶金术的发明。这确实是一个非常值得研究的问题。关于中国东北地区、朝鲜半岛及日本列岛铁器和冶铁技术的传播研究发现也符合这样一种模式。近年来,关于冶金技术起源及传播研究有新的进展。例如米利亚娜(Miljana Radivojevic)等人根据塞尔维亚、伊比利亚半岛和其他地区的一些发现,又提出多中心起源的观点。所以到目前为止,关于冶金技术是单一起源还是多中心起源的问题并没有真正得到解决。这其实也在促使冶金考古研究者从田野、实验室获取更多的信息,进行更深入地思考。

冶金技术是如何被一个社会所接受的,也是一个很值得研究的问题。纵观中国冶铁技术的产生和发展,从开始出现铁器到真正进入铁器时代经历了约一千年的时间,这个接受过程非常长,但是铁器在朝鲜半岛和日本一旦被接受很快就对社会发展起到了重大推动作用,原因何在?有学者认为,冶金术作为一种技术,是人类支配世界、技术进步的产物。另有学者认为,冶金术的被接受不是基于它是一种非常实用的技术,而是与美学、经济学或威权相关,是权力和地位的象征,如最早的自然金、自然铜都是展示社会地位与权力的物品,其使用性能并不强,工艺也比较简单。一旦金属冶炼的成本效益比较好,或添加其他合金元素提高硬度,或使用更高的技术,或获得更丰富的资源之后,冶金术就会扩散,显示出其功能性的一面,表现为金属兵器、工具的大量生产与使用,从而促进社会复杂化及文明发展。

五、中国早期矿冶遗址调查

这里结合中国科学院大学王昌燧教授团队关于姜寨黄铜片研究的实例,讲一讲中国青铜冶铸技术的起源与发展问题。

王昌燧先生把姜寨的黄铜片借出来,拿到上海光源重新做了 PIXE 无损分析，并进行了黄铜的模拟冶炼，相关结果与刚才介绍的北京科技大学的分析结果差别不大。模拟实验结果显示，使用铜、锌的共生矿可以在坩埚里将黄铜冶炼出来，但并不能实现铜、渣的分离，冶炼结束之后，需把坩埚里得到的铜重新加热，锻打成器物，或者熔化铸造，在加热锻打及熔化过程中可以去除杂质。王教授将这种方法称为"块炼法"冶炼，并认为这是中国年代最早的冶金证据，也是中国冶金技术独立起源的证据。王教授提出的这种观点我是赞同的，但我的问题是这种冶金技术是否一直延续了下去？如果延续下去的话，在后来与外来的冶金因素又是如何相互作用的？事实上，中西方的交流应该是双向的，而不是单向的，这一点是必须强调的。国外学者认为炼铜技术在向东传播的过程中，在距今 4000 年前后到了中国新疆地区，是不是这样呢？这也需要中国学者根据最新考古材料进行回答。做冶金术研究不能仅仅关注冶金技术本身，也要关注整个社会背景，包括其他有关技术因素的传播与交流，如小麦、大麦、粟、黍、绵羊、彩陶等，要放在整个文化背景中看待冶金术的起源与传播问题。这几年我也一直在探索冶金术起源发展和环境、气候变化的关系，这个工作的关键就在中国西北地区。尽管近 20 年来，新疆冶金考古工作做得非常多，梅建军教授（现剑桥李约瑟研究所所长）和潜伟教授等人的工作将新疆冶金考古工作推进了很大一步，但很遗憾的是，新的考古材料并不是那么多，一些研究工作并不深入系统，特别是南疆地区的冶金考古研究工作开展得非常少。所以要想完成一个冶金术中西交流的完整图景，还需要做更多的工作。

　　鉴于这种情况，李延祥教授和我在 2002 年商定，冶金考古不能靠别人送样品过来，也不能只靠检测青铜器和铁器等金属制品，一定要老老实实地根据线索，通过自己的双脚去跑矿冶遗址，开展田野调查工作，才能解决这些问题。经过这十多年的调查，我们有一些重大的收获。

　　中条山地区是中原地区最集中的铜、盐资源所在地，但早年关于铜矿开采、冶炼技术的研究非常不充分。20 世纪 80 年代，李延祥教授做过考察，把中条山中一处遗址的年代定在战国到汉代，更早期的冶炼遗存则不清楚。不清楚的原因在于没有做好田野工作，现在为什么要强调走向田野，走到一线，我们的初衷是没有田野工作就没有收获，没有田野资料，后续的检测分析工作就无从谈起。从 2006 年到现在，在这些地方调查发现了十几处采矿、冶炼、铸造的遗存，现在国家博物馆正在山西绛县西吴壁遗址发掘二里头—二里岗时期的铜冶炼遗存。前几年，国家博物馆也完成了闻喜千金耙二里头—二里岗时期采矿遗址的考古发掘。通过这些工作，可以判定中条山地区至少在不晚于二里头文化时期，就开始了青铜的开采、冶炼和铸造活动，它的采矿和冶炼往往在一起，在矿山附近就近冶炼。但是在冶炼遗址里面，几乎没有看到任何铸造的遗存，只有在东下冯遗址和年代稍晚的垣曲商城这两个比较大型的遗址里面发现了铸造遗存。由此可见，在形成青铜礼制的中原地区，铜的生产管理是冶、铸分离的，是一个控制非常严格的生产组织活动。

河西走廊的矿冶考古调查工作就不做更多介绍，这两年关于甘肃张掖西城驿遗址的研究文章非常多，大家从《考古》和《考古与文物》等杂志上都可以下载下来，建议大家要重点关注河西走廊地区矿冶遗址调查和早期铜器的研究工作。这些矿冶遗址点的分布也是非常有规律的。先看看黑水河流域矿冶遗址的分布。黑水河从祁连山发源，流经张掖，到酒泉，一直到额济纳，应该是一条非常重要、从南向北的交通路线，这样，与河西走廊这一东西向的交通路线形成了一个十字交叉，这也是青铜技术重要的南北和东西交流路线。

辽西地区具有丰富的铜锡资源，考古工作基础较好，为开展早期矿冶遗址调查奠定了研究基础，起因也在于对辽宁凌源牛河梁遗址出土的炼铜坩埚的相关研究。经过多年的调查、发掘与综合研究，目前可以确认在牛河梁遗址及附近区域，发现了十几处年代一致、冶炼技术相同的夏家店下层时期的坩埚炼铜作坊。李延祥老师对坩埚进行了复原与技术研究，确认其是用氧化矿炼铜的证据，并且这些坩埚的形状与功能可能和西亚地区的坩埚有很强的相似性。为了更系统地了解辽西地区早期矿冶活动的面貌，我们对位于内蒙古赤峰、宁城和辽宁朝阳等地的早期矿冶遗址也进行了系统调查，其中关于克什克腾旗喜鹊沟遗址的研究收获颇丰。克什克腾旗境内的黄岗梁是大兴安岭主峰，也是一个多金属共生矿，蕴涵大量铜、锡、铅和金等金属资源。最先做调查的时候，我们更关注铜矿遗址的调查与发掘，但幸运的是我们确认出多个古代锡矿开采遗址，喜鹊沟遗址即是其中之一。这个遗址位于草原上的一个小山头上，山腰处有几个平台，这样的平台就是一些采矿和选矿的工作面，采选后的矿石废弃物和相关石质工具就地抛弃。因此在这里采集、发掘到大量的磨盘、磨棒和亚腰形石锤，并发现利用此处矿石进行试炼的几块炉渣。经分析，这个遗址的工作过程是，用石锤采矿，用磨棒和磨盘完成矿石中铜矿、锡矿分离，然后将选好的矿石运输至他地使用。通过这种从田野到实验室的综合研究，我们首先对辽西地区夏家店下层和夏家店上层的铜冶金技术进行了重建，并得出一个非常重要的结论，就是利用同样的铜锡铅砷共生矿矿石，随着还原气氛强弱不同，可以得到不同的产品，如果还原气氛比较弱，可以得到纯铜，还原气氛稍强些可得到砷铜，还原气氛最强的时候就可以冶炼锡青铜。这里面的每一个阶段，都可以通过炉渣的分析跟它对应起来。这就是为什么一定要强调实验室工作的重要性。从生产组织规模结构上来说，夏家店下层时期的生产控制还是比较严格的，它是组织性比较强的一个阶段。到了上层阶段、青铜时代的晚期阶段，青铜器生产比较松散，生产的青铜器质量也不那么高。

长江中下游地区的矿冶遗址调查、发掘与综合研究卓有成效。中国最著名的大冶铜绿山就在这个区域，开展考古工作已超过40年，出土了非常重要的材料。此外，在江西瑞昌、安徽铜陵、江苏南京和镇江等地都有重要发现，通过对这些冶炼遗存的系统研究，也初步建立起该地区采矿、冶炼和青铜器生产的发展脉络。

通过这十多年的工作，我们得出几点结论和共识，就是早期普遍存在着采矿、冶炼遗址分离的现象，采矿在山上，而冶炼近河流，二者距离可能相对较远，河流是连接二者的重要通道，这是在做矿冶遗址调查的时候要非常关注交通路线的原因，不管是陆上道路和水上道路，还是春秋战国时期所谓的"金道锡行"这一条文献记载之路。这些遗存普遍以亚腰形采矿石器作为采矿工具，冶炼遗址经过了精心选择，以利交通和守护。但是上述四个地区的生产组织、内涵和格局有一定差别。在中原的晋南地区，冶炼与铸造是分层的、分级的，它的生产控制比较严格。一般的冶炼遗存冶炼纯铜，只有在偃师二里头遗址、夏县东下冯遗址出现了青铜铸造遗址，虽然目前探明了铜的产业链，但一定存在未发现的锡、铅的产业链。铜与锡、铅的产业链只有在最高级的二里头遗址和次高级的东下冯遗址才连接在一起。辽西地区的青铜时代早期阶段的生产方式和中原地区有点类似。而河西走廊和长江中下游地区遗址出现锡、砷的资源直接和炼铜遗址相结合的情况，同样也没有出现明显的分离现象。但我们发现在长江中下游地区，这些遗址更倾向于使用本地资源,在安徽铜陵地区,因铜矿中砷含量相对较高,导致冶炼遗存炉渣中砷铜含量比例偏高;而在江西德安有锡矿资源,所以在靠近赣北的地方,锡青铜出现的比例偏高。辽西夏家店上层文化由于资源方面的优越性,它的生产管理反而没那么严格。从基本等级规模上看,中原的青铜器生产和周边地区有非常大的差别。如果对中原与周边关于铸铜作坊的管理方式进行比较,这种差异性就更加明显。目前所发现的商周时期的大规模铸铜作坊,只出现在中原地区的政治中心都邑性遗址内,但在所谓的周边地区,虽有一定数量的铸铜作坊,其生产规模与规格都无法与二里头遗址铸铜作坊等相比。这些中原地区铸铜作坊所需铸铜原材料往往是来自外地,必须通过一个长链条的管理才能顺利流通。长江中下游地区的生产方式相对比较简单,在铜矿开采之后冶炼,冶炼之后就可以直接进行铸造。辽西青铜时代晚期直接开采了铜、锡、砷的共生矿,冶炼之后就可以直接得到青铜,把它铸造成器物。从生产方式以及技术来看,中原和辽西地区夏家店下层的青铜器生产控制强度要大于河西走廊和长江中下游地区,比夏家店上层时期更严格。只有在中原地区,和礼制高度结合的青铜冶铸技术形成了以陶范铸造为基本手段的铸造技术体系,形成了一种严格管理、等级分明的青铜产业网络。新兴的青铜技术促进了区域间的交流,导致了跨地域、跨文化的管理机构的出现和强化,在这一层面上促进了文明的起源和产生。其实中原地区的这种青铜器生产方式为后来铁器在中原地区的出现,冶铁技术、生铁技术的产生奠定了技术和管理方面的基础。

六、关于中国冶金技术起源的研究

很长时间以来,中国冶金技术起源及其传播问题一直是历史学、考古学和科技史研究的重点内容。但关于中国冶金技术究竟是本土起源,还是自其他地区传入,还存在较大争议。

近年来基于考古学文化方面的最新研究,关于中国早期冶金术与西方地区之间关系的认识越来越明晰。2005年李水城老师通过对中国西北地区、中原地区和中亚以及西亚地区早期铜器和冶铜业的系统分析,指出"中国西北地区早期冶铜业的发达是与中亚地区保持文化互动为前提的","中国西北地区对来自中亚以及更远地区的冶金术并非全盘被动地接受,而是主动加以改造和利用,并不断形成自身的特色","而中原地区冶金术的真正崛起并形成独立的华夏风格,则是在二里头文化晚期才最终实现"。显而易见,西北地区在冶金术的东西交流方面起到独特而重要的作用。2009年罗伯茨(Benjamin W. Roberts)等人提出西亚和东南欧地区最早出现冶铜术,并以此为中心逐渐向外传播的观点,至于中国冶铜技术起源的年代,则被定在公元前第三千纪,并与中亚地区有密切联系。2014年,刘学堂和李文瑛两位老师通过对青铜器、小麦的研究,指出"内陆欧亚的青铜技术最早发生在这一区域的西南部,然后向周围传播,其中南北向和西东向的传播是青铜技术传播的主要方向和途径"。2015年,林梅村、刘翔和刘瑞等老师发表了系列文章,进一步指出塞伊玛-图尔宾诺文化在中国的重要性;以实物说明中国冶金术来自欧亚草原文化,再次揭示了中国与西方之间的文化交流是从欧亚草原开始的,中国文明的发展是中国文化与世界其他国家或民族优秀文化不断交流的历史。

在冶金技术研究方面,以北京科技大学为代表的研究团队对先秦时期早期冶金技术和金属制品的制作工艺开展了非常系统的研究,为研究冶金术的中西交流提供了大量科学数据。梅建军老师等人对近十年来的研究工作进行了总结,指出早期冶金术的东西方交往必将成为未来研究的一个重要方向。我于2014年从青铜器陶范铸造、青铜表面镀锡以及金器的生产工艺等方面初步讨论了冶金术的中西交流问题,提出中国先秦时期的冶金技术是在自身文化和技术传统的基础上,不断吸收、消化外来技术,并逐渐形成鲜明特色的冶铸技术体系,秦汉以后这种交流愈加广泛。冶金技术是正确阐释史前时期中西交流的重要内容之一,但这一体系与西方的关系仍有许多不明之处,因此系统开展西北地区早期冶金技术发展历程研究,显得极为紧迫。

新疆是冶金术中西传播与交流最为重要的地区之一。新疆出土了数量众多的早期铜器,并发掘出了尼勒克奴拉赛古铜冶炼遗址,相关研究结果表明,新疆早期铜器多是小件的装饰品、工具和兵器;合金种类多样,有红铜、锡青铜、铅青铜、铅锡青铜、砷青铜和锑青铜等,但锡青铜占主导地位;制作工艺有铸造也有锻造,表现出工艺的复杂性;这些铜器与中亚地区铜器在器型、材质和制作工艺上有较强的联系。如在小河墓地发现了迄今中国境内最早的纯锡和金银合金制品。我们也对新疆早期铁器的制作技术和年代问题进行了较为深入的研究,但迄今为止尚未发现确切的早于公元前 9 世纪的冶金学证据。因此,新疆和中亚以及中原地区青铜与早期铁器时代的文化交流、年代整合以及冶金术传播问题还需要进一步研究。

甘青地区是研究中国冶铜技术起源、金和铁使用的另一关键地区。迄今为止,在甘肃发现了一批中国境内年代最早的青铜器、冶铸遗迹和遗物。如东乡林家出土的距今约 4700 年的马家窑文化晚期的锡青铜刀、永登蒋家坪马厂文化时期的锡青铜刀,以及近几年在张掖发掘的属于马厂晚期—四坝早段(4100—3600 BP)的西城驿青铜冶铸遗址。由此可见,至迟在公元前 2000 年前后,甘肃已经开始具备较为成熟的青铜冶铸技术,其技术特点是使用"氧化矿-铜"工艺先冶炼纯铜,在冶炼流程后段添加含有砷、锡等合金元素的矿石炼制青铜合金,尚未能实现冶炼、铸造的分离,反映了河西走廊早期青铜冶金技术的特征。

值得注意的是,越来越多的冶金遗物证据表明中西之间的冶金术存在较强的联系,采矿石锤、鹿角镐、坩埚和鼓风嘴等矿冶工具就是例证。如在张掖西城驿、樟树吴城、郑州小双桥、安阳殷墟、洛阳北窑、宝鸡周原等遗址的铸铜作坊中就曾出土一种形制类似的用作鼓风嘴的伞状陶管,与在俄罗斯伏尔加河流域,年代为公元前 2000 年至前 1800 年的卡利诺夫卡(Kalinovka)遗址铸铜工匠墓中出土的鼓风嘴形制基本相同。在中西相距甚远的两个地区,出土形制和功能类似的器物,必然是有联系的,这也是本人饶有兴趣的一个话题。

其实,自中原地区的先民开始青铜冶炼和铸造之时,就表现出具有根据自己的需要对外来技术进行改良和革新的能力。虽然在中国早期铜矿开采、冶炼和铸造发展过程中能找到来自西方的技术因素,但当青铜冶炼技术通过区域交流进入中原之时,立即与中原地区在新石器时代晚期就已经具有的本土化找矿、高温控制和制模翻范技术的知识积累结合,被中原先民迅速地吸收、消化并改进提高,产生了青铜器组合陶范铸造技术。这一铸造技术传统的形成,是中原地区文化和技术发展的必然选择。而作为夏商周三代物质文明的集大成者,青铜器的装饰、制造技术和使用组合是区别于其他青铜文明的重要特征。这一青铜礼器铸造技术的发生地,即在以河南、山西和陕西为中心的中原核心地区。这显示了中原文化兼容并蓄、博采众长的优点。

这一时期金银制品的使用同样体现了这个特点。从分析结果来看,商和商以前早期金饰件多为金银合金的自然金，金银比例不稳定、波动较大，金制品多为锤鍱成型，表面经过磨光处理，有的还利用了金丝工艺，殷墟遗址的个别金器可能为铸造而成。金子的使用有地域特征，如中原及其以南地区除少量单件的人身装饰品外，多以贴金和包金的形式对其他材质的器物进行表面装饰，这与北方和西北地区使用金耳环、金臂钏等装饰用法不同，可能与文化和工艺传统有关，也与这一时期青铜器的使用情况类似。这一现象也说明了早期金的使用具有一定的草原文化因素，但在中原地区有一定改造。

甘肃陈旗磨沟墓地新出土的铁器为研究中国冶铁技术起源提供了新例证。根据铁条的金相组织、夹杂物元素组成特征、墓葬年代的综合分析，可以判定 M444 出土的铁条为块炼渗碳钢锻打而成，系人工冶铁制品，年代为公元前 14 世纪前后。这两件铁器也是目前中国境内出土最早的人工冶铁证据。但尚有问题不明，如这是冶炼技术偶发性的产物，还是成熟阶段的产品？是本地独立生产的，还是自其他地区输入的？是使用的工具，还是有意制作的"装饰"器具？尽管其性质还不十分清楚，但与此对应的是，目前在河北藁城台西村、北京平谷刘家河、河南浚县和三门峡等地也发现了商代中晚期和西周时期的陨铁制品，即人工冶铁制品较多地出土于中原和北方地区。所以，中国冶铁技术起源与欧亚草原这一文化传播带应该有联系，这应是未来研究的重点。

从以上论述可知，尽管不能排除冶金技术在中国境内独立起源的可能性，但其与西方的关系已较为明显，即冶金技术更有可能来自中亚和西亚地区，铜、金、铁的冶炼和使用均是如此。公元前第三、二千纪之交，中原地区在零星出现一些青铜冶铸遗物或青铜器以后，在二里头遗址就出现了具有官方经营性质的铸铜作坊，利用块范法铸造青铜器并逐渐形成了青铜礼制传统。金的使用与西方有一定关系，其传入中国的时间与青铜技术相当，但中原地区将金从北方地区常用的人身装饰转变为器物表面装饰，并最先流行铸造金器（殷墟晚期）；公元前 14 世纪时，西北地区出现了中国最早的人工冶铁制品，冶铁技术也可能与西方有关。总之，公元前第三千纪至二千纪，是冶金术中西交流的第一次浪潮，也是冶金术自西方传入和在中原地区再创造的阶段。

七、关于中国冶金技术的发展

两周时期青铜冶铸技术得到持续发展,其特点是块范法铸造技术成熟,冶铸规模大、范围广;春秋早期率先在中原地区发明了生铁冶炼技术,并至迟在汉代形成较为完备的生铁技术体系。这一时期在中国冶金技术上体现出更多的独创性,但在青铜器表面装饰技术、金珠工艺以及铁器表面装饰等方面也具有较强的外来因素。

镀锡技术就是其中一例。近年来,我们先后对多批镀锡铜器进行了检测分析,认定当时采用了热镀锡技术。如西周时期的镀锡铜器出土于甘肃灵台百草坡、陕西岐山宋家庄和扶风姚家、西安少陵原、山西翼城大河口等墓地,春秋至西汉时期的镀锡制品主要出现在内蒙古凉城,宁夏固原,甘肃张家川、清水和秦安,重庆峡江流域,四川成都和盐源,云南晋宁等地。由此可见,中国的铜器表面镀锡技术自西周早中期开始出现以来一直到西汉时期,集中发现于从东北到西南的半月形文化传播带地区,其中陕甘宁地区镀锡制品年代最早,其他地区较晚。值得注意的是,2012年和2015年,我两次考察俄罗斯图瓦共和国阿尔赞II墓出土器物,其中一件铜刀也经镀锡处理,其时间为公元前7世纪;而在英国、法国、西班牙、希腊等地也发现不少早期镀锡制品,其中英国出现于公元前3000年前后,法国和西班牙稍晚,这种镀锡制品一直流行于中世纪的东南欧地区。因此从时间上来看,中国北方地区约在西周中期或更早出现镀锡技术,春秋战国时期得到较为广泛的应用,而在这个时期或更早的欧洲已有镀锡技术出现并已在地中海周边地区广泛使用。无独有偶,在陕西宝鸡地区(如石鼓山墓地和姚家墓地)还多次发现锻造的铜甲片类器物,其制作技术也应与西方有一定联系。因此,结合中国北方地区在欧亚大陆中所处的特殊地理位置,探讨周原等周文化发源地出现的诸多外来文化因素,讨论镀锡等金属技术的传播与交流很有必要。

金器上金珠的制作(本文称金珠工艺)又是一例。所谓金珠工艺,是用金制成直径小于1毫米的金珠,然后用这些金珠排列成不同的图案,焊接于金器的主体部分,起到装饰作用的一种工艺。这种器物在中国北方地区多有发现,如新疆乌拉泊水库出土的战国至西汉的金耳坠,新疆阿合奇县库兰萨日克出土的战国至西汉的金耳坠，新疆特克斯县出土的战国至西汉的葡萄形金耳坠，内蒙古杭锦旗阿鲁柴登出土的战国晚期的金耳坠，山东临淄商王墓出土的战国晚期金耳坠，河北易县辛庄头出土的战国晚期金耳坠、金珌，以及马家塬墓地出土的大量金珠工艺装饰品等。这些金饰品上的金珠颗粒呈线型、曲面型或堆积的"品"字型排列，马家塬墓地的金珠颗粒还排列成未在其他地方所见的三角形锯齿状特殊图案。我们对马家塬墓地的金珠工艺进行分析，发现金珠大小一致，大者直径约 0.4 毫米，小者约 0.2 毫米，并使用与金珠和金饰件主体成分不同，即银含量较高的金银铜合金焊料焊接而成。其实，这种在战国晚期出现在中国北方地区的金珠工艺与欧亚草原也有密切联系。如在哈萨克斯坦、俄罗斯南西伯利亚和蒙古等地都发现了一些相当于中国先秦时期的同样工艺的器物，在西亚和地中海沿岸地区出土了年代更早的金珠工艺制品。所以，中国先秦金珠工艺制品的出现时间远晚于中亚、西亚和古希腊等地，如马家塬墓地这类器物上的三角形锯齿状图案的艺术风格与希腊、西亚、欧亚草原西部极为相似，应是受西方文化影响的结果。但同时期或更早的中亚、西亚及地中海周边地区却使用含铜较高的金合金焊料，这种差别说明马家塬金制品的焊接技术具有本地化特点。

　　铁器与冶铁技术的交流与传播在这一阶段呈加速趋势，并表现出新的特点。新疆是研究中国冶铁技术起源的重要之地，多位学者做过非常深入的考古学文化研究，但冶金考古研究工作相对较少，如尚未在新疆地区发现早期冶铁遗址，对早期铁器制作技术的研究方面也存在较多空白。这几年，关于新疆早期铁器研究也有了新的进展，如在尼勒克吉仁台沟口遗址发现了年代较早的生铁残块等，但通过新疆早期铁器制作技术和年代学的综合研究表明，在技术方面，早期主要是块炼铁，战国晚期至汉代开始出现生铁；在年代方面，从目前的情况看，新疆地区开始使用铁器的时间定为不早于公元前 10 世纪前后比较合适。当然，这个结论还需要更多有代表性的年代数据的支持。

　　目前，在黄河上游的甘肃、青海和宁夏等地出土的早于公元前 5 世纪的早期铁器已有 50 多件，赵化成老师发现公元前 5 世纪中叶以前中国人工铁器多出土于包括新疆在内的中原地区偏西的地区，这是值得关注的现象。而最值得重视的是，在豫陕晋交界地带集中出土了一批两周之际的陨铁、块炼铁和生铁制品，也进一步说明了中原地区的创造力，即铁器和冶铁技术传播到这一地区不久，当地居民就创造性地把陨铁和块炼铁技术转变为生铁冶炼技术，逐渐发展出一套成熟的生铁冶炼和利用生铁制钢的技术体系，并向周边地区传播，这也是古代世界独一无二的创造。

学界对朝鲜半岛和日本列岛生铁制品和冶铁技术研究较多，基本一致认为当地冶铁技术来自中国大陆，但韩国部分学者也有不同声音。近年来，我们多次赴俄罗斯对早期生铁制品的使用情况进行了考察，注意到在俄罗斯的南西伯利亚地区出土了较多的匈奴时期的生铁制品，如铁斧、犁铧等；汉代以后的生铁制品在图瓦共和国、米努辛斯克地区和阿勒泰地区也有较多发现。这无疑也是中国中原生铁技术系统向西方传播的重要证据。

中原地区生铁冶炼的发明既有技术的基础，也是技术对文明适应性变革的表现，这背后更重要的是人的因素。正是先秦时期已有比较发达的青铜器陶范铸造技术传统，在具有西方特点的块炼铁技术传播到位于豫陕晋交界地带的中原地区之后，中原居民即迅速发明了生铁冶炼及生铁铸造技术，完成了中国冶金史上的又一个重大转折，这必有其内在逻辑。商周青铜器的生产技术及管理制度，为铸铁技术的产生和发展奠定了基础。一旦能够把铁从矿石中还原出来，这种铸造技术的传统和优势便使生铁的冶炼和铸造变得十分容易。铸造的生铁脆硬易裂，限制了它的使用，这时高超的窑炉和高温控制技术又一次派上了用场。将铁器或生铁原材料放在窑炉内并控制炉内气氛进行退火处理，可改变生铁器物内碳的存在状态和含量，从而提高其韧性，延长其使用寿命。所以，生铁冶炼技术的产生及其制钢体系的建立，是块炼铁技术与青铜器陶范铸造技术相结合的必然结果，也是中原文化吸收外来技术进行再创造的结果，再次体现了兼容并蓄、博采众长的中华文明特质。

通过以上讨论可以看出，西周早中期，镀锡技术可能自西方传入，最先在陕甘宁地区开始出现，并以此为中心沿半月形地带进行传播；春秋早期，中原地区在块炼铁技术的基础上率先发明了生铁冶炼技术，这是世界冶金史上又一个属于中国的重大发明创造；战国秦汉时期，生铁冶炼和生铁制钢技术体系已经基本完备，并开始向周边地区传播；战国时期金珠工艺从西方传来，但在制作技术上已具有本土特点。因此，可以说公元前第一千纪是冶金术中西交流的第二次浪潮，其特点是尽管有西方冶金技术的传入，文化交流也更加广泛，但中国在冶金术方面的创造更加突出。

八、结语

通过以上讨论，我们可以看到，中国早期冶金技术在起源和发展的过程中，不断吸收、消化各种外来技术，并逐渐形成特色鲜明的冶铸技术体系。我们可以明显地将发展历程分为两个阶段，即以青铜冶铸技术为代表的第一阶段和以生铁冶炼技术为代表的第二阶段，两个阶段的特点均有"引进—吸收—再创造—反馈"的规律，从而形成中国冶金术起源与发展的两个浪潮。古代中国创造的青铜范铸和生铁冶炼技术体系，在世界冶金技术及人类文明的发展史上具有重要地位。中国古代冶金技术的发展历程也体现了兼容并蓄、海纳百川的中华文明特质。其实，先秦两汉时期社会的每次重大变革，均与冶金技术的本土创造有密切关系。

中国古代冶金技术形成了独具一格的技术体系，这也是中国冶金技术从起源到发展最大的一个特点。历史是一面镜子，其实中国现代冶金技术的起源和发展与古代冶金技术起源与发展均走了一条相同的道路。传统钢铁技术发展到清代末期，本质上与秦汉时期没有太大差别，在某种程度上，可能随着原材料的变化，从唐代之后到宋代，钢铁最终的质量反而是呈下降的趋势。再者，中国也没有完成从传统工艺到现代工业的转变，这确实是冶金考古需要深入研究的问题。清末我国引进国外成套现代化钢铁生产线，在湖北建成汉阳铁厂，是当时东亚地区规模最大、效率最高，技术最先进的工厂，比同时期的日本要好很多，但这个工厂没有能够很好地传承下去。历史发展到今天，中国的粗钢产量占全世界总产量的50%左右，这与汉代规模化生产的思路是相同的，那我们的技术革新是否也应该走到世界的前列？我想这也是我们从事冶金考古研究的现代价值所在。

第十讲

早期文明形成与手工业技术交流

陈建立

"早期文明形成与手工业技术交流"这个题目同样是袁靖老师给我的"命题作文"。接到这个任务之后我诚惶诚恐,以前确实没有讲过这么大的题目,但好在上午给大家讲了一些冶金考古的知识,下午就冶金考古手工业的技术交流和早期文明的发展情况跟大家做一个交流。

最近有个非常火爆的电视节目叫《如果国宝会说话》,其中介绍在二里头遗址出土的青铜器与绿松石装饰的这一集的解说词写道,"略微拱起的弧形铜胎上,300多片绿松石,历经 3000 多年,纹丝不动,光洁依旧。它们的大小只有几毫米,厚度一到两毫米。这高超技艺,在它的年代独占鳌头"。我们的问题是,铜从哪里来,绿松石又从哪里来?铜和绿松石是通过怎样的工艺结合起来的?这件器物有什么功能?这就是技术、交流与文明的问题。

二里头遗址是当时东亚地区规模最大的城,很多学者认为它在一个时期内是夏代的都城。在二里头城内靠近宫城的地方,设置了规模宏大的铸铜作坊和绿松石加工作坊。绿松石从其他地方运过来之后,在二里头绿松石作坊内进行加工,然后再和铜复合起来完成器物的生产,这本身就是一个综合性的手工业交流方式。在一个更广阔的空间内,西亚地区可能是世界上最早开始青铜冶炼和铸造活动的地区,中国中原地区的青铜冶铸技术很可能通过某种方式与外界发生了互动,或直接就是从这些地方传过来的。从二里头遗址开始,中国发明了用块范法铸造比较大的器物的技术,这是世界青铜冶铸史上的独创性发明。在范铸的贵金属青铜上镶嵌绿松石,这种金玉共振的局面开启了东亚的青铜时代。这类器物除了在二里头有发现之外,在其他地方如甘肃天水、四川三星堆,都有类似的用青铜、绿松石装饰的牌饰,它们之间的关系是怎样的?这些产品反映的是器物的交流还是技术的交流?不管是通过怎样的方式,它至少反映出这些地区有一定的联系。我们的工作其实就是通过具体的每一件器物研究它的工艺与手工业生产,想要解决的问题是从产品研究它的技术,探讨背后产品本身、原材料、技术的流通与交流到底在整个时间和空间范围内对社会发展起到了怎样的作用。

一、什么是文明

人类起源、农业起源和文明起源是考古学研究的重大课题,其中手工业技术是文明起源研究的重要内容。恩格斯在经典著作《家庭、私有制和国家的起源》中划分了这几个时代——蒙昧时代、野蛮时代、文明时代。什么叫作文明?《易经·乾·文言》说"见龙在田,天下文明"。孔颖达疏"有文章而光明",文章起到教化的作用。西方考古学经常讲到,文明的标志在于出现城市、金属和文字。李零老师认为,文明其实就是人驯人,之前都是人驯化动物、植物,文明时代是人驯化人的时代。这种说法大家有没有同感?所以,文明通过教化、秩序体现了礼的重要性。

众多前辈学者对文明都进行了非常详细的论述。1939年,梁思永先生发表的《龙山文化:中国文明的史前时期之一》一文,将龙山文化分为山东沿海地区、豫北地区和杭州湾区,总结了龙山文化的特征,并认为龙山文化和殷文化在十个方面有着共同点,后冈二期是豫北殷文化的直接前驱。虽然他并没有给出文明的定义,但是他讲到了中国文明,直接讲到龙山文化是中国文明的史前时期之一。

1957年,李济先生在《中国文明的开始》一文中讲到安阳殷墟表明的商文化具备着熟练的铸铜技术,独立发展的文字系统和一种高度复杂而有效的军事组织。这种文化所表现出的物质生活的富庶,高度成熟的装饰艺术,明确的社会组织和对祖先极高崇拜的神权政治是文明社会的特征。殷墟有城市、铸铜、文字和军事组织,具备了城市、冶金和文字这几个文明的要素。李济先生也讲到所有伟大文明的发生都是由于文化接触的结果,殷墟商文化是中国文明的开始阶段。这句话里有两点需要注意,一个是"所有伟大文明的发生都是由于文化接触的结果",其中"文化"背后是人群、技术和其他各种物质,还有不同区域之间的互动;另外一个是"殷墟商文化是中国文明的开始阶段",这是一个开始阶段,在这之前还不能称为"中国文明"。

1982年,李学勤先生发表了《重新估价中国古代文明》一文,他在这篇文章里提出,以前学者认为的中国古代文明迟到商代才形成的观点,值得重新考虑。考古发现说明青铜器、城市和文字等因素在商代以前都有很长时间的发展过程,把中国文明的形成再上溯一个较长的历史阶段是可能实现的。这篇文章在20世纪80年代初中国文明起源与发展研究中起到了非常重要的推动作用。

一般认为起到更大推动作用的是夏鼐先生在1983年日本NHK电视台的系列讲座,四年之后他的讲座内容在国内出版,掀起了关于文明起源、文明特征和文明定义的讨论热潮。他给"文明"一个非常明确的定义——"文明"指一个社会已由氏族制度解体而进入了有国家组织的阶级社会的阶段。这是一个"作为社会阶段"的文明定义。这种社会除了政治组织上的国家以外,有城市作为政治、经济和文化等各方面活动的中心,其中的政治指宫殿和官署,经济有手工业作坊和商业,文化包括宗教,它是一个活动空间。这种社会一般已发明文字,利用文字作为记载,并且都已知道冶炼金属。所以城市、文字和冶金可以作为文明的标志,文明的这些标志中以文字最为重要。如果从这句话来说,他的演讲当中提出了一句话,小屯殷墟文化是一个高度发达的文明,如果这是中国文明的诞生,这未免有点像传说中的老子,生下来便有了白胡子。所以这是不可能的,中国文明起源应该在殷墟文化之前,有很长的发展过程与发展阶段。

苏秉琦先生是考古界的另外一位传奇人物,他提出了中国国家起源发展阶段的三部曲和发展模式的三个类型,在座的各位都应该读过他的著述。发展阶段三部曲是古国—方国—帝国,古国在夏商周三代之前,三代属于方国,帝国是秦汉帝国。发展模式的三个类型是原生型、次生型和续生型。他认为三部曲和三模式是中国万年以来历史发展的总趋势,是关于中国文明起源和古代国家形成的一个系统、完整的概念。苏秉琦先生的这一区系类型理论，包括文明发展、国家形成的三部曲和三类型，很长时间以来指导着国内考古学的发展。苏秉琦先生探讨中国文明起源的研究基点是围绕中原陶寺文化的形成，重新认识了辽西地区的红山文化存在的坛、庙和冢的遗存，分析中原与北方地区原始文化的发展、交往过程，选择了一些具体的器物，进行了它们之间的类型学比较。器物类型的比较背后其实暗含着一些手工业的内容。1986年，苏秉琦先生提出中华文明有五千年的文明曙光，这一说法把中华文明史提前了一千年。苏先生绘制了一张从内蒙古经山西、辽西到中原的 Y 字型文明发展与技术交流的路线图，深刻指导着冶金技术传播与交流的研究。

严文明先生也是从事新石器时代考古研究的很有名望的先生，他提出把龙山文化的说法改为龙山时代，还提出龙山时代诸文化都在夏代之前，这一时期有许多重大发明和成就，如先民学会了制作铜器，学会了打井，制陶业中已经普遍使用陶轮，纺织业有极大的进步，房屋建筑有很大的发展，已有城防设施，普遍出现卜骨，还应该有成体系的文字资料等，生产力获得了前所未有的发展，社会面貌亦有很大改变。从这些发明与成就中也能看到发展的早期阶段的特征，严先生在此基础上提出"重瓣花朵，多元一体"的模式：中国在新石器时代形成了一个以中原文化为核心，包括不同经济文化类型和不同文化传统的分层次联系的重瓣花朵式的格局，这一格局对于中国早期文明的发生及其特点带来了深刻影响。这是一个非常重大的理论成果。由此可知，中国早期文明的形成和发展，其实就是不同区域之间互动的结果。从某种程度上来说，中原就是一个漩涡，它可以吸收周边地区的各类因素，将其融合、转变，它所形成的新的东西也可以自此向周边辐射。前段时间北京大学的几位老师与牛津大学罗森教授、早稻田大学稻田耕一郎教授等学者在西北地区考察，大家共同的感触是中国文化的最大特点就是融合、包容，包容本身就代表吸收外来的技术与文化，为我所用以及进行改造。从这个角度上来讲，这个想法可以当作从手工业技术交流去探讨文明发展的一个切入点。

徐苹芳先生在大力推动中华文明起源、发展研究方面功不可没，1989 年 9 月 9 日，他在中国社会科学院考古研究所主持召开了中国文明起源的座谈会，《考古》杂志载有本次会议纪要，我建议大家仔细研读。徐先生讲到，一般认为文明要素有文字、城市、复杂的礼仪中心、青铜器铸造以及国家的出现等。

具体到中国文明的形成有哪些要素？是否都要具备？是否还有中国特有的要素？因此，我们的讨论要从中国的实际出发。要分清文明要素的起源和文明社会的产生这两个不同的概念，单个要素如文字、城市和青铜器的起源是一回事，诸要素同时存在而形成了文明社会又是一回事，两者决不能混淆。中国文明的起源是个大题目，既包括单个要素起源的探讨，也包括文明社会产生的研究。

这些前辈学者们强调的很重要的一个文明要素，是青铜器生产、冶金。所以如何从包括冶金在内的手工业技术本身，从不同区域之间手工业技术的传播与交流等角度来探讨文明起源和早期发展，是一个很值得思考的理论问题。我们之所以要读这些经典文献，就是因为这些思想、方法和意见一直指导着现在的工作。我们的工作基础必须是在文化序列发展清楚、文化类型关系清楚、文化内涵丰富的遗址上对这个文化或遗址做深入的个案研究，全面揭示文明社会产生的具体过程和细节，并且在若干个案研究的基础上，再做大区域的综合研究，逐步推广，找出带有规律性的东西。十多年来我国开展的"中华文明探源工程"就一直按照这个思路在做，以点带面，探讨各个区域之间的互动，随后作整体研究。还有一点，就是一定要重视田野考古工作，提高田野考古的质量，否则就不能完成这个学术任务。

2018年5月28日，国务院新闻办公室举办发布会，公布了中华文明探源的最新研究成果。会上公布，距今5800年前后，黄河、长江中下游以及西辽河流域出现了文明起源的迹象；距今5300年以来，中华大地各地区陆续进入了文明阶段；距今3800年前后，中原地区形成了更为成熟的文明形态，并向四方辐射文化影响力，成为中华文明总进程的核心与引领者。文明形成的本质是国家的产生，有一些东方世界文明社会的关键标准，这些标准很大程度上都是由常怀颖博士参与制定的，内容包括：第一，农业和手工业显著发展，出现明确的社会分工；第二，社会阶层明显分化，表现在墓葬上以及贵族控制的手工业生产；第三，出现作为政治、经济、文化中心的城市以及附属的大型建筑和公共设施，城市建设以及公共设施建设离不开人力、工具，背后是社会生产力进步的表现；第四，战争、暴力成为较为普遍的现象；第五，存在一个强制性的权威——王权及其所控制和管理的区域。这是中华文明探源工程最大的理论性成果，虽然可能在某种程度上太过于强调城市、冶金和文字这三个标准,但是不管怎样,即便以这样的标准来定义文明社会,手工业、冶金业也是一个非常重要的因素,当然这里也包括陶器的生产、石器的生产等等内容。

二、手工业考古简介

我们再来看手工业考古,手工业技术是手工业考古研究的一个重要内容。人类的生产活动主要是为了满足两方面的生产,一个是人本身的食物生产,另一个是生活资料的生产。人类的生产活动首先和主要的目的是为了取得维持生命的食物,除此之外,人类还需要其他生活用品,而获取食物和其他一切生活用品都要有一定的工具,制造这些生产工具和生活用具,其实就是手工业。从这一条来讲,手工业考古所要研究的内容极为庞杂,包括石器生产、陶器生产和冶金等。古代社会的一切经济活动和社会生活,都离不开手工业及其产品。由此可见,手工业考古和手工业技术研究对人类社会发展研究能够起到非常重要的作用。手工业是古代社会生产力的重要载体和体现。古代社会的发展演进,古代文明的形成和发展,都与手工业有直接或者间接的关系。恩格斯在《家庭、私有制和国家的起源》这本书里也讲到,在人类社会野蛮时代的高级阶段,发生了第二次大分工。手工业和农业分离,随着生产分为农业和手工业这两大主要部门,直接以交换为目的的生产便出现了,即商品生产,随之而来的是贸易,不仅有部落内部和部落边界的贸易,而且还有海外贸易。除了粮食之外,其他的手工业产品除了满足生产者生活所需之外,必然要存在一种交流,而这种交流可能表现为产品交流、原材料交流,背后还有思想、技术上的交流。从这个角度来讲,手工业技术的交流,是研究不同区域之间文明进程的一个非常重要的桥梁和手段。

手工业门类庞杂,数量众多,有百工之说,诸如玉石器加工、陶瓷玻璃烧造、采矿冶铸、漆木骨角器制作、纺织编织、营造、食品加工、车船制作和文化业等等,不一而足。从手工业角度研究古代社会,其实就是把古人的衣食住行等问题弄清楚,建构出一个完整的生活面貌。因此,手工业考古是文明进程研究的最为直接的内容。我呼吁大家将来更多地关注手工业考古研究,我也认为手工业考古是一个很有前途的研究方向。

手工业考古研究需要涉及原材料的开采、生产成品、使用和废弃等各阶段,研究它的整个生命周期中所涉及的技术问题,例如原材料的开采方式、制作手工业制品活动的场所、工具、工艺思想和生产流程等,还要研讨产品的使用与流通、生产经营方式、产业布局和产业结构、社会经济和文化之间的关系、手工业生产和社会发展之间关系等一系列问题。

我们也要研究生产者与管理者,包括他们的生活、信仰和生产制度等。生产力是推动社会进步的基础,生产关系决定上层建筑,我们就是要通过这些生产的问题来研究背后的管理形式。通过考古遗存研究它的产业布局和结构,以及生产方式。上午我讲到不同地区青铜生产的格局不一样,背后反映了对青铜冶铸活动管理方式的差别,而这种管理方式差别的背后是对社会治理程度的差别,这无疑是文明进程研究的一个重要方面。

三、手工业资源与文明

原材料是手工业生产的基础,其本质是资源开发、利用和管理问题,是研究科学认知、工艺技术、人的活动、社会经济以及社会组织等问题的有效资料。

我们再回到二里头遗址的绿松石这个例子,二里头遗址出土了镶嵌绿松石的铜牌饰和龙形器。但二里头遗址以及附近几十乃至上百千米的范围内是没有绿松石矿的,那么这种矿石应该来自距离更远的矿山。运到二里头遗址的绿松石被作坊加工成精美的高级器物,其背后必有特定的原因。从绿松石作坊与铸铜作坊均位于二里头宫殿区附近,并筑起围墙以起到保护作用这些现象来看,绿松石在当时的二里头社会应该是一种比较难以获取的贵重资源。对这种贵重资源的控制性的生产、利用或占有,其背后应有配套的支撑网络与管理系统,因此从资源流通的角度,研究手工业技术交流与文明发展的关系较为重要。

那么用什么方法来研究绿松石的产地呢?首先是对绿松石本身进行加工方式观察,开展矿物种类鉴定,主量、微量元素以及同位素比值分析等,尽可能获取这些样品的各种信息。中国社会科学院考古研究所叶晓红博士和北京科技大学李延祥教授都做了非常出色的工作,利用实验室的一些常规手段,观察显微组织、矿物结构,获取同位素比值,先把绿松石中的化学元素、地球化学特征揭示出来。其次,将这些数据和国内其他地方已知产地的绿松石相比,判定其可能来源。最后,就是开展绿松石矿的调查与发掘。我为什么一直强调考古工作呢?即便现在有绿松石矿,那么古人是不是开采过?如果是,其开采技术和时代是怎样的?这些问题我们需要考虑。因为机缘巧合,李延祥团队确认了陕西洛南辣子崖遗址系绿松石采矿遗存的性质,并指出有部分绿松石通过洛河输运到二里头,这是原料远距离流通的重要证据,意义重大。事情起因在于这个团队在进行陕西西安老牛坡和蓝田怀珍坊两个商代青铜冶铸作坊研究时,需要探究冶铸作坊铜矿的来源,因此开展周边地区的铜矿资源调查。调查期间,承蒙陕西省考古研究院王占奎先生告知,在洛南辣子崖发现过亚腰形石锤,以此为线索,考察队又赴洛南进行了系统调查。研究表明,辣子崖矿洞遗址年代基本为从龙山时代、二里头文化到东周时期,为绿松石矿遗址,开采活动持续时间较长,其绿松石形态、锶同位素比值与二里头遗址出土的部分绿松石基本相同,反映出二里头遗址的绿松石矿料与洛南开采的绿松石存在一定的关联性。不仅检测分析结果有这种关联性,从交通路线来看,也存在关联性。尽管从辣子崖遗址到二里头遗址,沿洛河而下的水路较为方便,二者距离只有两百千米,但在当时的条件下,应该可算为原材料远距离流通的一个重要例证。要理解绿松石等贵重资源的流通,需要从田野、实验室角度综合研究,李新伟先生也写过一篇文章来讨论贵重物品的远距离长途贸易等问题,我坚信将来这个问题必有很大的发展空间。

　　绿松石的加工与使用主要是为了器物装饰,而铸铜原料的获取与流通,以及青铜器的生产与流通更是反映了"国之大事,在祀与戎"的历史,对于文明形成产生了重要影响。终夏商周三代,铜料始终都是非常贵重,也是最为重要的国家资源。1984年,张光直教授在北京大学做了六场演讲,后来出版《考古学专题六讲》一书,对20世纪80年代中国考古学的思想进步起到了非常重要的推动作用。其中一讲谈到夏商周三代迁都的问题。根据文献记载,三代都曾有过迁都之举,特别是商代,前后迁都共达13次之多。他认为,青铜器在三代政治斗争中占有中心地位。对三代王室而言,青铜器不仅仅是宫廷的奢侈品、点缀品,而且是政治权力斗争的必要手段。没有青铜器,三代的朝廷就打不了天下;没有铜锡矿,三代的朝廷就没有青铜器。从这段话中也可以看出冶金手工业对中原王朝的重要性,直接决定了王权的存在与否。事实上是不是这样呢,怎么样来理解这段话,怎么来看待迁都和青铜资源的使用问题,是不是可以通过一些科技考古的方法去研究?

这本书里也画了一张图,标示出中原地区这些铜矿的位置,文献记载也列举了一些锡矿,位置亦被标示了出来。夏商周三代的都城在这些地方。之前有学者认为,华北平原边缘的山地既有铜矿,也有锡矿,比如中条山地区就是中原地区最大的铜矿产地,在太行山东麓的邢台、邯郸这些地方也有一些铜矿,也存在一些三代时期的炼铜遗址,将来还应在这些地方做更多的田野工作。因为这些地区有铜矿、锡矿,有人提出了一些可能的采矿地点。张光直先生认为,这些矿产地的蕴藏量都很有限,都是一些所谓的"鸡窝矿",只能提供短时间的开采利用,所以要不断寻找新的产地。三代王都的迁徙,目的是靠近矿源,方便采矿,追求作为政治资本的铜锡金属。他将三代都城的位置与产矿点加以对照,认为这些都城的迁徙,都是围绕铜锡矿产地移动的。这是基于以前的认识,从目前所掌握到的地质调查资料中资源的分布上来看,中原地区存在铜矿是没有问题的,存在铅矿也是没问题的,但是恰恰在这些地方找不到锡矿。现在也没有找到铜矿资源和都城迁徙之间更直接的证据,不过无论如何这个论述为相关研究提供了一个非常好的思路与线索,也说明学者需要在这一地区做更多的田野调查。

中条山地区还有一种非常重要的资源——盐,运城等地是非常重要的盐产地。早些年山西省考古研究所发掘的清凉寺遗址里出土了非常漂亮的玉器,发掘人薛新明老师认为,有这么多的玉器守在盐池旁边,这里很可能是控制了盐的交通路线的盐商的重要墓地。铜、盐和锡等都是当时牵涉民生的重要资源,所以张光直先生有上述认识是可以理解的。但关键是像刚才所讲的,铜矿开采、冶炼青铜是什么样的,它的锡是怎么样的,还需要更多的研究。

张光直先生在北京大学做报告的同时,被称为中国铅同位素比值考古第一人的金正耀先生在北京首次报告了他关于铅同位素比值的研究结果,昨天上午在北大的会议上,他还报告了关于铅同位素比值研究的新进展。铅同位素比值测定的原理简单来说,就是铅有很多同位素——^{204}Pb、^{206}Pb、^{207}Pb、^{208}Pb 等,利用这些同位素含量之间的比值可以探讨铜料的产地。金正耀先生在检测商代青铜器时,意外发现了一批高放射性成因铅,^{206}Pb/^{204}Pb 的比值可以高达 20～24;^{207}Pb/^{204}Pb—^{206}Pb/^{204}Pb 具有近 25 亿年的等时线关系。因这批青铜器具有较高的铅含量,这些数据多数代表铅的来源。他将铜器的数据与云南永善金沙等矿山数据进行了对比，认为这些高放射性成因铅可能来自西南地区滇东北一带，也就是说中原地区这些具有高放射性比值的青铜器中的铅可能来自于西南地区，在西南地区开采之后，通过长江到了江汉平原，又通过汉水或者其他路线运到了中原，从而提出了三千里的青铜之路的说法。在 20 世纪 80 年代初，三星堆铜器祭祀坑还没有被发掘，新干大洋洲的青铜器窖藏也没有被发掘，金沙遗址更没被发掘，吴城和湖南青铜器研究较少，金先生就大胆地提出了三千里的青铜之路，勇气可嘉。这篇报告是中国第一篇将铅同位素比值分析技术用于考古研究的科学报告，首次发现了商代青铜器中含有高放射性成因铅。但因为缺少很多商代从中原向周边地区传播文化与地区之间交通路线的重要考古证据，提出这一假说是非常有风险的，也超出了当时人们所能接受的关于商代历史考古的认识范围。其实这也是科学研究模式之一，就是根据已有检测数据提出一个理论模式，然后补充新发现的材料和数据，不断修订、完善这个理论，进而推动、指导研究工作深入开展。正是因为有了这些数据，为研究中原和西南地区之间在铜料资源方面的联系提供了新思路。如从数据来看，从二里头文化晚期、商代早期开始出现一些使用高放射性成因铅的青铜器，但是到殷墟四期之后，高放射性成因铅急剧地衰落，到西周时期基本上消失，但出土的西周时期有商代风格的器物中有时也能检测出这种铅料。金正耀先生又从高放射性成因铅在青铜器中所占比例的高低来论证这种传播方式，三星堆和金沙遗址几乎所有青铜器都使用高放射性成因铅料，比例接近百分之百；到了湖南、江西，这个比例会降低；到了中原地区更低，所以可能存在着这样一种圈状传播的方式。我们先不去评估是不是中原利用了周边地区的这些资源，但是这些数据至少提供了一种原材料输送的研究思路。也就是说从商代早中期一直到殷墟第二期，生产高放射性成因铅的青铜原料的矿山是其主要原料供应地，其他矿山产地来源的原料供应只占很小比例。根据高放射性成因铅同位素比值的年代和地域特征，需要提出两个问题，第一个问题是商人为什么选用了这些高放射性成因铅？第二个问题是为什么周代不继续用这种铅，而选用了新的铅的来源？如果问题的答案如我们预想的那样的话，其实就代表了不同时期的人对铅资源的占有、使用方式是不一样的，可能不同时代选用了不同的铅矿。如果在时间和空间上有区分的话，其实就可以给出一个很明确的图像，在什么时间中央政府用了哪个地方的铅,它所使用的铅就代表了它所控制的势力范围,这就是研究文明进程、国家起源、国家控制的一个非常重要的资料。

并不是所有人都同意金正耀先生的理论,如中国科学技术大学的彭子成先生认为,多地矿山都有类似的高放射性成因铅,不仅仅只有云南一处;日本国立历史民俗博物馆的齐滕努博士等提出,东秦岭地区——陕西、河南这些地方可能是高放铅的产地;还有一些学者认为原料是来自于中条山地区,因为在中条山地区的铜矿里面也发现了这些高放射性成因铅的比值。金正耀先生的合作伙伴朱炳泉和常向阳两位先生提出了五个可能来源的地区:滇东北、辽东半岛、华北小秦岭地区、长江中下游多金属成矿区,也可能是天上陨石成矿。所以,迄今为止学界仍然不清楚这种铅料来自哪个具体的矿山,但已经积累了大量检测数据,也有更多的考古发现,我相信随着矿冶遗址调查工作的深入开展,对矿山开采年代、使用历程以及与铸造作坊的关系链进行准确判定之后,应能给出一个更完整、更清晰的资源利用与流通的图景。

考古学研究一定要避免唯科学主义的研究取向。前几年某位学者发表了一篇文章,讲到中国殷商时期的铜料很可能来自非洲。如果这个推测无误,那么,它需要跨越多长的时间,走什么样的路线,又是谁来组织铜料的长距离运输?大家可以去思考,仅仅依靠两者的检测数据一致或相似,就直接断定二者有关系是否科学?其实在做这种比较的时候,一定不能忽视其他重要因素,也一定不要脱离考古背景。这篇文章最大的问题是殷墟和三星堆的年代是公元前第二千纪后半,然而那个时候中国和非洲并没有明显的直接交流的证据;而且同时期的埃及也没有高放射性成因铅的存在证据,其实撒哈拉沙漠之南的南非洲地区直到公元200年,也没有生产和使用金属的任何证据。尽管我今天上午一直在讲,中国的冶金术可能是从西亚地区传来的,但中间的缺环及空白点仍然很多,很可能是外来的器物与思想刺激了中国青铜冶金技术的规模化发展。所以把这两个地区完全不相干、年代不相同的样品的分析数据放在一起比较,因为两者一致就给出一个确定的解释,这是非常危险的。第二个问题是,中国青铜的特色是高放射成因铅,来自铅金属,而现在非洲发现的含高放射成因铅的锡矿是最近几百年才开采的,其铅含量非常低。中国的青铜容器中的锡含量一般在14%左右,铅含量虽高低不等,在也在百分之十几上下波动,如果这些铅都来自于铅锡共生矿,那么应该能够找到铅锡金属锭,但是很可惜,目前没有找到这样的考古证据,尽管有焊料铅锡合金,但一方面这是有意配制的,另一方面在这些焊料里也没有找到高放射性成因铅。更何况非洲南部的这些锡矿里面的铅含量非常低,他们炼的是金属锡,不可能是铅锡合金。第三个问题是,殷墟和三星堆青铜器与非洲锡青铜器之间的同位素相似性并不能表明它们是从同一地质来源获得的。这可以通过数据的其他作图方式来证实。所以包括商代在内的中国青铜器时代金属资源的来源是一个不容忽视的问题,这个问题的复杂性不应通过单一的检测方法来回答。该学者试图通过地球化学方法解决这个问题,但未能正确纳入可用的考古学信息。考古学研究清楚地表明青铜技术在商代晚期之前就已逐渐在中国发展了近千年,可排除从非洲进口金属的可能性。商代有许多金属来源地,向中央铸造作坊提供铜、铅和锡等原材料。殷墟、二里头等中原地区的遗址发现了大型铸铜作坊,但是这里并没有发现与冶铜、炼锡、炼铅有关的遗存,应该都是直接用了金属的原材料,这些金属原材料是外地冶炼之后运送到铸造作坊,在铸铜作坊里重新熔化、配制合金再进行生产。因此,不可能通过相同的比值给出这些合金的单一地质年龄,等时法不适用于这样的金属混合体。此外,由于对其地质意义缺乏基本的了解,铅同位素数据也常常以不恰当的方式用于考古学文献。我们认为,避免发生这种情况的最好办法是来自不同背景的研究人员之间建立牢固的合作关系,确保这种合作关系在用共同的话语权,对共同的考古问题有基本共识的前提下开展研究。

现在很多地方发现了一些铸铜原料等考古证据,为研究铸铜原料的流通提供了大量信息。例如,叶家山西周早期曾国墓地里规模最大、随葬品最丰富的两座"侯"级墓葬M28和M111,分别随葬了两块铜锭,并且铜锭与铜礼容器放置在相同位置,但同墓地中小型墓葬就没有铜锭出土。这一现象说明这些铜锭和铜礼器的价值是一样的,也代表曾侯对铜资源的控制、占有和使用应该是一个有组织的国家行为。有了这样的考古资料,可以就铜料的流通系统开展检测分析与综合研究工作。我们对叶家山墓地出土的青铜器做了包括金相组织、合金成分和铅同位素比值在内的分析,对数百个铅同位素比值数据统计之后,发现铅料可能来自于东秦岭地区,当然这一猜想也不一定正确,而这样一种数据其实在商周之际到西周早期都比较一致,即西周初年各诸侯国的铅大部分都来自于这一地区。这是西周的情况,那东周时期是怎样呢？

著名收藏家陈介祺先生早年收藏有一件春秋早期青铜器——曾伯桼簠，目前保存在国家博物馆，其上铸有"克狄淮夷，抑燮繁阳，金道锡行"这些文字，为研究铜与锡的流通提供了非常珍贵的信息。这几句话说的是曾伯桼要征伐控制淮夷地区，并将繁阳这个地方作为南方铜锡资源向中原流通网络的中转站或集散地，即"金道锡行"。传世的晋姜鼎、洛阳出土的戎生编钟也讲到"繁阳之金"，还载有利用中原的盐换取南方铜锡资源之事。这些关于铜锡和盐这类重要资源的记载，启示我们如果在金道锡行的沿线地区做更多的田野工作，肯定能够找到更多关于手工业交流与文明发展的证据。机会不负有心人，现在湖北省文物考古研究所正在京山苏家垄遗址发掘一处春秋早期的曾国墓葬和冶炼遗址，我的实验室正在清理出土的部分青铜器，并展开研究工作。令人兴奋的是，考古发掘证实M79的墓主人正是"曾伯桼"，而在这个墓地不远处，还存在一个大型的同时期的炼铜遗址，里面有大量的炉渣、矿石，还出土有疑似铜锭的遗物，并可能存在铸铜活动。这一发现对探讨周代金属资源的流通具有极为重要的意义。不仅如此，此次发现弥补了历史上曾国青铜器从采矿到使用中间的缺环，具有重要的考古研究价值。这充分说明，曾伯桼这个曾国权贵和叶家山曾侯一样控制着随枣走廊地带的铜锡资源。有了这些研究基础，我们可以提出一个问题，既然商和西周的铜铅资源是由统治者集中控制的，那么列国林立的东周时期整体情况是怎样的？

针对这个问题，我们又对湖北、安徽、河南、山东、山西、陕西和甘肃等地出土东周青铜器的铅同位素比值进行测定，并结合其他学者发表的数据进行了统计，看能否给出一个铅料来源或供应的输送范围。结果表明，铅同位素比值能够反映矿料的类型及其空间分布，指示矿料的流通方式，并为准确溯源提供重要的线索和判别标准。将东周时期青铜器铅同位素比值数据按时代、地域分组，可以初步构建青铜器矿料的时空框架。如果将东周常用铅料的铅同位素比值数据分成A、B、C等几类的话，春秋早期青铜器的铅同位素比值高度集中，各地均使用A类矿料；春秋中期开始使用B类矿料；春秋晚期至战国，中原及周边地区主要使用C类矿料。也就是说每隔一段时间，整个东周各诸侯国之间的矿料均几乎同步从使用一种铅料很快地转变到使用另一种铅料，这个过程是高度一致的。不管是长江中游的曾、楚，还是中原的晋,很大的时空范围内所使用的矿料具有一致性,其实就代表了金属原材料在列国之间是互通的,背后肯定有一种力量在控制着铸铜原料的生产和流通。这只能是一个国家型的组织行为,尽管在政治上东周是分裂的,但在重要资源的占有上具有统一性,这其中肯定有技术的交流和手工业生产的控制。

这些铅同位素比值不同的铸铜原料应该在哪里?中国有一个成语叫"楚才晋用",这主要是讲人,"晋卿不如楚,其大夫则贤,皆卿材也","虽楚有才,晋实用之"。南方的人可以为中原地区所用,那么南方的物料北方也可以用。我们讲"金道锡行",晋国青铜的规模化生产,其实在很大程度上也使用了南方的金属原料。通过铅同位素比值同样也可以找到证明,春秋中期的汉淮地区B类矿料的流行主要与楚国的扩张有关,并且汉淮地区内部具有相当密切的文化联系。而春秋晚期到战国早期,中原及北方地区C类矿料的流行,则是侯马铸铜作坊兴盛的表现。值得注意的是,侯马牛村铸铜作坊最兴盛的阶段,晋国已然走向衰落。正是因为目前还不清楚这些原料的具体产地,所以从实验室回到田野中去,从矿冶遗址调查中获取有关铅矿信息,这是下一步非常重要的工作。

再看看南方铜生产的所在地——湖北大冶铜绿山遗址。尽管这座大型矿山的最初开采年代现在还有一些争议,但目前所见遗存主体属东周时期,重要的是在这座矿山上发现了有身份等级差别的100多座东周时期墓葬。我们对随葬青铜器进行了初步检测分析,结果发现尽管此处有大规模的开采铜矿、炼铜的活动,但是墓主人所随葬青铜器的铅料不是当地的,而是来自他方。晋侯墓地出土的楚公逆钟这一楚国器物,可作为"楚才晋用"的一个证据,这件楚公逆钟和四方塘墓地铜器的铅同位素比值基本一致,与日本泉屋藏楚公家钟和枣阳郭家庙铜器有所区别,但是差别都在一个非常小的范围之内。也就是说,在大冶铜绿山从事生产的矿工和管理者,所携带的青铜器是从其他地方带过来的,而不是由大冶铜绿山本地生产。

所以我们在研究这些贵重资源的控制、流通与文明发展的时候,要看到不同人群之间政治势力的扩张,以及对重要资源的占有方式,还要研究它的青铜器及其生产的区域特征、技术差别,更重要的是一定要研究它的资源利用方式。

四、手工业管理与文明

前文是从原材料的角度看待文明,那么手工业生产的经营、管理方式,它的产业布局和产业结构是怎样的?其实不管是古代和现代,这些都是研究社会经济形态及社会管理的一个重要组成部分,是手工业与文明研究的重要内容。通过对先秦时期冶铜、铸铜遗存的发现、发掘,合金熔炼技术研究以及考古资料发表情况来看,我们所获得的信息无疑是十分丰富的,我国古代在冶铸遗址的聚落形态、冶铸活动的组织管理等方面具有如下特征:青铜的生产不但与矿产资源的地理分布有关,也与国家形态有关;青铜器既是国家礼仪制度的象征,又在生产生活中起到重要作用;技术的发展、传播与社会形态的演变有一定的相关性。下面还是以四个区域为例,介绍如何通过生产方式的差别和联系,去找到手工业生产和文明发展之间的关系。

由于河西走廊的地貌原因,因此这种自然资源环境不可能形成一种大规模采矿和冶炼的生产方式,因为它承载不了非常多的人群,调查也发现这里的采矿规模一般比较小。商周都城的迁移与矿山之间的关系,牵扯到矿石开采量、金属产量等因素。但是产量问题如果没有翔实的历史记录,恰恰是最难解决的一个问题。因为很多矿尽管看来比较富有,但是古人往往是把最富有的矿开采完了,剩下的低品位矿石在古人眼中没有开采价值,于是就会被废弃。但随着技术的发展,后人可以重新开采、利用这些矿石,比如铜含量10%左右的矿石可能古人已经不开采了,但现在即使铜含量在2.5%也还在开采。所以后人的采矿活动把古代的采矿遗址破坏得非常严重,这其实也是研究古代矿山面临的困难,一个问题是采矿年代,另一个问题是产量。河西走廊南面是祁连山,北边是北山山脉,祁连山里面的铜矿开采证据不多,北山地区已发现了几处采矿遗存,规模并不是非常大。河西走廊发现了众多冶炼遗址,但遗址上炉渣量其实并不多,所以铜产量可能也不高。从这些冶炼和铸造作坊里出土的铜器种类也往往是小件的工具、兵器或者装饰品,这是这一地区的典型特征。从开采量以及生产组织上来看,这一地区的青铜冶铸生产是一种比较分散的管理方式,控制程度不严格。

中原地区的铜器冶炼有组织性,采矿规模也相对比较大一点。我们调查到春秋时期的一些冶炼遗址地表所能发现的炉渣堆积有几十吨之多,到了更晚的时候,炉渣数量会更多一点,早期的炉渣数量也不是那么多,但是至少从这个地区的分布特征上来看,它的铜矿资源非常丰富,采矿的遗址点比较多,冶炼的遗址点也和矿山相对应。冶炼遗址里没有出现铸铜的任何现象,只是单纯地从事炼铜活动,炼完铜之后的产品,输送到这一地区高一级的中心聚落里,完成青铜器的铸造。它的采矿、冶炼和铸造是分离的,是个长线条的管理方式。调查采集的一些标本,如不同遗址的采矿石器、炉渣和陶片等可用来测年,即可以对炉渣内夹裹的木炭做 ^{14}C 测年,可以根据陶片对考古学文化性质进行初步判定,因此在没有发掘的情况下,我们就是通过传统的类型学方法给出年代,再根据炉渣里面包含的木炭或者和灰坑共存的骨头进行测年,探讨冶炼活动所发生的年代。

辽西地区青铜冶金活动的生产组织在夏家店下层文化和夏家店上层文化早晚两个阶段明显不同。在夏家店下层文化阶段,它的生产组织方式和中原中条山地区有点类似,生产组织相对比较严格,生产青铜器的成分稳定性比较强,铸造铜器的质量较高。而到了夏家店上层文化时期,正是因为铜矿资源的丰富以及利用有效、便利,生产反而非常松散。

长江中下游地区和其他地方也有所不同,这个地方更多的是铸铜原料的提供地,像刚才所说的"金道锡行"的繁阳等。尽管在这一地区发现了数量不少的陶范和石范,但青铜礼容器的范非常少,且多为小件容器的范,没有成组大型礼器生产的迹象。这里面还有一些矛盾没有解决,如湖南、江西等地发现数量较多的不同于中原风格的青铜器,目前还不是非常清楚它们的生产方式,也亟需找到它们的生产设施,找到生产设施之后,才能像苏秉琦先生研究侯马铸铜作坊一样,研究它的生产组织方式。

通过矿冶遗址调查,可以发现四个地区的一些共性:早期普遍存在采矿、冶炼遗址分离的现象,采矿在山上,冶炼近水源,二者距离可能相当远,河流是连接二者的重要通道;普遍以石器采矿;冶炼遗址经过精心选择。不同之处则在于,四个地区早期冶金遗址的内涵与格局有异。中原的晋南冶金遗址呈现分级现象。一般冶炼遗址仅冶炼纯铜,只有在垣曲商城、东下冯遗址才出现青铜铸造遗址。虽然目前仅初步探明铜的产业链,但一定存在未发现的锡、铅的产业链,铜的产业链与锡、铅产业链只在最高级的二里头遗址和次高级的东下冯等遗址才能连接在一起。辽西夏家店下层时期可能有类似中原的格局。河西走廊和长江中下游地区各遗址存在锡、砷等资源直接与炼铜遗址相结合的现象，但没能出现明显的分级。辽西的夏家店上层文化由于资源方面的优越性，反而未能出现冶金遗址的分级，所见多处遗址内涵相同，无等级差别。只有中原地区存在与礼制高度结合的发达的青铜业，创造了一系列以陶范铸造为基本手段的青铜铸造技术，形成了管理严格、等级分明的青铜产业网络。新兴的青铜产业促进了地区之间的交流，导致跨地域、跨文化的管理组织机构的出现和强化，进而导致国家、政府机构的产生，高度艺术化、礼制化的中原青铜器作为中华文明的载体，对周边地区产生了强大吸引力，是树立和强化以中原为中心的中华文明的巨大物质动力。

这点可从铸铜作坊的研究中进一步论证。自1928年在河南安阳殷墟小屯村东北地宫庙基址内发掘出土一批陶范后，偃师二里头、郑州商城、安阳殷墟、洛阳北窑、周原和侯马等先秦时期遗址也陆续发掘了一批铸铜遗址，出土了大量陶范等冶铸遗物；另外，在夏县东下冯、郑州小双桥、南阳十里铺、北京琉璃河、曲阜故城、邢台补要村、荆州纪南城、宝鸡雍城、西安北郊、偃师商城、垣曲商城、丰镐遗址、天马-曲村晋国遗址、新郑郑韩故城，以及南方地区的盘龙城和吴城、新干大洋洲、枞阳汤家墩和铜陵师姑墩等遗址，也发现了一些包括石范、陶范在内的铸铜遗物。这些考古工作为研究青铜器铸造技术提供了较为系统的考古背景和明确的科学资料，基本上反映了中国青铜时代的铸造技术水平和发展演变状况。其中，中原地区的偃师二里头、郑州商城、安阳殷墟、洛阳北窑和周原等都邑性质遗址内的铸铜作坊，出土青铜礼器陶范数量众多、纹饰精美，青铜铸造设施基本完整，铜锭、铅锭和锡块等铸铜金属原料丰富，通过对这些铸铜遗物的研究，可复原青铜冶铸的相关技术，但我们更感兴趣的是如何从铸铜遗址的空间布局来看其在社会管理方面的重要性。

这项工作可先从学习老一辈学者关于铸铜作坊的研究方法开始。苏秉琦先生曾讲到20世纪80年代他整理侯马铸铜作坊材料的工作思路：把墓地材料同铸铜遗址材料结合，把西周、东周连接起来，对铸铜作坊所反映的晋国铸造业的发展以及生产性质或有可能认识得更深入些。具体做法是，铸铜遗址材料先从年代分期开始，从整理陶片入手，分出三期，再对照遗址的平面图、文化堆积层次包含的内容进行分析，识别出生活、工作场所。工作场所包括陶范、半成品或成品的储藏或者生产空间。进一步区分出按产品种类的分工，最后对生产技术的发展、生产性质的变化进行初步分析，对生产用房所包含的生活用陶器的变化的社会意义进行讨论。我们认为，对一个铸铜作坊的发掘及相关材料的研究，一定要沿用苏公的这套方法并有所发展，从资源、技术与社会的角度开展综合研究，解析手工业生产管理与文明形成之间的关系问题。

从二里头遗址的宫殿、宫城和铸铜作坊的分布来看，在宫城里有一个规模很小的铸铜遗存，发现了一些炉渣，可能与宫城内日用铜器的修补有关，但在宫城南边不远处，另置有一专门区域从事绿松石加工和青铜器铸造生产，并设围墙保护。所以，从空间位置上来看，铸铜作坊位于整个城市最关键的王城管理区块，说明其生产活动受到宫城的直接控制。在早商时期的郑州商城也是如此。从洹北商城和殷墟小屯村等核心区发掘的几处铸铜作坊的空间位置来看，洹北商城重要的手工业作坊均在宫殿区附近，殷墟时期的几处铸铜作坊也均位于宫殿区附近，并有道路相连，应属贵族直接控制的生产组织方式。特别是在周原遗址，在齐家沟东侧铸铜、制骨和制玦作坊依次排开，规模巨大，也应是一种在严格控制下进行的生产组织方式。

总体而言，以二里头为代表的中原都邑性遗址青铜器生产与周边地区青铜器生产方式的差异在于，中原地区的铸铜作坊规模和生产量较大；官方控制非常严格，礼容器主要在都邑内的铸铜作坊里生产；铸铜作坊会出土大量制作精良的陶范和模具，青铜时代晚期如侯马遗址有商品化现象，标准化或者专业化的程度会比较高；可能使用外地输送过来的矿料。以上属于一种集中式或者中央式的作坊模式。在辽西、河西走廊、长江中下游地区等相对中原所谓的周边地区，采矿和冶炼的规模往往很大，可能都为中原提供原材料；尽管这些地区也生产一些工具和兵器，但是很少生产大型的礼容器；早期的石范比较多，陶范的数量相对比较少。所以，周边地区在更多的情况下，表现为尽管生产规模很大，但是铸造的规模很小，它在某种程度上是一种原材料供应地的身份，从生产管理模式来看，它更是受别人控制，比如大冶铜绿山，外来的人到这个地方来控制、主导矿石的开采，而不是当地人。从这一角度来讲，我们认为它是地方设置、分散式的铸铜作坊模式。如此这般，就在一个较大的范围内建立起从中央到地方、从集中到分散的一整套管理模式。这样的管理方法是一个文明社会或国家管理层面的一项非常重要的内容。正是因为有这样一种对生产礼容器的严格控制的管理制度，以青铜器为核心，夏商周三代确立了礼乐制度，在某种程度上丰富了国家的管理经验，也催生了中国文明的起源与早期发展。

五、手工业技术与文明

手工业技术包括生产技术、生产设施和生产工具等多方面。它是资源、科学技术、社会生产、技术传播、人群流动和社会组织的反映，生产技术本身是文明发展的推动力。青铜冶铸技术和生产管理对中国早期文明的发展起到了非常重要的推动作用，钢铁技术则直接影响了秦汉帝国的建立。冶铁术的发明和铁器的广泛使用，使人类历史产生了划时代的进步，对于中国而言，秦汉多民族统一的中央集权帝国的形成与建立，与铁器工业这一当时最重要的支柱产业有密切关系。正如郭沫若所言，我国"由奴隶制向封建制的主要关键当在生产力的发展上，是什么因素把生产力提高了，而且划时代的提高了呢？铁的发现和使用是值得特别注意的一个关键性因素"。中国钢铁技术的产生有外来因素的影响，也有本土的创造，我们要考虑钢铁手工业技术交流如何在钢铁技术传播、本土化的过程中对国家产生影响。

世界上最早出现的"铁"的文字是在苏美尔语中，在公元前两千年前后，表达"陨铁"的意思。苏美尔人用这些陨铁制作小型的匕首，或者是项链等贵族装饰用品。更重要的记录来自于小亚细亚的赫梯人，他们最早明确记载冶铁。赫梯国王给亚述王的用楔形文字写成的信中写道，由于气候不佳，生产欠顺，又无储备，我国铁的生产产量无法满足亚述国的需求。这些记载说明在当时铁已经作为商品进行交流。以色列提姆纳（Timna）遗址的炼铜作坊内发现了铁制品，暗示炼铁技术起源很可能和炼铜技术有一定的关系。前些年我也尝试从中国的炼铜遗存里去寻找解决炼铁技术起源的线索，比如在安徽铜陵发现的一些菱形的铜锭，本来是炼铜的产品，但是一些铜锭中铁含量高达50%，也就说明部分金属铁在炼铜时已经被还原出来，形成了这种铜铁合金。因此，如果古人把铁矿石在炼铜炉里炼，也可能把铁炼出来，这是一件很自然的事情。中国早期铁器的使用可能与外来因素有一定关系，但块炼铁技术在中原地区发展成生铁冶炼技术体系，则是钢铁技术传播和本土化的过程，下面来看钢铁技术交流对文明发展的推动作用。

生铁农具的推广及使用促进了农业革命的发生。我国于春秋晚期至战国早期开始出现铁农具，战国中晚期以后，铁农具开始大量使用，促进了农业发展。《孟子·滕文公》说"以铁耕乎？"《管子·轻重乙篇》载："一农之事必有一耜、一铫、一镰、一锥、一铚，然后成为农……请以令断山木，鼓山铁，是可以无籍而用足。"由此可以看出在战国时期，传统农业从整地、中耕、灌溉到收获、加工等一整套必备铁农具就已基本形成。中原地区在西汉末年已基本普及铁器，随着中原地区钢铁技术向边远地区的传播，到了东汉，我国古代社会全面进入到铁器时代。如仅铁犁即遍布今之鲁、豫、辽、陕、甘、苏、冀、川、蒙、贵、闽、粤、桂等13个省区。故《盐铁论·水旱》中就有"铁器者，农夫之死生也。死生用则仇雠灭，仇雠灭则田野辟，田野辟而五谷熟"；"农，天下之大业也；铁器，民之大用也。器用便利，则用力少而得功多，农夫乐事劝功。用不具，则田畴荒，谷不殖，用力鲜，功自半。器便与不便，其功相什而倍也"的记载。由此可见，自战国以来，正是铁器的推广应用，使农业生产产生了革命性变革，农耕面积不断扩大，农业产量不断提高，其结果是人口迅速增长，居民集中，大城市出现，又为商业及经济的发展，文化的繁荣，百家争鸣，科学的医药技术，采矿冶金建筑和道路的扩展提供了条件，也为生产关系和上层建筑的变革提供了物质基础。这可能是秦汉帝国形成的原因之一。

生铁制钢技术对军事产生了重大影响，"兵者，国之大事"。生铁制钢技术的出现，使得铁质兵器的形制和性能不断改进，这极大地提高了军队作战能力。铁制兵器成为战场上的"国之利器"，促进了战争规模的扩大和战争形式的变化，对历史发展进程产生了直接的影响。中国古代青铜兵器自商代中期开始出现，一直延续使用到汉代，历经1500年以上。其组合由矛、戈、戟、钺、镞等进攻和格斗兵器，逐渐发展为杀伤力较强的剑、刀等系列，由适应车战为主，发展为满足骑兵和格斗为主的战事需要。青铜兵器合金配比合理，范铸技术熟练，兵器制作精良，《考工记》和相关史书均有记载。但铜兵器是何时以何种方式被铁兵器所取代的呢？我们认为，中国古代铁制兵器替代铜兵器的情况要复杂而且滞后，发展不平衡，自战国早期以前（公元前5世纪）开始出现，约在东汉时期（公元2世纪）完成。铁兵器的这一发展过程客观上为秦汉帝国的建立提供了军事保障。钢铁技术还对汉朝反击匈奴起到了非常重要的作用,这是一个不能忽视的很重要的方面。《汉书》记载,"夫胡兵五而当汉兵一",原因是什么?就在于钢铁兵器的质量。史书也记载了匈奴除了想获取汉的重要资源外,还很想获得中原的凿井、冶铁等各种匠人。匈奴掌握高水平的冶铁技术之后,虽然兵器质量有所提高,但仍不敌汉兵。汉和匈奴的征战深刻影响了欧亚大陆的历史进程,匈奴人西迁之后,对欧洲产生了一系列的影响。

铁器的使用也促进了手工业和商品经济的发展。《战国策·齐策》描述了齐国都城临淄有七万户人家,人群拥挤,车水马龙的情景。我们在临淄城做过矿冶遗址调查,城里有十几处青铜冶铸和生铁冶炼的作坊,应该是生产力高度发展的反映。《史记》记载,在邯郸从事大型冶铁业的大商人是财富的象征。秦始皇平定六国之后,从邯郸、临淄、南阳等地把从事大规模冶铁的工人迁到四川,再利用当地铁矿从事冶铁业,取得了非常大的成功。这些中原工匠迁到四川之后,对西南地区铁器化进程起到了非常大的推进作用。农业、手工业的发展也促进了商品经济的活跃和城市的发展。

钢铁技术向周边地区的传播,对其他地区社会发展产生了怎样的影响?以生铁技术向东北亚地区传播为例,研究表明钢铁技术的传播可分为三个阶段。第一阶段是钢铁制品的传播,铁器最早从中国大陆传播到朝鲜半岛,然后再传播到日本列岛。第二个阶段是有意识地对传来的器物改造使用。第三个阶段是本地掌握冶铁技术,从事冶炼活动。从目前考古发现来看,朝鲜半岛长期并存着两种冶铁技术,一种是块炼铁技术,另一种是生铁冶炼技术。中原式的生铁制品传播到朝鲜半岛之后,也长期与块炼铁制品并存。公元 3 世纪前后,朝鲜半岛开始冶炼生铁,但日本迟迟没有发展出像中国这样的高炉生铁冶炼方法,而是创造了自己的炼铁方法。中国生铁冶炼技术向草原地区及中亚地区的传播,目前的研究很不深入,但值得开展。2017 年我们在蒙古考察期间,发现有一些地方出土了汉代的生铁制品,伴随生铁制品的还有汉代铜镜、漆器、纺织品等。蒙古也发掘了匈奴时期的块炼铁铁炉,但当地学者认为该地的钢铁技术没有受到中国的影响。韩国也有个别学者一直坚持朝鲜半岛冶铁技术的起源与中国无关的观点,这是需要讨论的一个问题。尽管这些蒙古和韩国学者都极力试图从考古学角度摆脱和中国的关系,但是,我也在各种场合上讲，其实技术的传播、交流并不那么可怕，技术是人创造的，也能为我所用，应当秉持科学的态度来看技术对促进区域文化发展的影响。

根据上面的讨论可以看出，中国古代铁工具、农具开始替代青铜用具大约在战国时期，大部分铁用具是用生铁和生铁脱碳处理制成，中原地区较周边地区略早；秦汉帝国建成后完成了替代。铁兵器替代铜兵器延续时间较长，因为各地区钢铁技术的发展是不平衡的，即自公元前5世纪开始，延续到公元2~3世纪，前后约600年之久。尽管目前发现的秦的铁兵器较少，但秦统一六国不仅依靠高质量的青铜兵器，还应有良好的军事和社会组织结构；而汉王朝的建立以及之后汉与匈奴的战争中，铁器的广泛使用使汉朝积累了大量社会财富，优质的钢铁兵器又是在军事上战胜匈奴，最终形成统一国家的一个最为重要的因素。从这个角度来讲，钢铁技术以及利用钢铁技术所发展出来的农业、经济和军事，提高了人口的数量、粮食的产量，也壮大了中华文明，奠定了中国自战国到汉代文明的物质基础以及整个古代社会的发展方向。

六、早期文明形成与手工业技术交流

最后，我们再重新梳理一下早期文明形成与手工业技术交流的关系。刚才所讲的内容比较凌乱，既有铜，又有铁，但没有更多涉及冶金手工业之外的其他手工业技术类型，现在再回到青铜冶铸问题与文明形成的关系。夏鼐先生讲到，最能代表商文明高度水平的是它发达的冶铸青铜技术。青铜冶铸需要有一批掌握冶金技术的熟练工匠，一定的贸易活动和保证畅通的交通路线，才能解决原料和产品的运输问题。这需要社会组织和政治组织进行一定的改革，以适应新的经济情况，包括生产力的发展。作为都市的殷墟，里面有宫殿、铸铜、制陶、制玉石器和制骨等手工业作坊。手工业已经和农业分工，并且已经相当发达，集中于城市内。为什么这些早期的手工业都集中在城市内，我想这是因为它是一类被控制的活动，就全国范围内手工业技术的交流来看，其实就是一种管理方式的变化以及对社会资源更大程度的占有。除铸铜原料之外，殷墟可以找到玉石器、骨器、马车、陶器和原始瓷等众多其他地区的产品,这代表了手工业技术交流。

商代早期的郑州商城和盘龙城也有非常多的外来因素,如黄金和绿松石。绿松石肯定不是郑州商城和盘龙城本地所产,黄金的使用也是对外来因素改造之后,在中原地区形成金箔和金片这类方式。黄金在北方主要用于耳环、鼻环等人体装饰,且年代较早;但在中原地区很少用于人体装饰,主要用作器物表面的装饰,这是外来技术传播之后在本地发生转变、接受和消化的过程。张昌平先生认为,盘龙城青铜器的生产从开始阶段,便选择接受郑州商城所使用的成套铜容器以及相关的纹样风格和铸造技术,这一选择凸显出郑、盘两地在社会政治上的紧密联系。从这样的论述里可以找到手工业技术的传播、生产在区域之间的联系。刘睿良等人从金属流通这一层面认为,郑、盘两地在共享部分金属资源供应网络的基础上,有可能各自拥有其独立的金属(铜、铅)来源。从锡元素的分布和距离锡矿的远近程度来看,盘龙城较郑州似乎更容易获取锡料。如此一来,建立和发展盘龙城背后的动力是否与获取南方丰富的锡料有关?锡是制作青铜器必不可少的原料,其需求量自然十分巨大。包括北方边远地区在内,目前尚未发现比长江流域更加靠近中原地区的锡矿。盘龙城的建立是否是商人南下、南北互通背后的另一个重要驱动力?

我们看年代稍早的二里头遗址。夏鼐先生讲到:"二里头文化和较晚的文化相比较,直接与二里岗文化,间接与小屯殷代文化都有前后继承的关系。所以我们认为至少它的晚期是够得上成为文明,而又有中国文明的一些特征。它如果不是中国文明的开始,也是接近于开始点了。"现在来看夏鼐先生的这段话有点过时,中国文明起源还可以上溯很长时间。二里头遗址是当时中国乃至东亚地区最大的城市遗址,这里发现了中国最早的宫城、城市干道网、宫殿建筑群、青铜礼器群,以及官营作坊区等。种种迹象表明,它是中国迄今最早的王朝都城遗址,开中国古代都邑制度之先河。尽管发掘人之一的许宏先生不明确表态它属于夏,学术界一般认为它是夏王朝晚期的都城。正是因为二里头遗址开创了中国铸造青铜器生产的传统,这种传统、整个铸造工序是在王权控制下完成的,二里头文化青铜冶铸工业在产业结构、铸造技术、产品器类三个方面都为后期的成就打下了很好的基础。

我们再看比二里头遗址更早的陶寺遗址。陶寺从小城发展到大城,里面有专门的宫殿区、王族区、墓葬区，墓葬里出土了一些影响深远的重要器物。陶寺早期王族墓 M3002 出土了一件鼍鼓，木鼓腔蒙鳄鱼皮，下腹部有三个调音孔，陶寺墓地与遗址出土的陶鼓，与鼍鼓、石磬、铜铃和陶埙等构成了中国最早的礼乐器组合。陶寺王族墓地中的陶寺晚期小墓 M3296 出土了一件铜铃，为红铜合瓦形范铸，下葬时铃舌已失。这是中国迄今发现的最早的金属乐器，也开创了中国青铜器合范铸造之先河。种种现象表明，陶寺遗址西南区域似乎也存在手工业官营的迹象。

我们接着看最近一个被称为"石破天惊"的陕西神木石峁遗址。石峁遗址位于陕西省神木县高家堡镇，地处黄土高原北部的黄河西岸，毛乌素沙漠东南缘。整个城址占地面积达 400 万平方米，系国内已知规模最大的龙山时期至夏代城址。该遗址由"皇城台"、内城和外城构成。石峁城址的兴盛时代不晚于公元前 2300 年，废弃于公元前 1800 年前后。遗址出土了许多玉器和雕像，还有铜器及铸造铜刀的石范。我们把这些铜器和陶寺、朱开沟及磨沟所出土的青铜器进行比较，发现它们之间在某种程度上是很相似的。但是如果把这种铜器和二里头的铜器相比的话，差别就非常明显。中国境内龙山时代晚期至夏商时期使用和制造铜器，已被越来越多的考古材料所证实，主要发现于北方和中原地区，整体来看，北方地区铜器的年代要早于中原地区。皇城台发现的铜器和石范大多出土于门址第 2 层堆积，个别见于门址第 4 层，年代不晚于公元前 1800 年，器形包括刀、镞和锥等，为揭示中国北方地区早期铜器的形制和技术特征增添了重要的实物资料，也为研究中国早期铜冶铸技术的发展提供了新的物证。同时，石峁遗址的地理位置非常关键，位于北方地区沿黄河南下进入中原地区的中介地带，皇城台铜器石范的发现为冶金术自北方传入中原的观点提供了关键性的证据，并为探索早期冶金术在中国的传播路线提供了关键的连接点。

正因为石峁遗址的地理位置处于北方地区沿黄河南下进入中原地区的中介地带，位于苏秉琦先生讲到的由北方向中原文化交流的交通路线地带，位于童恩正先生提出的半月形文化传播带地区，也位于著名地理学家胡焕庸先生提出的胡焕庸线临近地区，因此该地区极为重要。研究冶金技术，手工业技术的传播与交流及对文明形成和国家起源的影响，边界地带往往是最为关键的地方。我们相信，随着陶寺、石峁和二里头等一个个点、一条条线上的证据连成了网络,我们肯定能给出一个关于冶金手工业技术交流的完整图像。严文明先生讲到:"我在讨论文明起源和发展一类的问题时,除了对经济文化发展水平和社会结构进行研究外,还特别注意自然环境和历史背景以及人文环境的分析。因为任何文明都是在一定的自然环境下发生和演化的,自然环境对于文明特质和性格的形成起着非常重要的作用。"这提示我们如何从资源流通、不同区域之间的文化互动来进行研究。

最后,我们来看看年代更早的良渚古城。良渚有规模非常巨大的城及水坝工程,需要动用大量的人力和物质资源,这是一种有组织的社会活动。良渚还出土了很多精美的玉器、漆器和陶器,并发现专门从事玉器加工的作坊,这些玉器加工作坊和玉器的使用同样也是由贵族所控制的。前几年在北京大学举办的一个展览——"权力与信仰",对良渚玉器的生产、使用状况做了非常好的讨论和总结。这些玉器是权力集中的象征,它共享一致的图意信仰,甚至在细节上分享同一琢玉传统,遗址群内各权贵墓地之间肯定存在一个高端玉制品的流通、分配网络,其实背后是对手工业生产的高度控制,以及对资源的控制,这些都为研究文明起源提供了关键性的证据。

七、结语

手工业技术交流或珍稀制品的流通是文明形成和发展的最为重要的推动力之一,这是两个月来我为完成这篇"命题作文"感触最深的一句话。

从青铜冶铸技术来看,二里头文化青铜冶铸的核心技术实际上在中原的龙山文化时期已有了相当程度的本土技术的积累,那么青铜冶铸技术的传入和迅速本土化也就不足为奇了,但更值得关注的是这种本土化对于推进文明进步进程的影响。尽管目前学术界多认为中原地区的青铜冶铸技术自西方传入,具体的传入方式还值得深入思考,但已有的考古资料已经充分表明这种区域文化互动从公元前3000年以后开始加速,小麦、牛羊和冶金术大致同时出现在中原。龙山文化时期中原的冶铜术并不发达,尤其是冶炼青铜还极少见,或暗示这一时期还未完整掌握成套的青铜冶炼核心技术。但这种情况到二里头文化时期有了彻底改观,有可能是在外来技术刺激下产生的本土产物,这些现象说明区域间的文化互动可能对中原社会产生过多波次的影响。

中原地区青铜冶铸技术的传入和迅速成长与该地区文明化进程中特殊的社会复杂化道路有着密切的关系。随着史前农业经济的发展，中原社会与其他地区一样从新石器时代晚期开始走向复杂化。然而，由于缺乏高端的奢侈品，中原地区贵族阶层的成长始终受到局限，他们的身份和地位主要是通过管理社会公共事务而获得的。因此，中原地区的文明化进程曾一度落后于同期的其他地区，而中原地区贵族也亟需寻找需要耗费大量劳力制作的高价值的奢侈品，来提升和彰显自身的社会地位，由此青铜冶铸技术和青铜器应运而生。

中原地区在农业经济发展的基础上，形成了深厚的文化积累，青铜冶炼所需的基本的找矿、高温控制和制模翻范技术在新石器时代晚期就已经有了本土化的技术积累，因此当青铜冶炼知识通过区域交流进入中原之时，才能够被迅速地吸收、消化并改进提高，显示了中原文化兼容并蓄、博采众长的优点。

青铜冶炼技术的传入对中原社会的文明化进程产生了关键性的影响。中原贵族一方面凭借对这种技术的垄断获取自身的显赫地位，通过青铜资源的贡赋、赏赐等手段形成等级关系，强化统治秩序，并与祭祀活动紧密联系在一起，将其神圣化，进而形成青铜礼制，从而使得国家的统治阶层得以真正地搭建起来。另一方面，中原贵族为了实现对铜矿这种战略资源的远距离控制，积极扩展新的统治方式，甚至不惜发动战争，并引入更快速、便捷的交通方式。这使得贵族的统治权力得到了极大的延伸，形成了远非酋邦社会所能比拟的早期国家的疆域。从这个角度来说，刘莉和陈星灿认为，青铜冶炼技术对中原早期国家的形成起到了"牵一发而动全身"的关键性作用，是中原社会真正进入早期国家文明的一个重要推动力量。李延祥先生等人在系统考察了辽西地区、河西走廊地区和中原地区早期矿冶遗址的基础上，对采集的冶铸遗存进行分析，证明了不同地区具有不同的冶金生产管理方式，而唯独中原地区的青铜工业最具标准化，从而，他指出冶金活动的生产组织管理活动对于社会复杂化以及早期国家的形成有着重要的推动作用。诚如李水城教授所说，这种推动力量的来源实际上是中原社会与广大西北地区之间的区域互动，是东西方文化交流的结果。那么探索中华文明的起源，中原与中亚草原之间，农耕与游牧之间的互动关系也应该成为下一步关注的重要问题。

以上这些结论仅仅是长时段和粗线条的认识，应当看到，手工业技术的传播与交流具有分阶段的不平衡性与传播方式的多样性，以及冶金、制玉等手工业技术在不同文化中的作用也有所不同。如何更细致地梳理手工业技术的传播路线，研究这种传播的技术与社会原因，并深入分析手工业技术对传入地的影响，应是一项长期的研究任务。因此，关于各种手工业的技术特征、年代和传播，以及手工业技术与中华文明起源和发展的关系仍有许多问题需要深入研究。

苏秉琦先生讲道："什么是文明，对文明如何解释，这不是至关重要的，重要的是如何认识文明的起源，如何在实践、在历史与考古的结合中加深对文明起源的认识。"严文明先生认为："任何文明都不会是孤立的，总是跟周围的文明或文化发生这样或那样的关系，从而对自身产生一定的影响。在研究中国文明的起源和发展时，我总是紧紧把握住这些关系，使自己的研究尽可能符合历史发展的实际情况而不至失之于偏颇。"我想这既是今后冶金考古要走的路，也是开展早期文明形成与手工业技术交流研究最为重要的工作方法。

第十一讲

科技考古在二里头遗址的应用及展望

袁 靖

从8月29号开始到今天,老师们给大家讲授了科技考古各个主要领域的研究内容。吴小红老师讲授了 ^{14}C 年代学;王辉老师讲授了环境考古;朱泓老师讲授了人骨考古;赵志军老师讲授了植物考古;我讲授了动物考古及生业研究;文少卿老师讲授了 DNA 研究在考古中的应用;吴小红老师、郭怡老师和陈相龙老师讲授了食性分析在考古中的应用;陈建立老师讲授了冶金考古及手工业技术的研究。这次我们复旦大学科技考古研究院开设的 FIST 课程,题目是"中国科技考古的发展与前沿研究",我们集中国内顶尖的科技考古师资力量,授课内容全面覆盖科技考古的各个主要方向,尽管是集中授课,时间短、强度高,但是从课下跟大家的交流来看,大家都感到获益匪浅。今天,我们的课程就要结束了,我再做一个总结。我在开始授课时讲过,科技考古要在考古学研究中发挥重要的作用,要为全方位地推进考古学研究贡献自己不可或缺的力量。经过多年的努力,我们取得的成绩是有目共睹的。这里我仅举一个实例来说明问题,这就是我们在河南省偃师市二里头遗址的全方位的科技考古收获。

二里头遗址是国内迄今为止科技考古各个领域介入最多的一个遗址,研究人员依据考古学的研究思路,秉承"将今论古"的原则,借用自然科学相关学科的方法与技术,对遗址所在的区域进行勘探、调查和采样,对出土的大量遗物进行多种鉴定、测试和分析,然后结合研究对象各自的考古背景、长时间埋藏过程中可能受到的影响、当时存在的各种人为作用等诸多因素开展探讨和研究,从而在一定程度上认识二里头遗址各个时期的绝对年代、自然环境特征、人类自身与体质相关的特征、人类的多种生存活动以及生产行为特征等等。这里做一个详细的讲解。

一、年代

张雪莲等人依据^{14}C测定的年代数据,指出二里头遗址一期的年代为公元前1735年至前1705年,二里头四期的年代为公元前1565年至前1530年。她还指出二里头一期的年代上限应该不早于公元前1750年。二里头遗址的^{14}C年代测定工作前后持续了近40年,确立二里头遗址各期的年代框架,可以为考古学的比较研究奠定可靠的年代学基础。研究人员不但可以知道二里头遗址各期的年代范围,认识考古学文化的各种内涵发展变化的时间节点,而且还可以依据二里头遗址不同年代范围内的考古学文化特征,开展与其他地区同时期或不同时期的多个遗址的考古学文化特征的比较研究。

二、自然环境

对自然环境的探讨主要涉及当时的气候及遗址周边的地貌、河流和动植物资源。

王树芝通过对二里头遗址出土的木炭进行树种鉴定,发现多数树种以喜暖湿为主,由此可以推测当时的气候总体上是温暖湿润的,但是一、二期的温暖湿润度比第四期更高。如果排除在二里头遗址采集的全部木炭都是来自特殊的来源,即从当时气候完全不同于二里头遗址的其他地区获取的可能性,王树芝对二里头遗址所在区域的气候总体上是温暖湿润的认识是基本可信的。

二里头遗址所在的洛阳地区地貌类型比较简单,主要有基岩山地、黄土覆盖的低山丘陵、黄土台塬和河流阶地等,它们由高到低依次分布,具有明显的阶梯状特征。洛阳盆地的北侧为连绵起伏的邙山,盆地南侧为嵩山的余脉万安山，黄河主要支流洛河和伊河分别从西向东和由西南向东北方向从盆地底部流过，盆地底部为伊洛河冲积平原，由河流阶地和河漫滩组成，东西长约40千米，南北最宽处约15千米，呈枣核形，海拔一般在110米左右，地势平坦开阔，洛河和伊河于二里头以东汇流，汇流后称伊洛河，在盆地最东端的巩义附近注入黄河。这是我们现在看到的二里头遗址的地貌。但是，这个地貌与当时二里头遗址建立时的状况差别很大，依据夏正揩等人的研究，伊洛河流域多次发生洪水事件，其中公元前2000年前后的洪水事件直接与二里头都邑的兴起相关。那次洪水属于特大洪水，它不仅淹没了一级阶地，而且也淹没了部分二级阶地，给生活在这两级阶地上的龙山时期的先民们带来了严重的灾难。当时的二里头地区是一片汪洋，只有部分二级阶地呈零星的岛屿突兀于水面之上。洪水过后，这里出现了广阔平坦的泛滥平原，平原上由洪水形成的冲积土覆盖，土质肥沃，有利于农业的发展，特别是泛滥平原上多积水洼地，利于稻作生产。另外，洪水还促成了古洛河的决口和改道，古洛河的决口和改道导致洛河在二里头以西注入伊河，并造成二里头北侧的洛河断流，成为废弃河道，这个地区一改先前两河相夹，地域狭小的封闭状况，从而在二里头以北形成一个广阔的冲积平原。二里头遗址位于冲积平原最南端的一个高地上，高地四周为地势平坦、土地肥沃的泛滥平原，伊洛河水从高地南侧流过，从高地一直向北，则是连绵起伏的邙山，这种从宏观上看呈现依山靠水的地势，为二里头的居民建立居址及发展创造了极好的自然环境。另外，刘建国通过遥感考古研究，发现从整体上看，洛阳盆地中全部的二里头时期的聚落基本上都是沿河流分布的。在距离河流不远的地方建立居住地，既是史前时代聚落的特征，也是历史时期不少城址的分布规律。二里头遗址的所在地在地貌上的主要特殊之处，在于位于洛阳盆地洪水决口、泛滥后形成的十分有利的地理位置上，这应该是当时人有意识地选择在这个地方建立都邑性聚落的结果。

　　王树芝通过木炭研究证明当时二里头遗址周围分布有大量的栎树阔叶林、杂木林和少量的松柏针叶林，由于在二里头文化二期早段及二里头文化四期晚段，在遗址中发现了大量的栎木木炭，猜测当时人可能喜欢把栎木作为薪炭材使用。李志鹏等人通过动物考古研究，发现当时的野生动物包括贝类、鱼类、龟鳖类、鸟类、哺乳类等，这些都是当时人渔猎的对象。由此可见，二里头遗址周围的自然植被及野生动物,为当时人的生活提供了丰富的动植物资源。

三、人骨

人骨的考古研究主要包括性别、年龄、病理、食物结构分析等。

王明辉等人此次鉴定的人骨总共为 76 个个体。这批人骨中可以判断性别的有 44 个,约占总数的 58%,其中男性和倾向于男性的有 15 个,约占可判断性别的 34%,约占总个体数量的 20%;女性 29 个,约占可判断性别的 66%,占总数的 38%;男女性别比例为 0.52∶1,从现有的结果看,男性明显少于女性。

在这些人骨个体中,可准确判断年龄段的有 38 个(包括仅判断为壮年或中年年龄段的个体),占总数的 50%。其中未成年人有 18 个,约占总数的 24%;最小的只有 0~1 岁,还属于刚出生不久就夭折的婴儿;仅有一例个体属于老年阶段,其余多数个体为中年或壮年。依照可以明确鉴定年龄的个体统计,平均年龄约为 23 岁,其中男性平均年龄约为 28 岁,女性为 30 岁,整体年龄表现为相当年轻。

相对如此壮观的一个遗址而言,发现的人骨数量可谓少之又少,在这样的前提之下,研究结果的局限性自不待言。鉴于能够鉴定性别和年龄的个体有限,单凭现在的结果,无法开展进一步的研究,这里不展开讨论。

王巍等人从健康状况的角度开展研究,发现当时人牙周病的患牙率约为 20%。其中,老年组患牙率为 57%,中年组患牙率为 13%,青年组的患牙率为 0%;男性患牙率为 19%,女性患牙率为 21%。从中可以看到年龄越大,患牙病的概率越高,而男性和女性之间的差别不大。另外,当时人牙齿的磨耗状况非常严重,可能与当时食物特别粗糙有关。当时人还存在关节炎等疾病,其比例为当时成年人总数的 17% 左右。王明辉通过对这个地区属于仰韶文化的西坡遗址出土的 34 个成年个体的研究,发现有关节炎的个体比例占到全体的 60% 以上。类似的状况在其他遗址人骨的研究中也有发现。二里头遗址出现如此低的比例,有几种可能的原因,比如人骨样品的保存状况较差,因此观察到的病理现象有限;再比如是采集样品的偶然性所致;还有因为采集的人骨为当时地位较高、体质状况相当好的特殊人群所遗留等；这些原因可能共存，也可能以某一种为主，依据现有的认识，还不能轻易下结论。由此，我们认为积累这方面的资料，参考相关遗址的人骨出土背景，对于我们科学地开展古代病理研究是十分有益的。

张雪莲通过碳氮稳定同位素分析，对当时一些人的食物结构开展研究。此次选取的 22 个样品中，有 20 个样品的 $\delta^{13}C$ 值可以归入一类，他们的最高值为 $-7.4‰$，最低值为 $-10.8‰$，平均值为 $-8.6‰$，可见明显地是以 C_4 类植物为主食。碳氮稳定同位素分析的原理中，有一个很重要的因素是小米为 C_4 类植物，我国的自然植被中主要以 C_3 类为主，由此可以推测那些个体的主要食物为小米。另外也有两个个体比较例外，可以归入另一类，其中一个是样品的 C_4 类植物仅占 19%，C_3 类植物占 81%，另一个样品的 C_4 类植物为 38%，C_3 类植物占 62%，可见此二人当时的食物是以 C_3 类为主的。这里同样依据碳氮稳定同位素分析的原理开展进一步探讨，C_3 类的农作物包括水稻和小麦，这对我们是一个很重要的启示，因为我们认为在当时以食用农作物为主的大背景下，这两个以 C_3 类植物为主的人基本上没有可能以食用自然植被中的 C_3 类植物为生，他们当时不是吃水稻，就是吃小麦，因此在骨骼中留下了 C_3 类植物为主的印记，而当时整个中国境内的农作物中还不存在大量的小麦，因此如果我们推测 C_3 类植物为农作物的话，则非水稻莫属。另外，从现有的 5 个样品的 $\delta^{15}N$ 比值看，均偏高。尤其是那两例以 C_3 类植物为主的人骨样品的 $\delta^{15}N$ 值明显偏高，其 $\delta^{13}C$ 中以 C_3 类为主和 $\delta^{15}N$ 的数值偏高这两个指数放到一起，明显具有我们所知的新石器时代以来长江流域地区的人的食性特点。尽管考古背景提示，全部人骨样品的出土位置不存在特殊性，基本都在同一区域内，结合后面提到的锶同位素的研究结果，可以证实二里头遗址中有外来人口的事实。我们认为这两个人骨样品出现的特殊的碳氮稳定同位素结果，很可能是因为他们来自以食用水稻为主的南方地区。当然，这个事实的确认及其背后形成的原因，尚有待于日后的深入研究。

锶同位素的分析是科学地探讨人类迁徙的最佳途径。赵春燕此次检测的二里头遗址出土人类遗骸样品分别来自二里头文化二期、二里头文化三期、二里头文化四期、二里岗文化晚期。由于二里头文化二期和三期的个体数偏少，不具备讨论的全面性，所以将全部样品划分为二里头文化时期和二里岗文化晚期两个大的时段来讨论。二里头文化时期的 18 个个体中,本地个体为 11 个,其余 7 个为外来个体,迁移比例高达 39%;而二里岗文化晚期出土的 5 个个体中,4 个是本地个体,仅有 1 个是外来个体,迁移比例为 20%;相比二里头文化时期是减少了。赵春燕在文章中也强调了依据二里头遗址的猪骨作为锶同位素判别标准的科学性。其实这也是不得已而为之的选择,最好的标准当然是依据鼠类的牙齿的锶同位素检测结果,因为这种动物相比之下具有更大的栖息于当地的可能性,但是由于缺乏这种资料,只能退而求其次,用出土的猪牙了。好在此次全部猪牙锶同位素数据的标准偏差相当小,增强了锶同位素标准的可信度。另外,还要强调的是不管二里头遗址发现的外来人骨的比例占据多少,当时存在人口流动是没有任何问题的。

四、农业

这里所谓的农业是一个大农业的概念,即包括农作物栽培和家畜饲养两个部分,以下分别阐述。

(一) 农作物

二里头遗址浮选样品采自二里头文化的一期至四期,以及二里岗文化的早晚期等六个不同时期的文化堆积,依据赵志军的研究,共发现各种炭化植物种子 23 900 余粒,经鉴定,大部分为农作物遗存,包括粟、黍、水稻、小麦和大豆五种不同的种类。

在二里头遗址各期浮选结果中,炭化粟粒不仅在绝对数量上明显地高于其他农作物品种,而且在出土概率上也是最突出的。这两种统计方法的结果都清楚地显示出,作为农产品,粟与二里头遗址古代居民的关系最为密切,由此说明在当时人们日常的粮食消费中粟应该是占据第一位的。相对粟而言,各期出土的炭化黍粒的绝对数量要少得多,但出土概率却不低,所有统计数据都在 50% 以上。这说明,黍的重要性虽然远不及粟,但在当时人们生活中的地位还是比较稳定的,当地旱作农业生产很可能施行的是以粟为主、以黍为辅的种植方式。

在二里头遗址浮选结果中还有一个重要发现,即稻谷遗存的出土数量相当惊人,其出土概率也相当高,尤其是在属于二里头文化时期的样品中,稻谷与粟的出土概率不相上下。根据形态特征和测量数据判断,出土的稻谷遗存似乎应该属于粳稻。考虑到环境考古学研究证实,龙山时代乃至二里头文化时期这个地区的气候条件比现代温暖湿润,当时这个地区多为积水洼地,利于稻作,在二里头遗址周边曾经大规模种植水稻是有可能的。另一种可能是反映了特殊的社会现象,即这些稻谷是从其他种植水稻的地区调入,供贵族食用的。如果是这样,二里头遗址出土谷物的量化统计结果所反映的就不完全是当地的农业生产状况,而应该是当时以贵族为主的人们的粮食消费情况。有一点需要强调的是,二里头遗址绝大多数人骨的碳氮稳定同位素检测结果证实,当时一般居民的食性中主要是以小米为主的 C_4 类植物,而不是以水稻为主的 C_3 类植物,食用以水稻为主的 C_3 类植物的人骨仅发现 2 例,我们在前面已经讲过,这 2 例人骨代表的可能是外来人口。

此次浮选发现了三粒属于二里头文化四期的炭化小麦遗存,数量虽少,但仍然具有研究价值。在二里头遗址的二里岗文化晚期浮选结果中发现了五粒炭化小麦遗存,数量虽然也不多,但出土概率并不低,达 26%,与同时期的稻谷和大豆的出土概率统计数据相差不大。这也许说明,当小麦传入中原地区后,其价值是逐步被人们所认识的,到了二里岗文化时期,小麦的种植规模和在当时农业生产中的地位有所提高。

国内外学术界普遍认为大豆应该起源于中国,此次二里头遗址各期浮选样品中都发现有炭化大豆的遗存,而且各期之间的数量变化幅度不大。这说明自二里头文化一期至二里岗文化晚期的数百年间,大豆在当时的农业生产中始终占有一席之地,其种植规模和比例虽然不突出,但相当稳定。

根据对各时期浮选样品出土农作物遗存的量化分析结果,二里头遗址的农业生产始终保持着以种植粟类作物为主的特点,即延续着中国古代北方旱作农业传统。

值得强调的一点是,赵春燕通过对二里头遗址出土陶容器内残余物的碳同位素分析表明,二里头遗址的居民食物中兼具 C_3 类和 C_4 类两种植物,C_4 类植物的比例高于 C_3 类植物。尽管这是从个别器物中发现的结果,但也证明当时至少在特定范围内存在多品种的主食。C_4 类植物的比例高于 C_3 类植物这一结果,与植物考古研究中发现的当时人的主食是小米是一致的,人骨的食性分析研究结果也是如此。

王树芝在遗址中还发现了有食用价值的栎属和葡萄属木炭,显示出当时的居民有可能采集栎属的橡子和葡萄属的果实食用。可见采集活动仍然是当时人的一种生业方式。

（二）家养动物

李志鹏等人的研究证实,二里头遗址出土的动物种类有中国圆田螺、多瘤丽蚌、洞穴丽蚌、剑状矛蚌、三角帆蚌、文蛤、无齿蚌、拟丽蚌、鱼尾楔蚌、圆顶珠蚌、丽蚌、蚌（种属未定）、鲤鱼、龟、鳖、鳄、雉、鸡、雕科、欧型目、雁、兔、豪猪、鼠、熊、貉、狗、黄鼬、虎、猫科、大型食肉动物、小型食肉动物、犀牛、家猪、野猪、麋鹿、梅花鹿、狍子、獐、小型鹿科、羊、黄牛等,共计42种。其中,可以确认的家养动物有狗、猪、羊（包括山羊和绵羊）和黄牛。从二里头文化一至四期,直到汉代,家养动物在全部动物中都占有相当高的比例,野生动物始终没有超过25%。家养动物中狗、猪、羊（包括山羊和绵羊）和黄牛在各期中的比例也有一定的规律,如羊和黄牛的数量自二里头文化一期至四期有逐渐增多的趋势。

二里头文化时期家畜饲养业是古代人类获取动物资源的主要来源,这为当时居民生活所需肉食来源及其他畜产品提供了稳定的保证。而且牛、羊这两类家畜为食草性动物,所消耗的饲料包括野草及谷物的秸秆等,其食物来源的特点导致它们不会与人及猪、狗等传统家畜争夺食物。黄牛、绵羊和山羊等食草性牲畜的数量在家畜中所占比例的逐步增加,表示当时的居民逐步以饲养食草性动物来开发草本植物这种新的生计资源,这显示出当时的畜牧业发展到了一个新的阶段,同时也为当时家畜饲养业规模的扩大与多畜种家畜饲养方式的发展提供了重要条件。

另外,通过对羊的年龄结构的研究,发现二里头文化二期的资料显示出大部分羊在3岁以前就被宰杀了,这应该是以开发肉食资源为主的畜产品开发策略。但到了二里头文化四期,大多数的羊在3岁以后才宰杀,年龄超过6岁的羊的比例也超过50%,这种宰杀模式与以产羊毛为目的宰杀模式十分相近。

二里头遗址动物的线粒体DNA分析表明,所有黄牛都属于普通黄牛,部分黄牛共享相同的单倍型，谱系 T3 占统治地位，其次是谱系 T4 和 T2，谱系 T3 和 T2 起源于近东，谱系 T4 则源自谱系 T3，因此可以断定中国黄牛的祖先主要来自近东地区，中原地区饲养的黄牛不是本土起源的物种，而是东西文化交流的结果。对二里头遗址出土的绵羊进行的古 DNA 分析均显示绵羊属于最早起源于西亚地区的谱系 A。值得注意的是在公元前 2000 年前后的青海地区还发现了起源于西亚的谱系 B 的绵羊，这对于我们认识中原地区绵羊的来源也是一个重要的启示，即绵羊和黄牛一样，都是东西方文化交流的结果。

二里头遗址动物的食性分析还为探讨当时家畜的饲养方式提供了有力证据。猪和狗总体上都表现出以 C_4 类植物为主的食谱类型，可能与粟、黍作物相关，猪和狗食物中的动物蛋白则主要为人类食物残余和生活垃圾，而从 $\delta^{15}N$ 值可以看出，狗的食物中包含了更多的动物蛋白，这当与其较之猪摄取了更多人类的残羹冷炙、动物骨骼等生活垃圾有关。猪、狗的 $\delta^{13}C$ 值和 $\delta^{15}N$ 值都与人的同类数据较为相近，反映了粟作农业对这两种家畜饮食的影响。二里头遗址的自然环境中以 C_3 类植物为主，绵羊的食物以 C_3 类植物为主，C_4 类植物为辅，表明绵羊的饲养方式应主要为野外放养，也包括少量的人工添加的 C_4 类植物。而黄牛食物中明显以 C_4 类植物为主，与当时人的食性十分接近，当与粟作农业副产品如谷草等的摄取有关。显然，黄牛的饲养方式主要是人工喂养。

将遗址出土的二里头文化不同时期的绵羊和黄牛牙釉质的锶同位素比值与遗址当地的锶同位素比值范围进行比较的结果，也与研究人的锶同位素比值结果相似。比如，二里头文化第二期的绵羊牙釉质的锶同位素比值不在当地的锶同位素比值范围内，其应该是外来的，至二里头文化第三期和第四期，绵羊牙釉质的锶同位素比值多数在当地的锶同位素比值范围内，说明当地的绵羊数量可能已经占多数。二里头文化第二期有 1 头黄牛的牙釉质锶同位素比值在当地的锶同位素比值范围内，而另外 1 头黄牛是在遗址当地的锶同位素比值范围以外，说明当地的和外来的黄牛都存在；自二里头文化第三期和第四期，当地的黄牛明显占据了多数。当时的二里头遗址除了有外来的人以外，黄牛和绵羊这些在中原地区龙山时代新出现的家畜，也有从二里头遗址以外的地方传入的证据。当然，绵羊和黄牛都是以二里头遗址当地出生的为主。

五、手工业

这里所谓的手工业包括石器、玉器、陶器、铜器、骨角器等多个门类,可以看到各个门类的手工业生产普遍达到了相当专业化的程度,以下分别阐述。

(一)石器

钱益汇等人的研究证实,二里头遗址利用石料种类共达 32 种,几乎所有的石料类型都可在伊洛河两侧露出的地层及岩体中找到。二里头遗址出土的部分石料标本上保留有明显的河流砾石外形及表面特征,这也证明二里头遗址所用的部分石料直接来源于周边河流中。二里头遗址的居民对石料的开发是有选择的,主要集中于几种石材,以砂岩为最多,安山岩次之,其余还有灰岩、片岩、泥岩、石英岩和辉绿岩等。这一现象反映了二里头遗址的居民对石料特性已经有了比较清楚的认识,并能够加以充分的利用。二里头遗址的居民在对石料的开发和利用过程中,充分结合石材特性和石器功能,一种石料都用于制作一种或者几种主要的石器工具类型。比如石镞主要以安山岩、泥岩制作,石锛主要采用安山岩制作,石铲则主要以灰岩和砂岩制成,石斧主要用安山岩和辉绿岩制成,石镰采用安山岩和英安岩的比例都很高,而细粒砂岩和泥岩的比例较低,石刀主要以片岩,其次以细粒砂岩制成,而制作砺石的主体岩性为砂岩。二里头遗址的石器制作技术比较成熟,以磨制为主。通过对石器宽度、厚度和刃部角的测量,发现石刀、石铲、石斧等器类的专业化制作程度较高,石镰和石钺次之,这里要指出的是石刀的专业化制作程度最高,其原因可能与石刀原料主要是片岩,具备较好的层理性有关。当时可能存在专门化的石器加工业。

(二)玉器

邓聪等人通过对玉器的研究,发现二里头文化中的玉器以闪石玉为主,其制作工艺是以片切割技术生产毛坯,然后采用琢制、锯切割、管钻穿孔和研磨抛光等技术。结合实验考古和 SEM 观察结果,当制作工具的硬度低于闪石玉时,其钻孔过程中会使用解玉砂,对应的钻具可能是石质或者竹质材料。当制作工具的硬度高于闪石玉时,可直接施工,加工面上会出现相应的分布均匀的沟槽。根据 SEM 测量的沟槽宽度推测,打磨或减地技术中使用的石质工具主要以砂岩制成,这些砂岩按照粒级又可以分为粗粒、中粒、细粒、微粒等,而钻孔、阴刻及切割技术中使用中的石质工具可能以石英岩或者石英含量高的硅质岩、安山岩等制成,这些岩石不仅硬度高,而且结构致密。完全使用片切割技术生产毛坯,没有发现任何线切割痕迹,这是二里头遗址玉器制作工艺的一个特色,可见生产工艺提高了一个层次。

通过对比二里头遗址出土的绿松石样品与鄂豫陕绿松石矿南、北矿带采集的样品,发现二里头遗址出土的绿松石样品与鄂豫陕绿松石矿北矿带采集的样品在显微结构上无明显差异,所含微量氧化物情况相近,稀土元素特征相似。但与南矿带的样品差异较大。初步推测二里头遗址出土的绿松石可能来自鄂豫陕绿松石矿的北矿带。

二里头遗址发现了用绿松石嵌片制作的牌饰。绿松石嵌片毛坯的制作使用了打制、研磨和锯片切割技术,毛坯边沿经过仔细打磨,成为各种形状的嵌片,通常一件毛坯制成一个嵌片。管珠毛坯的制作可能使用了打制、锯片切割、研磨和实心钻孔等技术,制成的管珠形状不一,可能与绿松石原料的形态有关。二里头遗址的绿松石制作工艺相当精湛,当时应该存在专门化的制作机构。

(三) 陶器

依据彭小军的汇总研究,在龙山至二里头时期,以郑州到洛阳一线为界,东部地区为快轮制陶传统,西部地区为手制陶器传统,而二里头遗址正处于两大技术传统的交汇区域,其制作技术受到两边的影响。

二里头文化一至四期的陶器制作技术的主体比较相近:羼合料均为岩石矿物,包括基性火成岩、燧石、长石、石英、白云母、黑云母等;成型方法以泥条筑成为主,模制为辅,存在少量捏制和拉坯制成的器物;一期的纹饰以篮纹为主,二期以后以篮纹和绳纹为主,还有种类繁多的其他纹饰;主要以还原气氛烧制陶器,四期时的少量岳石风格的陶器可能采用氧化气氛,显示了技术的进步。

从成型技术的组合方式看,二里头遗址出土陶器的技术模式可大致归为泥条筑成+拍打(滚压)、泥条筑成+刮削、模制+泥条筑成、泥条拉坯成型、快轮一次拉坯成型等。在不同时期,这些技术模式的使用频率有所不同,并且与器物的形制功能有着很大的关系。同时,二里头文化一至四期的一些器类经历了由"圆饼上筑腹"到"底腹连续筑成"的渐进过程;而到四期的一些陶器又回复到"圆饼上筑腹"的方式。二里头文化三期的鬲采用模制的方式成型。

二里头遗址出土白陶的烧成温度在900℃～1 000℃之间,新出现的原始瓷胎的烧成温度应该在1 100℃之上。

从微量元素、痕量元素的组成上看,日常用陶器和个别属于一期至二期早段的陶礼器属于一组,二期至四期的陶礼器及原始瓷器属于另一组,还有一件属于四期的陶礼器单独成组,显示出胎土来源的不同。另外,二里头遗址大部分原始瓷和印纹硬陶胎料组成具有南方瓷石的高硅低铝特征,这可能与二里头遗址和南方地区的考古学文化存在交流相关。另外,还有少部分原始瓷与二里头遗址灰色的白陶关系密切。

聚类分析显示出二里头遗址不同发掘区出土陶器的元素和物相组成明显不同,这表明它们的矿料来源有所不同。日用陶器的制作技术具有极强的多样性,经历了渐进的变化过程。由此似乎可以推测,二里头遗址可能存在两个或多个不同的活动区域,每个区域内都有各自较为固定的制陶原料来源及自己的制陶作坊。但要强调的是陶礼器制作技术的主体演变过程并不明显,结合元素分析结果,可以推测陶礼器的生产可能是在王权或贵族的控制下,由专门的陶工进行的。当时的制陶业中存在专门为王族和贵族服务的技术人员。

(四)铜器

刘煜等人通过对铜器的汇总研究发现,从二里头文化一期到四期,纯铜所占的比例不断减少,青铜的比例不断增加,含砷青铜的数量相对在减少,但存在波动。此外,二里头青铜器普遍含有微量的砷,有些还有铋、银等元素。二里头三、四期显著地出现大量应用铅锡青铜的情况,特别是四期,铅含量有较大的提高,说明合金材质发生了较大变化,这可能与使用的矿料来源和冶炼技术的变化有关。

二里头时期的铜器材质与器类有一定的对应关系，比如红铜制作的器物以刀、凿、锥、纺轮、笄等生产和生活工具类居多，而青铜合金的制品中包括工具类的刀、凿，武器类的戈、钺、镞以及容器等，这些器物对于机械性能有一定的要求，故可以认为当时的工匠对铜、锡、铅、砷等合金元素的配比与金属器物的功能关系有一定认识，但是其合金比例很不稳定，显示出原始性。

目前在二里头遗址发现的全部都是熔炼渣，说明在二里头遗址中只进行熔炼和铸造的活动，而获取矿料和冶炼是在其他地区完成的。对豫西晋南地区采矿和冶炼遗址的研究证实了这个推测，在这个地区存在采矿、冶炼遗址分离的现象，采矿在山上，冶炼靠近河流，二者相隔距离很远，目前仅初步探明红铜从采矿到冶炼的产业链，锡和铅的产业链尚有待于今后的研究。但可以肯定的是，当时已经形成长距离的，由采矿、冶炼和铸造构成的完整的铜器制造产业链。

二里头时期的铸铜技术存在一个发展的过程，比如从单面范铸到多范合铸，从早期的素面到后期出现弦纹、乳钉纹、方格纹、圆圈纹或镂孔装饰等。二里头时期大部分铜器都由浑铸成形，目前尚未见到分铸的器物，兵器、工具类多采用双面范浇注，容器、铜铃等则采用组合陶范的方法制作。锥、镞、刀等一部分器物经过了热、冷加工，根据用途改变器件的机械性能。

二里头遗址的青铜作坊规模大，延续时间长，既有浇铸工场，也有烘烤陶范的陶窑，展现出铸铜工艺设施已有较高的专门化水平。铸造青铜器是当时一种可以称为高科技的产业。

（五）骨角器等

李志鹏等人通过对骨角器的研究发现，当时已经普遍使用切割法，可以保证按照取料人的意图截取骨角料，而且可以比较高效地利用原料。二里头遗址的居民在加工骨角器时的切割痕迹具有明显的分布规律，由此可以推测当时加工骨、角、蚌器的技术已经比较成熟。

二里头文化时期的卜骨，无论原料的选取，还是加工制造的方法，与中原龙山时期的卜骨都是一脉相承的，但同时也有自己的创新之处。比如，在卜骨原料的选取上，二里头文化时期除牛、羊、猪三种动物的肩胛骨外，还发现有鹿科动物的肩胛骨,在制作方法上,到了二里头文化四期,除灼痕外,还发现了灼、钻兼施的肩胛骨。

六、小结

在分门别类地详细介绍了二里头遗址的年代、环境、人、农业和手工业的基础上,综合起来说,二里头遗址的绝对年代大致为公元前 1750 年至前 1500 年;当时的气候温暖湿润,二里头遗址的居民在土质肥沃,距离邙山不远,濒临伊洛河的二级阶地上建立居住地;当时人的健康状况较好,存在人口的流动;可持续发展的多品种的农业生产已经成为社会稳定发展的基础,包括外来物种的多品种的家畜饲养保证了肉食来源,可能还存在对绵羊进行次级开发的行为;当时已经能够做到依据石器的功能特征选择合适的石材制作原料;陶器制作的规模化生产进一步稳定,出现了专门用于礼制或贵族专用的陶器生产部门;制作金属器和玉器的专门性技术更加完善,可以对这些产品进行规模化生产,这些产品是为贵族专用的,当时已经存在特殊的专业化生产部门;制骨技术具备规范化特征,固定的生产流程基本形成。以上这些均为距今 3700 多年前早期国家在二里头的形成奠定了良好的自然环境保障及稳定发展的经济基础。

二里头报告的章节安排是第一章概述,第二章遗址概况、文化堆积与分期,第三章遗存综述,第四章遗址东部区域,第五章围垣作坊区,第六章宫殿区,第七章 ^{14}C 测年研究,第八章环境气候研究,第九章人骨研究,第十章经济与生业形态研究,第十一章结语。自第七章开始,介绍的都是科技考古研究的内容。现在再来看这个章节安排,我觉得还应该做一些调整,把科技考古的内容更加有机地融入到考古报告中去,我觉得如下的安排似乎更好,即环境气候研究应该列为第一章概述之后的第二章,需要先描述古人活动的舞台;第三章是遗址概况、文化堆积与分期;^{14}C 测年研究应该放到第三章之后,列为第四章;第五章遗存综述,第六章遗址东部区域,第七章围垣作坊区,第八章宫殿区,第九章人骨研究,第十章经济与生业形态研究,第十一章结语。当然,现有的报告体例已经是考古报告的进步了,原来是把科技考古的内容作为附录放在正文之后的,根本就进不了正式的章节,现在已经把二者结合到一起了。这是报告编写体例的进步,实际上反映的是观念上的变化,即考古学研究是历史研究的重要组成部分,人地关系、人骨、农业、手工业等方面的研究是考古学研究的重要内容。我们今后要做的,就是怎么样把它们结合得更好,把我们的考古报告写得逻辑严谨、前后有序、内容丰富、有声有色。我们相信,科技考古的介入将对考古报告体例的完善、内容的充实、研究的深入发挥重要的作用。

七、展望

最后,我想再对科技考古今后的发展提出两点自己的想法。

第一,要进一步完善研究思路和方法。在研究思路上要紧紧抓住发挥自身研究的独到之处,努力解决考古学上的问题这根主线。我们的研究方法可以分为年代测定、环境考古、人骨考古、植物考古、动物考古、DNA 分析、碳氮稳定同位素分析、锶同位素分析、冶铸遗物分析、陶器制作工艺分析、玉石器的成分分析和制作工艺研究等。这些研究方法与自然科学相关学科的研究密切相关,要进一步加强与自然科学相关学科中一流研究机构的合作,继续巩固和完善这些方法,积极探索新的方法,努力做到让一批最优秀的人员秉承最科学的思路,用一系列最先进的方法研究各种最珍贵的资料,对古代的年代、环境、人、技术和生业状况开展更加全方位的研究。

这里,我特别强调三点。一是加大 DNA 分析的研究力度。DNA 的测试结果会给我们带来精准的认识,帮助我们把握一个聚落中人群的血缘关系,认识古人自身在考古学文化交替过程中的谱系,探讨夏人、殷人、周人和秦人的来源,研究家养动物的谱系和发展过程等等。我认为若干年后,我们会惊喜地看到,DNA 研究给我们中国考古学的发展带来了一个革命性的变化。

二是环境考古要注意人和水的关系。王辉老师在讲授环境考古的课上提出了很多反思,证明按照原来传统的想当然的思路去开展研究是不对的,还需要重新思考。新的研究总得有一个切入点,因为我从日本回来后做过环境考古,以环境考古研究的思路为指导,到胶东半岛开展贝丘遗址的调查、发掘和研究,我的第一本书就是胶东半岛贝丘遗址的环境考古研究,我的切入点就是当时的水的状况,围绕海侵和海退,探讨这个地区的古人是如何适应自然环境的变迁生存的,又是如何在发展的过程中发挥自己的能动性,影响到自然环境的。中华文明起源和发展过程中的几个重要遗址,比如浙江的良渚、山西的陶寺和河南的二里头等遗址在形成和发展过程中都与水密切相关。从探讨当时的河流及其与遗址的关系入手,应该成为环境考古的一个重要切入点。

三是陶器研究要重点探讨制作工艺。对不同文化的陶器和陶器之间从形状上进行比较是一个方面,多年来学者做了大量的研究工作。我们的考古学文化谱系框架就是在这个基础上建立起来的。我们对陶器形状的比较研究给予充分肯定,这个研究功不可没。但是,仅仅从形状上进行研究,有一定的局限性,仅能说明是什么,不能说明为什么。而探讨陶器的制作工艺,就能在说明为什么上迈出重要的一步。因为制作工艺是一个具有普遍性标准的衡量依据,可以运用到每一个文化的每一种陶器上,这方面的工作大有文章可做。

第二,要全面聚焦单个遗址,逐步开展比较研究。我们在研究中要注意聚焦典型遗址,全面、具体地对单个遗址的年代、自然环境、人骨、资源、农业和手工业及整个经济状况开展全方位的研究,系统地探讨其时空框架、人骨状况、资源获取、资源调配、技术进步、专业分工、组织管理和文化交流等一系列问题,只有在这样的基础上,才能实实在在地研究当时的人是在什么时候,在什么样的自然环境中生存发展,当时的生业发展模式及社会经济状况如何,探讨各种要素在中华文明形成和发展进程中所起的作用。

比如,我们通过对二里头遗址的研究,认识到当时的经济状况已具备了获取金属和盐业等重要资源的生产链;稳定的可持续发展的农业生产成为社会基本生活资料的主要生产部门;多品种的家畜饲养保证了肉食来源,家养动物除供应肉食外,还用于祭祀和礼仪制度,存在对绵羊进行次级开发的行为;陶器制作的规模化生产进一步稳定,出现专门用于礼制或贵族专用的陶器生产部门;制作金属器和玉器的专门性技术更加完善,可以对这些产品进行规模化生产;依据石器的功能特征选择合适的石材制作原料;出现具备模式化和规范化特征的制骨作坊。

我们尝试着在全面认识二里头遗址的基础上,进一步开展比较研究,探讨早于二里头遗址的龙山文化的状况。因为对属于中原地区的龙山文化的单个遗址没有做过像二里头遗址那样全面的研究，无法开展遗址与遗址之间的比较，只能从文化的角度开展比较研究。现有的研究表明，龙山文化已经存在粟、黍、水稻、大豆和小麦这五种谷物。当时也存在狗、猪、黄牛和绵羊等家养动物，存在对绵羊进行次级开发的行为。依据DNA研究，绵羊都是属于谱系A的，黄牛主要属于T3型。锶同位素分析结果显示出黄牛和绵羊既有本地土生土长的，也有不是在当地出生的。碳氮稳定同位素分析结果显示家猪的$\delta^{13}C$值以C_4类为主，和人的食性相同。黄牛和绵羊的$\delta^{13}C$值位于C_3和C_4之间，但是黄牛的偏近于C_4，绵羊的偏近于C_3。当时的铜器主要是红铜，也有砷铜，但是没有发现三元合金的青铜器。陶器制作以快轮为主。石料制作以磨制为主。玉器制作以片切割开料。没有发现制骨作坊，从现有的骨器看，当时制作骨器的骨料以猪骨和鹿骨为主。

再追溯到早于龙山文化的仰韶文化。对仰韶文化的单个遗址也没有开展过全面研究，只能从文化的角度看。现有的研究表明，仰韶文化的农作物以粟和黍为主，水稻所占的比例极小，没有发现其他农作物。当时的肉食来源主要是家养动物，以猪为最多，还有狗，没有发现黄牛和绵羊。碳氮稳定同位素分析结果显示出家猪的$\delta^{13}C$值以C_4类为主，和人的食性相同。当时没有金属器。陶器制作以慢轮为主。石器制作技法以打制为主。玉器制作时以线切割和片切割技术开片。没有发现制骨作坊，从现有的骨器看，当时制作骨器的骨料以猪骨和鹿骨为主。

在上述比较研究的基础上，把二里头遗址和龙山文化的经济状况进行比较，可以看到早于二里头遗址的龙山时期的经济状态应该是二里头遗址经济状态的雏形，二里头遗址则出现了规模化的趋势。再把龙山文化和早于它的仰韶文化的经济状况进行比较，可以看到仰韶文化没有大豆和小麦，水稻的数量极少，数量最多的家养动物只有猪，没有发现黄牛和绵羊，没有发现铜器、陶器，石器和玉器的制作工艺水平较低。由此可以看出，相比二里头遗址和龙山文化之间那种规模化与雏形的关系，仰韶文化和龙山文化的差异是相当明显的，其特征是缺少几种主要的生产力要素，从经济基础的角度看，明显的分界线在仰韶文化和龙山文化之间，即经济状况到龙山文化时期有一个质的转变，到二里头遗址继续延续和发展。

这些内容在我们的研究开始之前是没有人涉足过的。现在，我们第一次把它们较为系统地展示出来了,填补了一段历史的空白,同时也开辟了一个新的研究方向。科技考古在这个方面做出了重要贡献。试想我们今后如果对一个个遗址都能从经济基础的角度开展全方位的研究,我们在构建史前史方面,能够发挥多么重要的作用。

好了,我就讲到这里吧。希望大家认真领会我们讲授的内容,如果对我们讲授的内容中有不清楚的地方,欢迎大家课后跟我们讨论,也希望大家对我们讲课中的不到之处提出批评和建议。同学们朝气蓬勃,求知欲强,科技考古的未来寄托在年轻人身上。

授课教师简介

文少卿，男，复旦大学现代人类学教育部重点实验室博士（2017 年毕业），法国国立东方语言文化学院（INALCO）人类语言学博士（在读）。现为复旦大学科技考古研究院青年副研究员。已发表 SCI 论文 16 篇，核心期刊 4 篇，书籍论文 6 篇。其研究中历史名人的父系谱系的确定，新石器转型对东亚父系遗传结构影响的评估，入缅远征军和淮海战役烈士遗骸的鉴定等课题备受学术界和大众的关注。专业研究和教学方向为考古人类学和古 DNA 研究。

王辉，男，北京大学城市与环境学院地理学博士（2005 年毕业），现为中国社会科学院考古研究所副研究员。近年来撰写环境考古领域研究论文 20 余篇，承担或参与的省部级科研项目近 10 项。主要研究领域为围绕考古遗址开展的古地貌重建以及古代人地关系综合分析。

朱泓，男，现任吉林大学匡亚明特聘教授、考古学院博士生导师，中国考古学会常务理事兼人类骨骼考古专业委员会主任，吉林省资深高级专家，国务院政府津贴获得者。先后主持了国家社科规划项目、国家基础科学人才培养基金项目、教育部博士点基金项目、教育部人文社会科学重点研究基地重大项目和国家文物局专题项目。专业研究和教学方向为体质人类学和古人种学、古病理学。

吴小红，女，北京大学技术物理系博士（1996 年毕业），现任北京大学考古文博学院教授、博士生导师，教育部长江学者特聘教授，第三批国家"万人计划"哲学社会科学领军人才。专业研究和教学方向为科技考古和 ^{14}C 测年。

陈建立,男,北京科技大学科学技术史博士(2001年毕业),现为北京大学考古文博学院教授、博士生导师,教育部青年长江学者。主持国家自然科学基金、国家文物局等资助各类课题项目10余项,发表论文100余篇。专业研究和教学方向为冶金考古和定量考古学。

陈相龙,男,中国科学院研究生院理学博士(2012年毕业),现任中国社会科学院考古研究所助理研究员。承担和参与国家社会科学基金、中国社会科学院创新工程项目、中国博士后科学基金等各类课题10余项,发表学术论文30余篇。专业研究和教学方向为生物考古、^{14}C年代学。

赵志军,男,美国密苏里大学人类学博士(1996年毕业),现任中国社会科学院考古研究所研究员,西北大学考古学家工作室首席专家、博士生导师,中国考古学会常务理事兼植物考古专业委员会主任,动植物考古国家文物局重点科研基地主任。主持过美国国家自然科学基金、中国国家自然科学基金、中国社会科学院重大研究项目、国家文物局指南针计划专项等10余项科研课题。2015—2018年,连续四年入选爱思唯尔(Elsevier)中国高被引学者名录(社会科学类)。专业研究和教学方向为植物考古、农业起源和早期发展。

郭怡,男,中国科学院研究生院科技史与科技考古系理学博士(2010年毕业),现任浙江大学文物与博物馆学系副教授、博士生导师。主持国家自然科学基金、浙江省社会科学基金等各类课题项目10余项,发表论文20余篇。专业研究和教学方向为稳定同位素生物考古、科技考古。

袁靖,男,日本千叶大学自然科学研究科博士(1993年毕业),现任复旦大学文物与博物馆学系特聘教授、博士生导师,复旦大学科技考古研究院院长,中国社会科学院考古研究所研究员,曾任英国杜伦(Durham)大学考古系客座教授。2015—2018年,连续四年入选爱思唯尔(Elsevier)中国高被引学者名录(人文艺术类)。专业研究和教学方向为动物考古、科技考古、古代人地关系。

后 记

  2018年3月,科技考古研究院向学校研究生院提出开办以"中国科技考古的发展与前沿研究"为名称的FIST课程申请。4月24日,袁靖教授到研究生院参加FIST项目答辩评审会议,评审老师们对本次申请进行了认真的评议并提出修改建议。4月27日,我们向研究生院重新提交了修改过的FIST项目计划。4月29日,研究生院正式通知科技考古研究院,本次FIST项目申请获得通过。7月30日,本次课程助教、文物与博物馆学系青年副研究员董宁宁博士把FIST课程相关介绍发布到网上,报名听课的学生人数超过50人,除复旦大学本校的研究生和本科生外,还包括北京、南京、合肥等地的同学。8月9日,董宁宁博士正式发出FIST课程第一轮通知。8月29日至9月2日,FIST课程在文物与博物馆学系的115教室开课。复旦大学科技考古研究院的袁靖教授、文少卿青年副研究员,中国社会科学院考古研究所的赵志军研究员、王辉副研究员和陈相龙助理研究员,北京大学考古文博系的吴小红教授、陈建立教授,吉林大学考古学院的朱泓教授,浙江大学文物与博物馆学系的郭怡副教授等分别授课。学生们听课认真、提问踊跃,并在课程结束后按时提交了作业。袁靖和董宁宁批改完学生们的作业后,于9月15日提交给学校研究生院。至此,FIST课程正式结束。《中国文物报》于2018年9月7日刊登了由董宁宁撰写的题为《固本培元,锐意创新——记复旦FIST课程"中国科技考古的发展与前沿研究"》的报道,并在微信平台推送。

  此次FIST课程的文稿全部根据课程实况录音整理,由董宁宁负责安排丁睿、段继明、郝雪琳、麦蕴宜、史琪、朱旭初等同学先把录音转换成文字,并进行初步校对,接着由袁靖、陈建立、陈相龙、董宁宁、钟华、曹恺心对文字稿进行二校,并再请各位讲课老师各自对自己的讲稿进行审定,袁靖最后通读全稿,在与各位讲课老师进行沟通的基础上完成最终定稿。

此次 FIST 项目由袁靖负责,董宁宁具体操办,二位付出了很多辛劳。徐玉珍老师在这个过程中提出了诸多建议并给予帮助。

此次科技考古研究院的 FIST 项目得到复旦大学研究生院的全额资助。

在此,谨向复旦大学研究生院、文物与博物馆学系、科技考古研究院,以及各位参与筹备、讲课及编定全部讲稿的老师和同学们表示衷心的感谢!

图书在版编目(CIP)数据

中国科技考古讲义/袁靖主编. —上海:复旦大学出版社,2019.10 (2021.11 重印)
(复旦科技考古文库)
ISBN 978-7-309-14634-9

Ⅰ.①中… Ⅱ.①袁… Ⅲ.①科学技术-考古-研究-中国 Ⅳ.①K875

中国版本图书馆 CIP 数据核字(2019)第 208853 号

中国科技考古讲义
袁　靖　主编
责任编辑/史立丽　袁乐琼

复旦大学出版社有限公司出版发行
上海市国权路 579 号　邮编:200433
网址:fupnet@fudanpress.com　http://www.fudanpress.com
门市零售:86-21-65102580　团体订购:86-21-65104505
出版部电话:86-21-65642845
上海四维数字图文有限公司

开本 787×1092　1/16　印张 14.75　字数 221 千
2021 年 11 月第 1 版第 2 次印刷

ISBN 978-7-309-14634-9/K·709
定价:45.00 元

如有印装质量问题,请向复旦大学出版社有限公司出版部调换。
版权所有　　侵权必究